ANIMALI
INCREDIBILI & STRAORDINARI

Oltre 800 fatti, stranezze e divertenti curiosità!

ANIMALI
INCREDIBILI & STRAORDINARI

Oltre 800 fatti, stranezze e divertenti curiosità!

EDICART

EDICART è un marchio EDICART Style
Via Jucker, 28 - Legnano (MI) - Italia
Titolo originale: Fantastic *Animal facts*
Traduzione dall'inglese di *Giuliana Sana*

www.edicart.it

Indice

LA VITA PREISTORICA

I DINOSAURI

IL T REX

ANIMALI ESTINTI

ANIMALI IN PERICOLO

ANIMALI NOTTURNI

CREATURE PERICOLOSE

I RAPACI

I SERPENTI

LA VITA PREISTORICA

1 Un tempo la Terra era ricoperta dai ghiacci. Questo è accaduto più volte nel corso della storia. I periodi di gelo, chiamati ere glaciali, sono però solo una piccola parte della preistoria. Prima di allora, il mondo era caldo e la terraferma sommersa da laghi e mari. Ancora prima, per migliaia di anni, le piogge furono così scarse che la Terra era tutta un deserto. Clima e paesaggio continuarono a cambiare per milioni di anni e, per poter sopravvivere, gli esseri viventi fecero lo stesso. Questo cambiamento si chiama evoluzione.

▼ Una scena dell'ultima era glaciale, circa 10.000 anni fa. Gli animali avevano spesse pellicce che li proteggevano dal freddo. Molti di loro, come i mammut lanosi, si nutrivano di piante come i muschi. Altri, come i leoni delle caverne, erano predatori feroci e si cibavano di carne, cioè degli altri animali.

L'origine della vita

2 La vita ebbe inizio tantissimo tempo fa. Lo sappiamo grazie ai resti di forme di vita preistoriche che, diventati pietra, si sono conservati per milioni di anni: i fossili. I primi fossili risalgono a oltre 3000 milioni di anni fa e appartengono a minuscole masse informi chiamate batteri, esseri viventi presenti ancora oggi sulla Terra.

▼ Fossili di *Anomalocaris* sono stati trovati in Canada. Aveva una bocca circolare e arti simili a pinne. Il corpo era ricoperto da un guscio.

3 Le prime piante ad apparire furono le alghe, circa 1000 milioni di anni fa. A differenza di batteri e alghe azzurre, formati da una sola cellula ciascuno, queste piante avevano migliaia di cellule ed erano lunghe anche parecchi metri. Furono chiamate alghe, nome che gli scienziati usano ancora oggi.

4 Circa 800 milioni di anni fa, alcune piante iniziarono a popolare la terraferma. Erano presenti con altre forme di vita chiamate muffe o funghi. Insieme, le alghe (piante) e i funghi formavano i licheni, incrostazioni gialle e verdi che si sviluppavano sulle rocce assorbendo la pioggia. I licheni crescono ancora oggi su alberi e rocce.

5 I primi animali vissero nel mare: erano molli come la gelatina! Oltre 600 milioni di anni fa, le meduse furono tra i primi animali a fluttuare nell'acqua. Ancorate al fondo del mare c'erano colonie di creature leggere simili a piume chiamate *Charnia*, un corallo primitivo. Gli animali si nutrono di altri esseri viventi, e la *Charnia* intrappolava tra le sue piume minuscoli vegetali

◀ La *Charnia* sembrava una pianta preistorica, ma in realtà era un animale!

6 Uno dei primi animali predatori fu l'*Anomalocaris*. Nuotava nel mare in cerca di prede ben 520 milioni di anni fa. Catturava creature più piccole di lui usando le chele, e poi le spingeva in bocca. L'*Anomalocaris* è considerato un parente di granchi e insetti. Anche se era lungo solo 60 centimetri, fu uno dei più grossi predatori della sua epoca.

▲ La *Cooksonia* aveva uno stelo che si diramava e trasportava acqua. I resti più antichi sono stati trovati in Irlanda.

7 Già 400 milioni di anni fa, le piante terrestri iniziarono a svilupparsi in altezza. Avevano steli rigidi che le tenevano dritte e portavano acqua alle parti più alte. Una delle prime fu la *Cooksonia*: alta appena 5 centimetri, meno del tuo pollice, era l'essere vivente più alto sulla terraferma!

Mari affollati

8 Alcuni degli animali primitivi più diffusi erano vermi. Non si trattava di lombrichi terrestri: all'epoca non c'era terreno a disposizione. Questi vermi vivevano nel mare, scavando nel fango alla ricerca di piante e animali da mangiare.

◀ Il verme di mare *Ottoia* si nutriva filtrando minuscole particelle di cibo dall'acqua.

▼ Le trilobiti si muovevano velocemente sul fondo del mare. Alcune potevano appallottolarsi, come fanno oggi gli onischi. Era un modo per proteggersi.

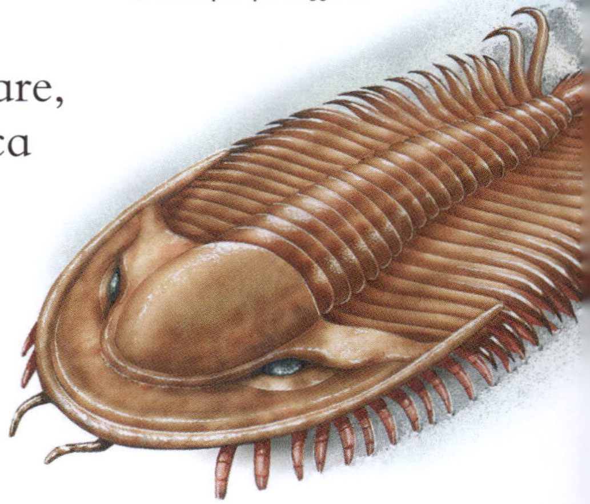

9 Altri animali che si diffusero velocemente furono le trilobiti. Comparse in mare circa 550 milioni di anni fa, strisciavano sul fondo nutrendosi di minuscoli pezzetti di cibo. Il loro nome significa "che ha tre lobi" (o parti). Avevano infatti due solchi sulla schiena, dalla testa alla coda, che dividevano il corpo in tre parti: sinistra, mediana e destra.

10 Le trilobiti furono tra i primi animali ad avere zampe articolate che si piegavano. Gli animali con appendici articolate si chiamano artropodi. Sono state le creature più diffuse per milioni di anni: includevano inizialmente le trilobiti e, più tardi, granchi, ragni e insetti. Come altri artropodi, le trilobiti erano protette da un guscio rigido esterno.

▼ Lo *Pterygotus* era un abile cacciatore, con grandi occhi e lunghe chele.

11 Tra i primi predatori c'erano gli scorpioni di mare, alcuni grandi come leoni! Lo *Pterygotus* era lungo 2 metri. Catturava le prede agitando la coda, per poi farle a pezzi con le chele enormi. Gli scorpioni di mare vissero tra 500 e 250 milioni di anni fa. Non avevano il pungiglione sulla coda come gli scorpioni di oggi.

12 **Per milioni di anni, il fondo del mare fu cosparso dei gusci a spirale delle ammoniti.** Alcuni erano piccoli quanto un'unghia, altri erano più grandi di un piatto da portata. Le ammoniti erano molto diffuse e migliaia di specie popolarono il pianeta per milioni di anni. Avevano grandi occhi per avvistare le prede e lunghi tentacoli (o braccia) per catturarle. Le ammoniti scomparvero insieme ai dinosauri, circa 65 milioni di anni fa.

▲ Questa roccia contiene un fossile di ammonite. Il guscio proteggeva al suo interno il corpo morbido della creatura.

◀ La *Pikaia* assomigliava a un'anguilla con le pinne.

13 **Tra i vermi, le trilobiti e le ammoniti, viveva una piccola creatura con una parte del corpo molto speciale: una colonna vertebrale primitiva.** Era la *Pikaia*, vissuta circa 530 milioni di anni fa. Da essa si sono evoluti altri animali con la colonna vertebrale, i vertebrati, che dominano oggi la Terra: si tratta di pesci, rettili, uccelli e mammiferi.

QUIZ

1. Gli scorpioni di mare avevano il pungiglione sulla coda?
2. Che cosa significa *trilobite*?
3. Che tipo di animale era l'*Ottoia*?
4. Quando scomparvero le ammoniti?
5. Che cosa aveva di speciale la *Pikaia*?

Risposte: 1. No. 2. Che ha tre lobi, o parti. 3. Un verme. 4. 65 milioni di anni fa. 5. Aveva una colonna vertebrale primitiva.

Strani pesci

14 I pesci primitivi avevano la bocca a ventosa! Circa 500 milioni di anni fa, il mare si popolò di nuovi animali: i primi pesci. Sprovvisti di mascelle e di denti, probabilmente si nutrivano risucchiando dal fango vermi e pezzetti di cibo.

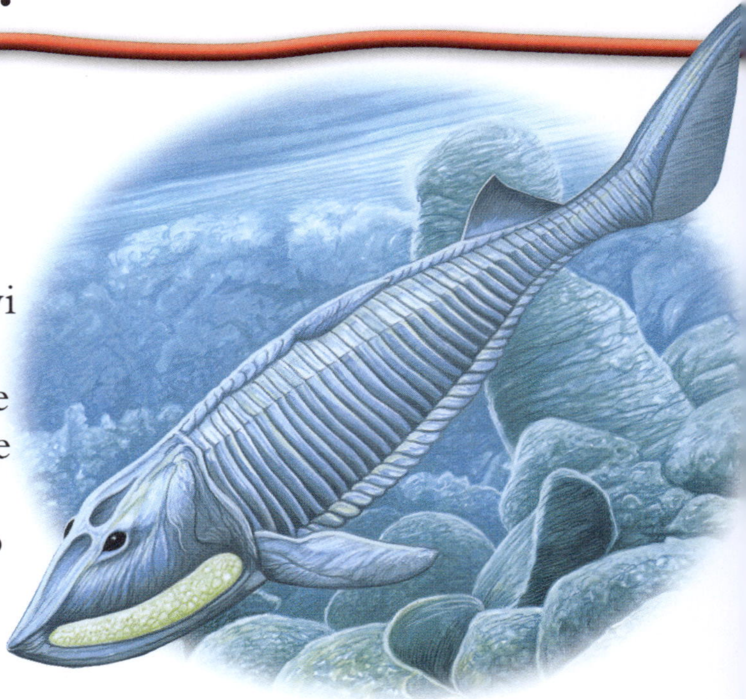

▲ L'*Hemicyclaspis* era un pesce senza mascelle. Viveva sul fondo del mare e, grazie agli occhi posizionati sulla sommità del capo, poteva avvistare i predatori sopra di lui.

15 Alcuni pesci preistorici indossavano vere e proprie armature! Avevano il corpo interamente protetto da piastre ossee dure e ricurve. Erano i placodermi, dei predatori feroci con mascelle enormi dotate di piastre ossee affilatissime al posto dei denti.

16 Gli squali spinosi avevano le spine, ma non erano veri e propri squali. Somigliavano agli squali moderni e vivevano in fiumi e laghi – non nel mare – circa 430 milioni di anni fa. Il *Climatius* era uno squalo spinoso dall'aspetto feroce, anche se era grande solo quanto un dito!

◀ Le pinne sul dorso del *Climatius* erano rette da spine aguzze che lo aiutavano a proteggersi dagli attacchi dei calamari o di altri pesci.

17 Il primo grande pesce predatore era più grosso di uno squalo bianco! Il *Dunkleosteus*, che nuotava negli oceani 360 milioni di anni fa, era lungo anche 10 metri. Si nutriva di altri pesci che afferrava e faceva a pezzi con i denti possenti fatti di corte lame ossee, ciascuna grande quanto questo libro.

18 Alcuni pesci primitivi iniziarono a "camminare" fuori dall'acqua. I pesci a pinne lobate apparvero 390 milioni di anni fa. Alla base delle pinne laterali avevano una specie di moncone fatto di muscolo: in assenza di acqua, potevano spostarsi usando le pinne come tozze zampe. L'*Eusthenopteron* era un pesce a pinne lobate lungo circa un metro. Nel giro di milioni di anni, alcuni di questi pesci si sono evoluti in animali a quattro zampe, i tetrapodi.

CHE PESCE STRANO!

Cosa ti serve?
- cartoncino cerato (tipo cartone del latte)
- pastelli a cera
- forbici (sempre a punta arrotondata)
- un pezzetto di sapone

Posiziona il cartoncino cerato a faccia in giù. Piegalo verso l'alto lungo i bordi. Disegna un pesce sul cartone. Fai una piccola incisione sul retro per inserire il pezzetto di sapone. Metti il tuo "pesce" in una vasca di acqua fredda e guarda come nuota!

▼ L'*Eusthenopteron* riusciva a salire sulla terraferma per passare da uno specchio d'acqua all'altro.

La conquista della terraferma

19 I primi animali terrestri vissero circa 450 milioni di anni fa. Queste creature primitive che venivano dal mare erano artropodi, cioè creature con scheletro rigido esterno e appendici articolate. Includevano insetti, ragni e millepiedi preistorici. L'*Arthropleura* era un millepiedi lungo ben 2 metri!

▶ L'*Arthropleura*, lungo quanto un essere umano, è stato l'artropode terrestre più grande in assoluto.

20 Alcuni anfibi erano predatori feroci. Il *Gerrothorax* era lungo circa un metro e viveva perlopiù sul fondo di stagni o ruscelli. Grazie agli occhi orientati verso l'alto, riusciva ad avvistare i pesci che nuotavano sopra di lui, su cui si avventava con le fauci spalancate.

21 Il primo animale a quattro zampe aveva otto dita su ogni arto anteriore! L'*Acanthostega* usava le dita per afferrare le piante acquatiche mentre nuotava. Vissuto circa 380 milioni di anni fa, era lungo un metro. Creature simili popolarono presto la terraferma: erano i tetrapodi, che significa "quattro piedi". Furono i primi vertebrati terrestri, un grande passo nell'evoluzione

◀ L'*Acanthostega* stava quasi sempre in acqua. Aveva sia le branchie che i polmoni, per respirare sott'acqua e sulla terraferma.

22 Le pinne diventarono zampe per camminare sulla terraferma, e anche la coda cambiò. Nei pesci a pinne lobate, le pinne si trasformarono in zampe e la coda diventò più lunga e muscolosa. L'*Ichthyostega* aveva una lunga coda fornita di pinna lungo la parte superiore, ideale per nuotare e utile per strisciare sul terreno paludoso.

23 Animali a quattro zampe, gli anfibi, si riversarono in fretta sulla terraferma. Gli anfibi furono i primi animali vertebrati a uscire dall'acqua. L'*Aphaneramma* aveva zampe lunghe e correva veloce. Tuttavia, come gli anfibi moderni (rane e tritoni), gli anfibi preistorici dovevano tornare in acqua per deporre le uova.

24 Alcuni anfibi erano grandi come coccodrilli! L'*Eogyrinus* era lungo quasi 5 metri e aveva mascelle e denti possenti, proprio come un coccodrillo. Visse però quasi 300 milioni di anni fa, molto prima della loro comparsa. Nonostante l'*Eogyrinus* potesse camminare sulla terraferma, preferiva vivere in torrenti e paludi.

◀ L'*Ichthyostega* aveva zampe corte: era quindi piuttosto lento sulla terraferma.

La vita dopo la morte

25 Ci sono stati momenti nella preistoria in cui vi furono grandi estinzioni. Durante queste estinzioni di massa, solo poche specie di piante e animali riuscivano a sopravvivere, per poi evolversi in nuove specie. Circa 290 milioni di anni fa, un'estinzione di massa permise la rapida diffusione di un gruppo animale comparso da poco: i rettili.

26 Pelle e uova garantivano ai rettili la sopravvivenza. Al contrario degli anfibi, la loro pelle squamosa era impermeabile. Inoltre, mentre le uova gelatinose dei primi andavano deposte in acqua, le uova dal guscio duro dei rettili resistevano anche fuori. Circa 280 milioni di anni fa, rettili lunghi un metro e mezzo come il *Varanosaurus* colonizzarono la terraferma, dove gli anfibi non potevano vivere.

▲ Il *Varanosaurus* viveva nell'attuale Texas (USA), nutrendosi probabilmente di pesci di palude.

RETTILI, CHE BONTÀ!

Cosa ti serve?

- 100 g di latte in polvere
- 100 g di burro d'arachidi cremoso
- 2 cucchiai di miele
- uvetta
- colorante alimentare

In una ciotola, mescola il latte in polvere con il burro d'arachidi e il miele. Con il composto, dai forma a piccoli rettili. Fai gli occhi con l'uvetta e la pelle con il colorante alimentare. Poi provoca un'estinzione di massa: mangiali!

▶ L'*Hylonomus* viveva nelle foreste dell'attuale Canada. Cacciava insetti, ragni e millepiedi.

27 **Il primo rettile sembrava una lucertola.** Tuttavia, l'*Hylonomus* apparteneva a un gruppo di rettili differente. Viveva come una lucertola, cacciando per terra e tra gli alberi. Visse 345 milioni di anni fa.

28 **Alcuni rettili evitavano le intemperie dormendo sottoterra.** Il *Diictodon*, vissuto circa 260 milioni di anni fa, sminuzzava piante molto dure con i grandi denti. Si pensa che scavasse buchi nel terreno per ripararsi dal caldo, dal freddo e dalla pioggia.

▼ Il *Diictodon* aveva zampe robuste e artigli affilati per scavare.

La lotta per la sopravvivenza

▼ Il *Mastodonsaurus* aveva narici e occhi posizionati sulla sommità del capo, in modo da poter respirare e guardarsi intorno mentre era sott'acqua.

29 Alcuni anfibi riuscirono a contrastare i rettili. Il *Mastodonsaurus* era un anfibio gigantesco di 2 metri di lunghezza e dai denti aguzzi. Mangiava pesci, altri anfibi e piccoli rettili. Visse nel periodo di massima diffusione dei rettili, tra 250 e 203 milioni di anni fa circa. Tuttavia, molti altri grandi anfibi ebbero la peggio.

30 Anche altri anfibi riuscirono a sopravvivere ai rettili. Si nascondevano nelle paludi, ed erano generalmente di piccole dimensioni. Il *Branchiosaurus*, per esempio, era lungo circa 12 centimetri e si nutriva di pesciolini.

▲ Il *Lystrosaurus* viveva in Antartide, a quei tempi ricoperta da una lussureggiante vegetazione tropicale. Oggi invece è un continente ghiacciato.

DA NON CREDERE!

Il *Mastodonsaurus* aveva due zanne che sbucavano dal naso! Forse erano due denti anteriori inseriti in apposite aperture sulla punta del muso.

31 Grazie ai rettili sappiamo come si muovevano i continenti. Il *Lystrosaurus* visse circa 200 milioni di anni fa e i suoi fossili sono stati trovati in Europa, Asia, Africa e Antartide. Questo rettile non sapeva nuotare: quindi si ipotizza che i continenti fossero uniti e che si siano poi separati nel corso di milioni di anni, fino ad assumere la posizione attuale.

▼ Oltre ai denti affilati, il *Moschops* aveva un cranio dalle ossa molto robuste con cui sfidava i rivali a testate.

32 Alcuni rettili erbivori avevano denti molto affilati.
Il *Moschops*, grande quanto un rinoceronte, visse in Africa meridionale circa 270 milioni di anni fa. Aveva denti lunghi e diritti dal bordo affilato, come uno scalpello, con cui strappava facilmente le foglie dure e i ramoscelli dai cespugli.

La supremazia dei rettili

33 Ai rettili non piace avere troppo caldo o freddo. Rischiano di surriscaldarsi o di irrigidirsi. Molti di loro si scaldano crogiolandosi al sole e poi si mettono all'ombra. Il *Dimetrodon* era un rettile minaccioso con una grande "vela" di pelle sul dorso che assorbiva il calore dal sole.

▲ Il nome *Dimetrodon* significa "denti di due misure". Aveva infatti denti per azzannare e denti per lacerare. Raggiungeva i 3 metri di lunghezza.

QUIZ

1. Come si scaldava il *Dimetrodon*?
2. Da quali rettili si evolvettero i mammiferi?
3. Come nuotavano alcuni rettili preistorici?
4. Ai primi coccodrilli piaceva l'acqua?

Risposte: 1. Crogiolandosi al sole. 2. Dai terapsidi. 3. Facendo ondeggiare la coda. 4. No, la detestavano!

34 I primi coccodrilli detestavano l'acqua! Il coccodrillo preistorico *Protosuchus* viveva sulla terraferma. Visse in Nord America circa 190 milioni di anni fa. Arrivava a un metro di lunghezza e andava a caccia correndo sulle sue lunghe zampe.

► Il *Protosuchus* aveva mascelle molto muscolose, e quindi un morso potente.

▶ Il *Chasmatosaurus* aveva denti sia nel palato che nelle mascelle.

35 Alcuni rettili si spostavano usando la coda. Molte specie di rettili preistorici avevano una coda lunga e robusta. Vivevano probabilmente in acqua e la facevano ondeggiare per darsi la spinta. Il *Chasmatosaurus* era lungo 2 metri e si nutriva di pesci. Anche se somigliava a un coccodrillo, era imparentato con i dinosauri.

36 Alcuni rettili iniziarono a somigliare ai mammiferi. Il *Cynognathus* era grande come un cane di grossa taglia e aveva la pelliccia, non le squame. Apparteneva a un gruppo di rettili chiamati terapsidi. Circa 220 milioni di anni fa, da alcuni piccoli terapsidi si evolvettero i primi mammiferi.

◀ Il *Cynognathus* aveva mascelle tanto potenti da perforare un osso. Il suo nome significa "mascella di cane".

La vita con i dinosauri

37 Alcuni rettili erano grandi e feroci come i dinosauri, ma vivevano nel mare. Uno di questi era il *Mosasaurus*. Poteva raggiungere i 17 metri di lunghezza e pesare anche 10 tonnellate: era molto più grosso del moderno squalo bianco!

DA NON CREDERE!

Fossili di *Mosasaurus* sono stati trovati nello stesso luogo a 200 anni di distanza in due ritrovamenti in una cava dei Paesi Bassi, il primo nel 1780 e il secondo nel 1998.

38 C'era un rettile marino con denti grandi come piattini da caffè! I denti enormi, schiacciati e arrotondati del *Placodus* avevano un diametro di oltre 10 centimetri e venivano usati per frantumare crostacei e ricci di mare. Il *Placodus*, lungo 2 metri, visse insieme ai primi dinosauri, circa 230 milioni di anni fa.

▼ Il *Mosasaurus* era un enorme rettile marino dai denti affilatissimi che inseguiva le prede nuotando velocemente.

▼ L'*Archaeopteryx* aveva una lunga coda ossea, a differenza degli uccelli moderni che non hanno ossa nella coda.

39 I fossili del primo uccello furono scambiati per fossili di dinosauro. Alcuni fossili di *Archaeopteryx*, vissuto in Europa circa 155 milioni di anni fa, erano molto simili a quelli di piccoli dinosauri. Lo si credette quindi un dinosauro, finché non si riconobbe la debole traccia delle piume e si capì che era un uccello.

40 Sopra i dinosauri iniziarono presto a volteggiare molte specie di uccelli. Il *Confuciusornis*, lungo circa 60 centimetri, visse nell'attuale Cina 120 milioni di anni fa. Su ogni zampa aveva un grande pollice rivolto all'indietro, che forse usava per spostarsi fra gli alberi. È anche il primo uccello conosciuto dotato di becco.

▲ Fossili di *Confuciusornis* sono stati ritrovati in Cina. Il suo nome deriva dal famoso filosofo cinese Confucio.

41 I mammiferi vissero insieme ai dinosauri. Sono animali a sangue caldo coperti di pelliccia o peli, non di pelle squamosa come i rettili. Il *Megazostrodon* fu il primo mammifero identificato dagli scienziati. Visse in Africa meridionale circa 215 milioni di anni fa, solo 15 milioni di anni dopo la comparsa dei dinosauri. Era lungo 12 centimetri e si nutriva probabilmente di insetti

▼ Il *Megazostrodon* usciva probabilmente di notte a caccia di insetti. Aveva l'aspetto di un moderno toporagno.

Nel mare e sul mare

42 C'era un rettile preistorico dal collo superflessibile! Il rettile marino *Elasmosaurus* aveva un collo di oltre 5 metri, lungo quanto tre persone stese una dopo l'altra. Era così flessibile da torcersi fino a formare un cerchio per permettergli di cercare pesci e altre creature da mangiare.

43 I primi grandi animali volanti non furono uccelli, ma pterosauri. Vissero nell'era dei dinosauri e si estinsero con loro, circa 65 milioni di anni fa. Lo *Pteranodon* fu uno degli ultimi pterosauri che visse circa 70 milioni di anni fa. Sorvolava i mari e si lanciava in picchiata sui pesci per catturarli.

▼ Lo *Pteranodon* si lancia in picchiata sulle prede, mentre l'*Elasmosaurus* dal collo lungo cerca di catturarle a morsi.

44 L'animale volante più grosso di tutti i tempi era grande come un aeroplano! Con un'apertura alare di quasi 14 metri, lo pterosauro *Quetzalcoatlus* è stato il volatile più grande di tutti i tempi. Sembra che si comportasse come un avvoltoio: si librava alto nel cielo e atterrava per beccare carcasse di dinosauri.

45 Fossili di creature marine sono stati ritrovati a migliaia di chilometri di distanza dal mare. Tra 100 e 70 milioni di anni fa, l'attuale Nord America era quasi interamente coperto da acque poco profonde popolate da una miriade di pesci, rettili e altre creature. I loro fossili si trovano oggi sulla terraferma.

Dopo i dinosauri

46 Circa 65 milioni di anni fa, un disastro sterminò i dinosauri e molte altre creature. I mammiferi diventarono dominanti. Molti erano piccoli, come ratti e topi. Il *Leptictidium* visse tra 50 e 40 milioni di anni fa ed era probabilmente un antenato di talpe e toporagni.

▲ Si pensa che il *Leptictidium* saltasse come un canguro!

48 Spesso il nome di un animale preistorico può essere fuorviante, come *Palaeotherium*, che significa semplicemente "animale antico". Questo nome fu attribuito oltre 200 anni fa, nel 1804, quando gli scienziati avevano conoscenze limitate. Studi successivi hanno dimostrato che il *Palaeotherium* fu uno dei primi animali del gruppo di mammiferi ungulati, lo stesso dei cavalli.

◀ Il *Pakicetus* è la prima balena conosciuta.

47 Le balene iniziarono la loro vita sulla terraferma, per poi fare gradualmente ritorno in mare. Il *Pakicetus*, vissuto circa 50 milioni di anni fa, era lungo quasi 2 metri. Viveva sia sulla terraferma che in acqua.

▼ Una femmina di *Uintatherium* con il suo piccolo. Questo animale terrestre dall'aspetto bizzarro era il più grande della sua epoca. Aveva piccole zanne e la testa cosparsa di corni.

49 **Circa 40 milioni di anni fa, l'animale terrestre più grande della Terra era l'*Uintatherium*.** Questo erbivoro era lungo più di 3 metri e alto circa 2 metri alla spalla, quasi quanto una mucca. I suoi fossili sono stati ritrovati nei pressi del fiume Uinta in Colorado (USA). Si pensa che fosse un parente di cavalli ed elefanti.

50 **L'aspetto di un animale può trarre in inganno. *Patriofelis* significa "padre dei felini".** Visse 45 milioni di anni fa. Gli scienziati lo chiamarono così perché somigliava a un felino preistorico. Più avanti scoprirono invece che apparteneva a un gruppo di predatori estinti, i creodonti.

QUIZ

1. Che cosa significa il nome *Patriofelis*?
2. Quanto era lungo il *Pakicetus*?
3. In quale anno furono trovati i fossili di *Palaeotherium*?
4. Quanto era alto l'*Uintatherium*?
5. Quando si estinsero i dinosauri per lasciare il posto ai mammiferi?

Risposte: 1. "Padre dei felini." 2. Circa 2 metri. 3. Nel 1804. 4. Quasi 2 metri alla spalla. 5. 65 milioni di anni fa.

Il pianeta si raffredda

51 Prima che il pianeta iniziasse a raffreddarsi 30 milioni di anni fa, le palme crescevano quasi ovunque; poi diventarono rare. Queste piante preferivano un clima caldo e umido. Con il calo delle temperature, si diffusero specie come magnolie, pini, querce e betulle. Questi cambiamenti influirono anche sugli animali.

▼ Il *Brontotherium* era per mole una via di mezzo tra un rinoceronte e un elefante. I maschi usavano il corno a forma di V sul muso per sfidare i rivali.

52 ***Pyrotherium*** **significa "animale di fuoco", ma non perché questo erbivoro potesse resistere alle fiamme.** I suoi fossili sono stati trovati negli strati di cenere di un antico vulcano in Argentina, Sud America. Gli animali probabilmente morirono per le esalazioni e le ceneri di un'eruzione. Il *Pyrotherium*, grande quasi quanto una mucca, era una via di mezzo tra un maiale e un elefante dalle zanne corte.

53 Molti animali preistorici hanno nomi avvincenti, come il *Brontotherium* o "bestia tuono". Quando in Nord America furono trovati i suoi fossili, la gente del posto pensò che fossero le ossa di alcune divinità. Secondo i nativi, queste divinità sfrecciavano nel cielo sulle loro bighe scatenando temporali, da cui il nome dell'animale.

54 **L'*Andrewsarchus* era un vero testone!** Il suo cranio di un metro, dotato di robuste mascelle piene di denti aguzzi, superava per lunghezza quello di ogni altro mammifero predatore terrestre. Più grosso di una tigre moderna, viveva probabilmente come una iena, sgranocchiando le ossa e la cartilagine di animali morti. Apparteneva però a un gruppo di mammiferi prevalentemente erbivori. Visse 30 milioni di anni fa in Asia, nelle attuali zone desertiche della Mongolia.

▲ L'*Andrewsarchus* è stato il più grande carnivoro terrestre mai esistito.

QUIZ

1. Che cosa significa *Brontotherium*?
2. Che cosa significa *Pyrotherium*?
3. Quanto era lungo il cranio dell'*Andrewsarchus*?
4. Dove viveva l'*Arsinoitherium*?

Risposte: 1. "Bestia tuono." 2. "Animale di fuoco." 3. Un metro. 4. In Nord Africa.

▲ I corni dell'*Arsinoitherium* erano cavi e forse servivano a emettere richiami nella stagione degli amori.

55 **Alcuni animali erano muniti di corni alti come noi!** I due enormi corni dell'*Arsinoitherium* sembravano armi potenti: in realtà, erano leggeri e fragili, fatti di un sottile strato osseo. Questo erbivoro visse in Nord Africa circa 35 milioni di anni fa. Era grande quasi come un elefante, e potrebbe essere stato un suo lontano parente.

Che cosa rivelano i fossili

56 I fossili sono resti di animali o vegetali che si sono conservati nella roccia. Generalmente solo le parti dure di un animale, come denti e ossa, si sono mantenute in questo modo. Le trilobiti avevano uno scheletro esterno rigido, ed è solo questa parte del loro corpo a essere ritrovata fossile. Partendo dai fossili, gli scienziati cercano di ricostruire l'aspetto delle parti molli, come muscoli e organi.

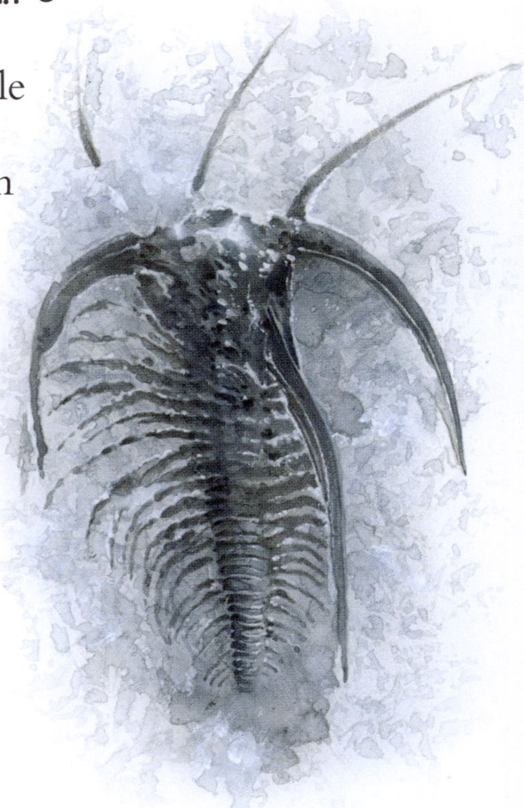

▲ Analizzando i fossili delle trilobiti, gli scienziati hanno capito che questi animali vedevano in tutte le direzioni.

▼ Di alcuni uomini primitivi non abbiamo fossili di ossa, ma solo orme fossili. Queste orme furono rinvenute nel 1978 in Tanzania (Africa).

57 Alcuni fossili vengono chiamati tracce fossili. Non si tratta di parti fossilizzate del corpo di un animale, come le ossa, bensì di tracce lasciate dall'animale, come orme o escrementi, che si sono conservate. Studiando le orme fossili di un animale estinto, gli scienziati possono capire come camminava, se era più o meno veloce e se viveva da solo o in branchi.

58 In rare occasioni le parti molli di un animale si sono conservate bene come le parti dure. Gli insetti potevano rimanere intrappolati nella resina appiccicosa che colava dai pini. La resina poi si fossilizzava con l'insetto dentro e diventava ambra. Centinaia di insetti, ragni e altre piccole creature sono state così ritrovate in perfette condizioni.

▲ I fossili di ragno trovati nell'ambra rivelano quanto poco siano cambiati questi animali in 30 milioni di anni.

QUIZ

1. Che cos'è un fossile?
2. Che cosa hanno capito gli scienziati dai fossili di trilobite?
3. Che cos'è l'ambra?
4. A che animali assomigliava l'*Archaeopteryx*?

Risposte: 1. Resti di animali o vegetali conservati nella roccia. 2. Che vedeva in tutte le direzioni. 3. Resina fossile. 4. A un uccello e a un dinosauro.

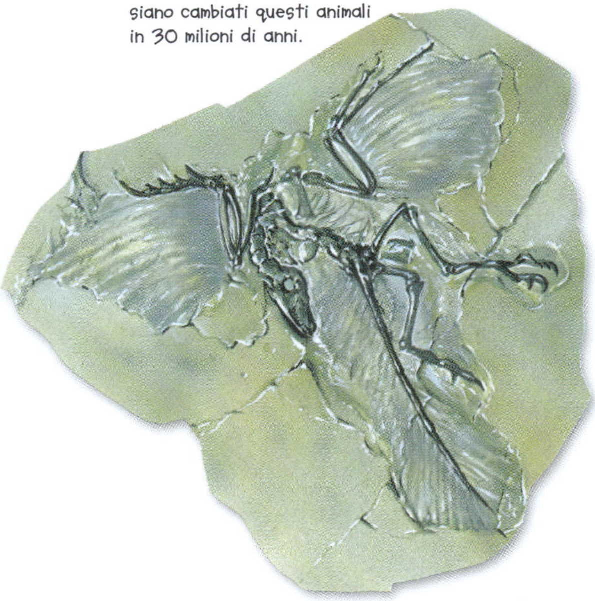

◀ Alcuni fossili di *Archaeopteryx* sono così ben conservati che si possono distinguere persino le piume.

59 Il fossile di *Archaeopteryx* rinvenuto in Germania nel 1860 è uno dei più preziosi in assoluto. Risale a circa 150 milioni di anni fa e appartiene a una creatura in parte dinosauro e in parte uccello. Aveva infatti le penne e le ali di un uccello, ma i denti e la coda ossea di un dinosauro. È la dimostrazione che gli uccelli si sono probabilmente evoluti dai dinosauri.

60 A volte l'importanza di alcuni fossili è stata sottovalutata. L'*Acanthostega* fu uno dei primissimi fossili di anfibio mai ritrovati. Tuttavia, chi lo trovò non era un esperto di anfibi. Di conseguenza, quando la spedizione tornò dalla Groenlandia, il fossile venne riposto in un cassetto al museo. Solamente 30 anni dopo un esperto di anfibi vide il fossile per caso e si rese conto di quanto fosse importante.

Predatori preistorici

61 Alcuni animali mangiavano praticamente di tutto. Gli entelodontidi erano animali simili a maiali, vissuti circa 25 milioni di anni fa. Il *Dinohyus* era uno dei più grandi: aveva denti forti e aguzzi e mascelle robuste e muscolose. Mangiava un po' di tutto: foglie, radici e semi, e anche piccoli animali.

62 Alcuni predatori camminavano in punta di piedi, mentre altri appoggiavano la pianta. Molti mammiferi predatori, come gatti e cani, camminano in punta di piedi e corrono quindi più velocemente. Il *Daphoenodon* appoggiava invece la pianta del piede, come un orso. Somigliava però più a un cane: viene infatti chiamato "orso-cane".

▼ Il *Dinohyus* visse in Nord America. Lungo anche 3 metri, si pensa che riuscisse a frantumare ossa e mangiare carne grazie ai potenti muscoli del collo e ai grandi canini.

63 **I fossili possono dirci se un predatore era diurno o notturno.** Il *Plesictis* era lungo 75 centimetri, e dai fossili sappiamo che aveva grandi orbite oculari: si pensa quindi che cacciasse di notte. Aveva anche artigli affilati e una lunga coda: probabilmente si spostava tra gli alberi in cerca di uccelli e insetti, aggrappandosi con gli artigli e tenendosi in equilibrio con la coda.

64 **Alcuni predatori sono cambiati di poco in milioni di anni.** Il *Potamotherium* era una lontra primitiva molto simile alle lontre di oggi, vissuta in Europa 23 milioni di anni fa. Il suo corpo era talmente adatto a dare la caccia ai pesci in acqua da richiedere pochi cambiamenti.

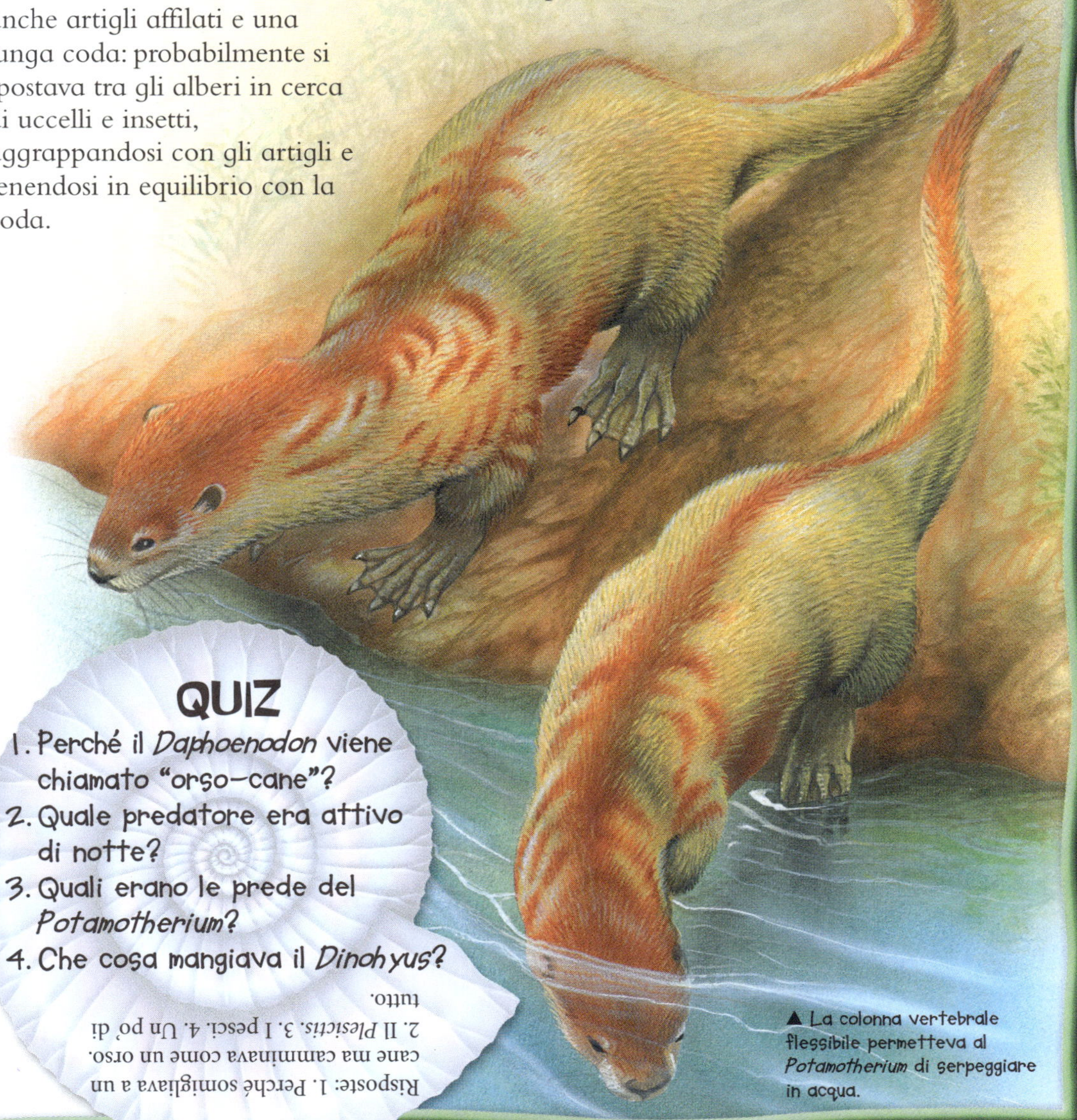

QUIZ

1. Perché il *Daphoenodon* viene chiamato "orso-cane"?
2. Quale predatore era attivo di notte?
3. Quali erano le prede del *Potamotherium*?
4. Che cosa mangiava il *Dinohyus*?

Risposte: 1. Perché somigliava a un cane ma camminava come un orso. 2. Il *Plesictis*. 3. I pesci. 4. Un po' di tutto.

▲ La colonna vertebrale flessibile permetteva al *Potamotherium* di serpeggiare in acqua.

Antichi elefanti preistorici

65 Il primo elefante aveva zanne minuscole e una proboscide quasi inesistente. Il *Moeritherium* visse in Nord Africa circa 36 milioni di anni fa. Era alto solo 60 centimetri e pesava all'incirca 20 chili, più o meno come un cane di grossa taglia.

▶ I mammut lanosi avevano un rivestimento di peli ispidi che teneva all'asciutto la calda pelliccia sottostante nel freddo intenso dell'era glaciale.

DA NON CREDERE!

Le zanne dell'*Anancus* erano lunghe più di 4 metri, quasi quanto il resto del corpo.

66 Gli antichi elefanti erano molto pelosi. Una fitta pelliccia di lunghi peli proteggeva i mammut lanosi dal freddo dell'era glaciale. Più grandi degli elefanti moderni, questi animali erano probabilmente preda degli uomini primitivi. Si pensa che si siano estinti meno di 10.000 anni fa.

67 Il *Platybelodon* aveva zampe simili a badili. Visse circa 9 milioni di anni fa in Europa, Asia e Africa. Le zanne inferiori avevano la forma di pale piatte e larghe, che pare usasse per sollevare le piante acquatiche che mangiava.

69 **Alcuni mammut avevano quattro zanne.** Il *Tetralophodon*, alto 3 metri, visse circa 8 milioni di anni fa. I suoi fossili sono stati rinvenuti in Europa, Asia, Africa e America: questo significa che era un animale molto diffuso.

70 **Il più grande era il mammut columbiano.** Era alto ben 4 metri e arrivava a pesare più di 10 tonnellate, il doppio di molti elefanti di oggi! Viveva nelle praterie meridionali del Nord America.

▼ Il mammut columbiano aveva enormi zanne ricurve.

68 **In passato, i proboscidati erano molto più diversificati e diffusi.** L'*Anancus* era presente in Europa e Asia due milioni di anni fa. Come gli elefanti moderni, usava la proboscide per staccare le foglie dai rami e le zanne per dissotterrare radici. Gli elefanti preistorici sono perlopiù estinti. Ne sopravvivono solo due specie, in Africa e in Asia.

Animali con gli zoccoli

71 Il primo cavallo era poco più grande di un gatto domestico. L'*Hyracotherium* visse in Europa, Asia e Nord America circa 50 milioni di anni fa. Era alto solo 20 centimetri e viveva nei boschi e nelle foreste.

▼ L'*Hyracotherium* viene anche chiamato *Eohippus*, o "cavallo dell'aurora". Aveva il collo corto, gambe affusolate e una lunga coda.

72 I cavalli preistorici non mangiavano l'erba: a quei tempi non ce n'era! Le grandi pianure erbose fecero la loro comparsa 25 milioni di anni fa. Solo allora i cavalli preistorici iniziarono a brucare l'erba e a diventare più grandi.

73 Nel giro di milioni di anni, i cavalli persero le dita dei piedi! I primissimi cavalli avevano cinque dita per piede, ciascuna terminante in un piccolo zoccolo a forma di unghia. L'*Hyracotherium* aveva quattro dita davanti e tre dietro. Il più recente *Mesohippus*, grande quanto un Labrador, ne aveva tre per piede. I cavalli moderni hanno un solo dito per piede, che termina in un grande zoccolo.

74 Alcuni cammelli preistorici avevano le corna. Lo *Synthetoceras* aveva un paio di corna sulla sommità della testa e un lungo corno a forma di Y sul naso. Le corna venivano probabilmente usate nei combattimenti con i nemici ed esibite durante la stagione degli amori.

▶ Solo gli esemplari maschi di *Synthetoceras* avevano il caratteristico corno sul naso.

CORRI, CAVALLO!

Cosa ti serve?
- cartoncino rigido
- pastelli a cera • forbici
- cordoncino di 4 metri circa

Disegna un *Hyracotherium* sul cartoncino. Coloralo e ritaglialo. Fai un buco nel centro, a circa 2 centimetri dal bordo superiore. Fai passare il cordoncino dal buco e lega un'estremità a un mobile. Tira l'altra estremità in modo che il cordoncino sia teso, e poi pizzicalo con un dito per far muovere l'*Hyracotherium*!

◀ Il *Megaloceros* era un cervo gigante con palchi enormi.

75 Alcuni cervi preistorici avevano palchi grandi quanto una persona! *Megaloceros* significa infatti "corna giganti". Più grande addirittura di un alce odierno, aveva un palco davvero enorme, che misurava quasi 4 metri da un'estremità all'altra. Sembra che alcuni esemplari siano vissuti in Europa fino a 3000 anni fa.

Felini, cani e orsi

76 La "tigre" dai denti a sciabola *Smilodon* aveva due enormi denti aguzzi simili a sciabole o spade, ma in realtà non era una tigre. Apparteneva infatti a un diverso gruppo di felini. I denti dello *Smilodon* erano lungi e affilati, ma non molto robusti. Li usava probabilmente come coltelli per infilzare e squarciare le prede, che morivano dissanguate. Poteva così mangiarle senza fatica.

▶ Lo *Smilodon* aveva spalle molto robuste, con cui si avventava sulla preda e la tratteneva.

77 I felini preistorici erano simili a quelli moderni. Il *Dinictis* visse circa 30 milioni di anni fa. Era massiccio e furtivo, proprio come un puma. Aveva anche lo stesso metodo di caccia dei felini moderni: si avvicinava alla vittima in silenzio e le balzava addosso all'improvviso per azzannarla alla gola.

78 Il primo cane, l'*Hesperocyon*, aveva il corpo allungato e le zampe corte, come gli ermellini o le manguste. Lungo quasi 90 centimetri, visse circa 30 milioni di anni fa. Solo in seguito le zampe si allungarono, permettendo ai cani di correre veloci.

◀ L'*Hesperocyon* cacciava probabilmente in branchi: poteva così catturare animali molto più grandi di lui.

79 **Il "felino" dai denti a sciabola *Thylacosmilus* non era un felino!** Aveva testa, corpo, zampe e coda da felino. Nonostante questo, era un marsupiale, un parente di canguri e koala. Visse in Sud America 4 milioni di anni fa.

DA NON CREDERE!

Anche se il riscaldamento globale continua, il pianeta non sarà mai caldo come 35 milioni di anni fa.

80 **I leoni marini non discendono dai leoni, ma dai cani.** L'*Allodesmus* era un leone marino preistorico vissuto circa 13 milioni di anni fa. Grazie alle pinne molto robuste, nuotava velocemente. Le sue ossa fossili hanno rivelato che apparteneva al gruppo dei cani.

◀ I primi uomini dovettero affrontare molte minacce naturali, come gli orsi delle caverne.

81 **Gli uomini primitivi davano la caccia agli orsi delle caverne, e viceversa!** L'enorme orso delle caverne dell'era glaciale era simile a un grizzly. Veniva cacciato dall'uomo di Neanderthal, che usava ossa e denti come ornamenti. Anche gli orsi cacciavano gli uomini e lasciavano le ossa nelle caverne.

I giganti della preistoria

82 Tra i più grandi volatili mai scoperti, aveva le dimensioni di un piccolo aeroplano! L'*Argentavis* era più grande di qualsiasi volatile di oggi: aveva un'apertura alare di ben 7 metri. Era un avvoltoio enorme che si nutriva di carcasse, da cui strappava brandelli di carne con il robusto becco a uncino.

▼ L'*Argentavis* visse circa 7 milioni di anni fa in Sud America.

83 Alcuni uccelli erano persino più grandi dell'*Argentavis*, ma non volavano ed erano predatori micidiali. Il *Titanis*, alto quasi 3 metri, visse in Sud America circa un milione di anni fa. Inseguiva le prede per poi dilaniarle con il suo enorme becco ricurvo.

84 Un canguro preistorico, il *Procoptodon*, era grande il doppio di quelli odierni. Nonostante le dimensioni, saltava veloce come un cavallo da corsa. Era un marsupiale come i canguri di oggi, e portava i piccoli in una sacca. Viveva in Australia.

◀ In Sud America, il *Titanis* era un uccello mostruoso che inseguiva mammiferi come questo cavallo primitivo.

85 **Il più grande mammifero terrestre mai esistito fu una specie di rinoceronte senza corno sul naso.** Il *Paraceratherium* era molto più grande di un elefante, lungo 8 metri e alto 6 metri alla spalla. Pesava oltre 15 tonnellate, più di tre elefanti messi insieme! Questo gigantesco ma pacifico erbivoro visse in Asia circa 30 milioni di anni fa.

DA NON CREDERE!
I marsupiali giganti potrebbero aver ispirato le leggende del Bunyip, una creatura mitologica australiana.

▲ L'enorme *Paraceratherium* si sfamava brucando le foglie dagli alberi. Nonostante fosse grosso e pesante, il *Paraceratherium* aveva zampe lunghe, ed era probabilmente in grado di correre.

Un'isola immensa

86 Per quasi 50 milioni di anni, il Sud America fu un'isola immensa con tanti animali strani che non esistevano altrove. Fino a tre milioni di anni fa, un oceano separava il Sud America dal Nord America. Sulle isole, gli animali possono evolversi in specie insolite che non si trovano da nessun'altra parte.

87 Gli elefanti non erano gli unici ad avere la proboscide! Il *Macrauchenia* visse in Sud America circa 100.000 anni fa. Simile per dimensioni a un cammello, pare avesse una proboscide per raccogliere le foglie. Non era un elefante, ma un lontano parente di cavalli e rinoceronti.

88 Gli armadilli preistorici erano dei carri armati! Il *Glyptodon*, lungo quasi 4 metri, era protetto da una spessa armatura ossea. Visse in Sud America fino a quasi 10.000 anni fa. Oggi gli armadilli sono più piccoli, ma ancora coperti da placche ossee che li proteggono.

▶ In passato, il Sud America era separato dal Nord America. Per questo alcuni degli animali che popolavano la regione, come il *Macrauchenia* e il *Glyptodon*, non vivevano in nessun'altra parte del mondo.

89 **Una creatura sudamericana estinta è il bradipo gigante, il *Megatherium*.** Era un parente dei bradipi più piccoli che vivono oggi sugli alberi, ma era troppo grosso per arrampicarsi. Con i suoi 6 metri di lunghezza e 3 tonnellate di peso, era grande quanto un elefante!

90 **Quando il Sud America si unì al Nord America, molte specie di animali preistorici scomparvero.** Gli animali del Nord America si diffusero rapidamente a sud: si adattavano più facilmente delle creature sudamericane, e a poco a poco le soppiantarono.

▶ Il *Megatherium* potrebbe essere scomparso solo nelle ultime migliaia di anni.

DA NON CREDERE!

L'armadillo è un animale sudamericano che vive anche in Nord America. Negli ultimi 100 anni, si è diffuso verso nord alla velocità di un chilometro ogni dieci anni.

I nostri cugini preistorici

91 Scimmie, scimmie antropomorfe ed esseri umani apparvero oltre 50 milioni di anni fa: le prime specie somigliavano a scoiattoli. Appartenevano tutte al gruppo dei primati. Il *Plesiadapis* fu uno dei primi e visse 55 milioni di anni fa in Europa e Nord America.

◀ Il *Plesiadapis* aveva dita artigliate, mentre scimmie e scimmie antropomorfe avevano le unghie.

92 Le prime scimmie antropomorfe camminavano a quattro zampe. Il *Dryopithecus,* vissuto in Europa e Asia circa 20 milioni di anni fa, si arrampicava sugli alberi con braccia e gambe. A terra, camminava a quattro zampe. Era lungo 60 centimetri e si cibava di frutti e foglie.

DA NON CREDERE!

I primi fossili del gigantesco primate *Gigantopithecus* a essere studiati furono trovati in un negozio di Hong Kong più di 70 anni fa.

▶ Il *Dryopithecus* camminava appoggiando la pianta dei piedi, e non le nocche come altre scimmie antropomorfe.

▼ La necessità di vedere più lontano potrebbe aver spinto le scimmie antropomorfe a camminare su due zampe.

93 Alcune scimmie antropomorfe forse camminavano sulle zampe posteriori, come noi. L'*Ardipithecus* visse in Africa circa 4,5 milioni di anni fa. Anche se sono stati rinvenuti pochi fossili, si ritiene che avesse una deambulazione bipede. Avrebbe quindi compiuto i primi passi nell'evoluzione dalle scimmie antropomorfe agli uomini.

94 C'era una scimmia antropomorfa alta più di 3 metri: un vero gigante! Il suo nome, *Gigantopithecus*, significa appunto "scimmia gigante". Era molto più grande di un gorilla moderno, che supera a volte i 2 metri di altezza. Mangiava probabilmente semi e radici e cacciava piccoli animali come uccelli, ratti e lucertole.

▶ Si pensa che il *Gigantopithecus* si alzasse sulle zampe posteriori per raggiungere il cibo.

95 È possibile individuare i nostri parenti più prossimi grazie ai fossili e ad alcune sostanze chimiche. Tra queste, il DNA che contiene i geni, cioè le istruzioni per lo sviluppo e il funzionamento degli esseri viventi. Tra gli animali moderni, sono le scimmie antropomorfe africane come scimpanzé e gorilla ad avere il DNA più simile al nostro. I nostri antenati forse somigliavano a loro. L'orango del Sudest asiatico è meno simile.

I primi esseri umani

▼ L'*Australopithecus* aveva una postura eretta. La sua occupazione principale era la ricerca del cibo.

96 **I nostri lontani cugini preistorici erano molto più piccoli di noi.** L'*Australopithecus afarensis* era una specie i cui fossili sono stati rinvenuti nella regione di Afar, in Africa orientale. Alto poco più di un metro, era una via di mezzo tra un essere umano e una scimmia. Visse più di tre milioni di anni fa.

97 **Le primissime specie di esseri umani apparvero quasi due milioni di anni fa.** Si trattava dell'*Homo erectus,* che significa "che sta dritto", della nostra stessa altezza. I primi esseri umani si spostarono dall'Africa verso l'Asia e l'Europa. Scomparvero però circa 200.000 anni fa.

► L'*Homo erectus* fu il primo essere vivente a usare il fuoco per cucinare e scaldarsi.

98 **Un milione di anni fa, quando non conoscevano ancora i metalli, i nostri antenati iniziarono a costruire utensili di pietra.** Scheggiavano rocce come la selce per ottenere utensili affilati, e sagomavano pietre in coltelli, raschietti o asce. Utensili di pietra sono stati ritrovati insieme a ossa di animali accanto alla cenere dei falò usati per cucinare, e a volte anche insieme a ossa umane.

▶ L'uomo di Flores usava probabilmente utensili di pietra per cacciare animali come gli elefanti pigmei.

99 **Alcuni animali preistorici furono domati e diventarono i primi animali domestici.** Questo accadde circa 15.000 anni fa. Per esempio, i feroci uri, una specie di bovino selvatico, furono gradualmente addomesticati fino a diventare animali tranquilli, da cui si ricavavano cibo e vestiti.

100 **La preistoria ci riserva ancora delle sorprese!** Nel 2004, gli scienziati trovarono ossa e utensili di esseri umani piccolissimi, alti meno di un metro, sull'isola di Flores nel Sudest asiatico. I resti hanno da oltre 90.000 a meno di 15.000 anni. Nessuno sapeva della loro esistenza. In futuro potremmo scoprire molte altre cose straordinarie sul passato!

QUIZ

1. Gli uomini preistorici erano grandi o piccoli?
2. Di cosa erano fatti i primi utensili?
3. Quando furono addomesticati i primi animali?
4. Che cosa fu scoperto sull'isola di Flores?

Risposte: 1. Piccoli. 2. Di pietra. 3. 15.000 anni fa. 4. L'uomo di Flores.

I DINOSAURI

101 I dinosauri erano un gruppo di rettili, animali dalla pelle squamata. Vissero milioni di anni fa. C'erano molti tipi diversi di dinosauri: enormi e minuscoli, alti e bassi, predatori feroci ed erbivori pacifici. Ma scomparvero tutti tantissimo tempo fa.

L'era dei dinosauri

102 I dinosauri vissero tra 230 e 65 milioni di anni fa circa. Questo lungo intervallo di tempo viene chiamato era mesozoica. I dinosauri sono stati sulla Terra 80 volte più a lungo degli esseri umani!

103 I dinosauri non furono gli unici animali dell'era mesozoica. La Terra era popolata da tanti altri tipi di animali, come insetti, pesci, lucertole, coccodrilli, uccelli e mammiferi.

104 I dinosauri erano di diverse forme e dimensioni. Alcuni erano piccoli come galli, mentre altri erano più grandi di una casa!

▼ Il *Jobaria* e la *Janenschia*, erbivori giganteschi.

▼ Questa sequenza temporale parte da 299 milioni di anni fa all'inizio del Permiano, quando apparvero gli antenati dei dinosauri. Termina 2,6 milioni di anni fa alla fine del Terziario, quando, scomparsi i dinosauri alla fine del Cretaceo, i mammiferi presero il loro posto.

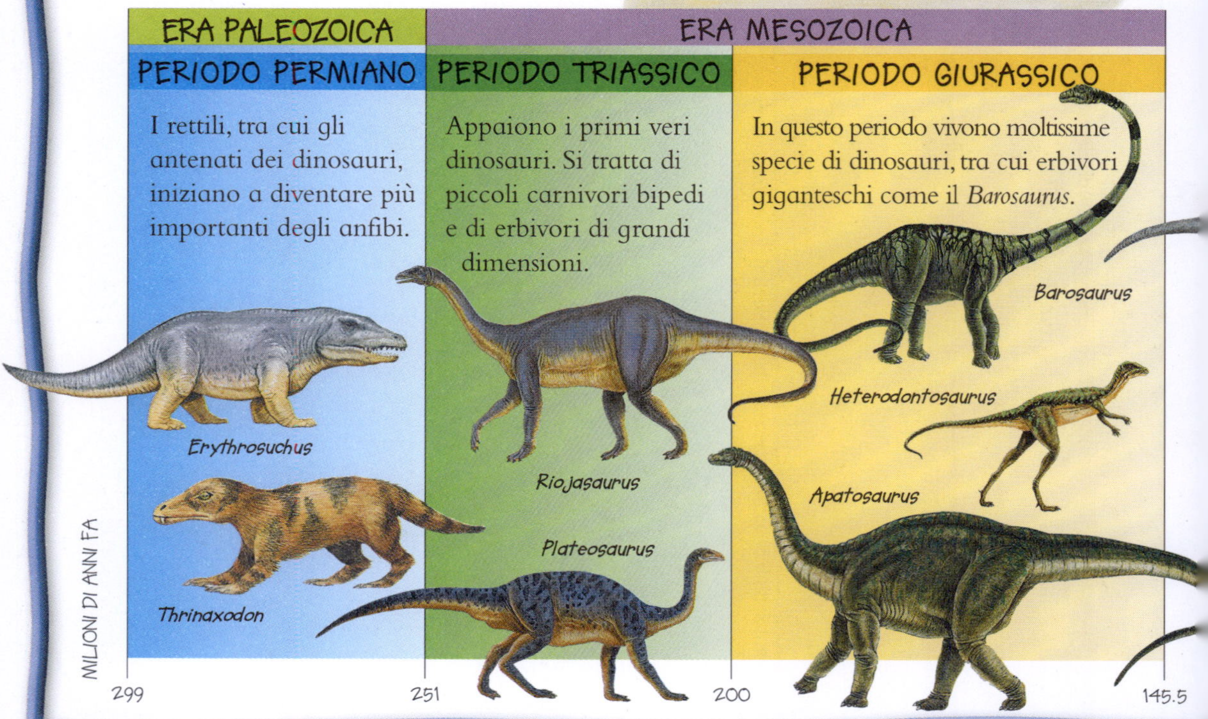

105 Nessuna specie di dinosauro riuscì a sopravvivere per tutta l'era mesozoica. Si avvicendarono diverse specie. Alcune rimasero per meno di un milione di anni. Altre, come lo *Stegosaurus*, popolarono il pianeta per milioni di anni.

106 Ai tempi dei dinosauri gli uomini non esistevano. Tra gli ultimi dinosauri e i primi esseri umani ci fu un intervallo di oltre 60 milioni di anni.

DA NON CREDERE!

Il termine *dinosauro* significa "lucertola terribile". I dinosauri però non erano lucertole, e non erano tutti terribili. I piccoli dinosauri erbivori erano "terribili" quanto può esserlo una pecora!

◀ Tutti i dinosauri scomparvero alla fine del Cretaceo, probabilmente a causa dell'impatto di un meteorite. Tuttavia, si tratta solo di un'ipotesi.

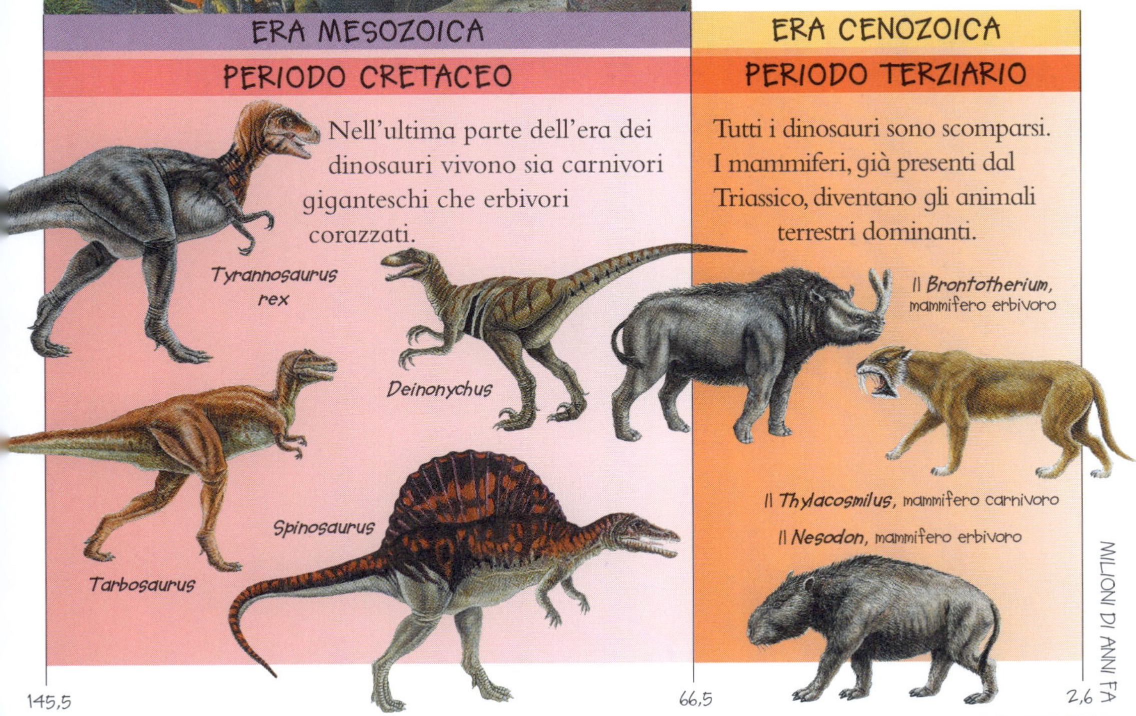

Prima dei dinosauri

107 I dinosauri non furono i primi animali sulla Terra. Svariate creature la popolarono prima di loro, tra cui numerose altre specie di rettili. Nel corso di milioni di anni, uno di questi gruppi di rettili cambiò lentamente, o si evolvette, fino a dare origine ai primi dinosauri.

109 I coccodrilli apparvero prima dei dinosauri. Sopravvivono ancora oggi, molto tempo dopo la loro scomparsa. L'*Erythrosuchus* era lungo 4,5 metri, popolava le paludi e si cibava di pesci. Visse 240 milioni di anni fa.

Erythrosuchus

108 Il *Dimetrodon* era un feroce rettile carnivoro simile a un dinosauro, ma non lo era. Visse 270 milioni di anni fa, molto prima dei dinosauri. Il *Dimetrodon* era lungo 3 metri e aveva sul dorso un lembo di pelle simile a una vela.

110 **I terapsidi vissero prima dei dinosauri e, per un po', insieme a loro.** Vengono anche chiamati rettili simili a mammiferi, perché non avevano la pelle squamata come molti rettili. Avevano il corpo ricoperto di pelo come i mammiferi.

Terapside

QUIZ

1. Il *Dimetrodon* visse prima o dopo i dinosauri?
2. I tecodonti si cibavano di piccoli animali o di frutti e foglie?
3. Come vengono anche chiamati i terapsidi?
4. I dinosauri si sono evoluti nei coccodrilli?
5. Tutti i rettili avevano la pelle squamata?

Risposte: 1. Prima. 2. Piccoli animali. 3. Rettili simili a mammiferi. 4. No, i coccodrilli sono un gruppo diverso. 5. No, alcuni erano ricoperti di pelo.

▼ L'*Ornithosuchus* fu uno dei primi tecodonti. Era un carnivoro bipede, un cugino dei primi dinosauri. Il termine tecodonte significa "denti infissi negli alveoli".

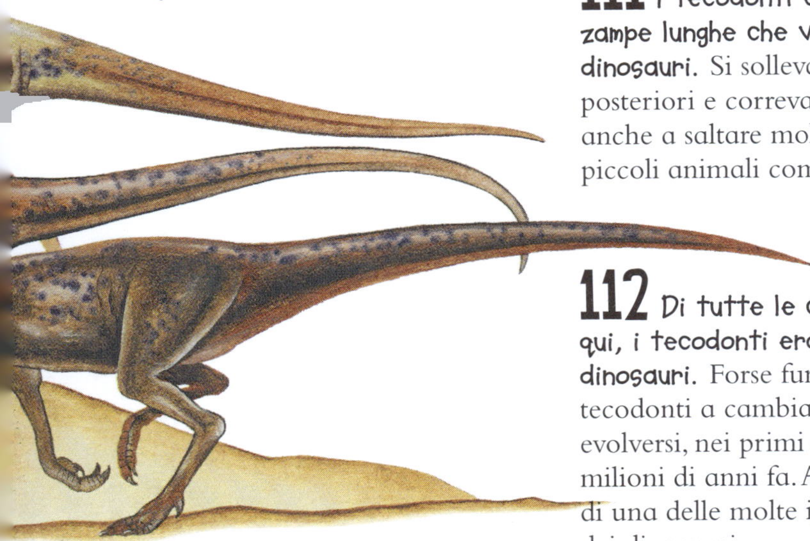

111 **I tecodonti erano rettili snelli dalle zampe lunghe che vissero poco prima dei dinosauri.** Si sollevavano sulle zampe posteriori e correvano veloci. Riuscivano anche a saltare molto bene. Si cibavano di piccoli animali come insetti e lucertole.

112 **Di tutte le creature rappresentate qui, i tecodonti erano i più simili ai primi dinosauri.** Forse furono proprio alcuni tecodonti a cambiare gradualmente, o evolversi, nei primi dinosauri più di 220 milioni di anni fa. Ad ogni modo, si tratta solo di una delle molte ipotesi esistenti sull'origine dei dinosauri.

L'arrivo dei dinosauri

113 I primissimi dinosauri si diffusero sulla Terra circa 230 milioni di anni fa. Vissero nell'attuale Argentina, in Sud America. Tra loro c'erano l'*Eoraptor* e l'*Herrerasaurus*. Creature snelle e veloci, riuscivano a mantenere quasi una posizione eretta e a correre sulle due zampe posteriori. A quell'epoca, pochi altri animali correvano così, con le zampe dritte sotto il corpo. Molti avevano le zampe posizionate lateralmente.

L'*Herrerasaurus* era lungo circa 3 metri dal naso alla coda.

Le zampe erano posizionate al di sotto del corpo, e non ai lati come in altri rettili, tipo lucertole e coccodrilli.

114 **I primi dinosauri erano probabilmente carnivori.** Cacciavano rettili di piccole dimensioni come lucertole, insetti e vermi. Avevano un corpo leggero, e zampe lunghe e robuste adatte agli inseguimenti. Afferravano le prede con gli artigli lunghi e affilati, pronti a sbranarle con le loro fauci enormi piene di denti aguzzi.

SU DUE ZAMPE!

Cosa ti serve?
• cartoncino rigido • nastro adesivo
• forbici • fermacampioni

Ritaglia una sagoma di *Herrerasaurus* con testa, corpo, braccia e coda da un unico pezzo di cartoncino. Poi ritaglia le due zampe da un altro pezzo e fissale con un fermacampione su ciascun lato del bacino. Sistema la sagoma in modo che siano le zampe a sorreggerla. Ecco la postura e il modo di correre di molti dinosauri, perfettamente in equilibrio sulle zampe posteriori!

L'*Herrerasaurus* aveva una testa affusolata e un collo lungo e flessibile per guardarsi intorno e fiutare le prede.

La lunga coda faceva da contrappeso a testa e corpo.

L'*Herrerasaurus* correva veloce sulle zampe posteriori o camminava lentamente a quattro zampe.

Sempre più grandi!

115 Mentre si diffondevano, i primi dinosauri iniziarono a cambiare. Fin dalle origini, gli esseri viventi sono stati soggetti a un cambiamento naturale e progressivo. Nuove specie vegetali e animali compaiono, prosperano, e poi scompaiono, lasciando il posto a nuove specie. Il lento e graduale cambiamento degli esseri viventi nel tempo si chiama evoluzione.

Plateosaurus

116 Alcune specie di dinosauri diventarono più grandi e iniziarono a nutrirsi di piante anziché di animali. Il *Plateosaurus* fu uno dei primi grandi dinosauri erbivori Lungo fino a 8 metri, visse 220 milioni di anni fa nell'attuale Europa. Si sollevava sulle zampe posteriori per raggiungere il fogliame più alto con il lungo collo.

117 Il dinosauro erbivoro *Riojasaurus* era ancora più grande. Visse 218 milioni di anni fa nell'attuale Argentina. Il *Riojasaurus* era lungo 10 metri e pesava circa 2 tonnellate: più di una grossa automobile!

Riojasaurus

118 I primi dinosauri vissero nel Triassico. Il Triassico è stato il primo periodo, o la prima parte, dell'era dei dinosauri (era mesozoica). Il Triassico va da 251 a 200 milioni di anni fa.

119 I primi dinosauri erbivori erano così grandi probabilmente per raggiungere le chiome degli alberi di cui si cibavano. Le loro dimensioni li aiutavano anche a difendersi dai nemici: c'erano infatti molti rettili carnivori pronti a divorarli. Tra gli altri, il coccodrillo *Rutiodon*, lungo ben 3 metri.

▼ Il *Rutiodon*, un carnivoro simile a un coccodrillo, aspetta un *Riojasaurus*. Potrebbe essere la sua cena!

DA NON CREDERE!

I primi dinosauri erbivori non mangiavano né erba né frutti: non esistevano! Non avevano ancora fatto la loro comparsa! Si cibavano invece di piante come equiseti, felci, cicadine e conifere.

Che cosa rivelano i denti

120 Sappiamo dell'esistenza di creature preistoriche come i dinosauri grazie ai fossili. I fossili sono parti dure del corpo come ossa, artigli, corna e gusci che, invece di decomporsi dopo la morte, si sono conservate sottoterra per milioni di anni. Qui, si sono trasformate in pietra e sono diventate i fossili che oggi riportiamo alla luce. Forma e dimensioni dei fossili ci forniscono indizi sulla vita degli animali preistorici.

Tyrannosaurus rex

► L'erbivoro *Edmontosaurus* masticava con i denti piatti situati nella parte posteriore delle mascelle.

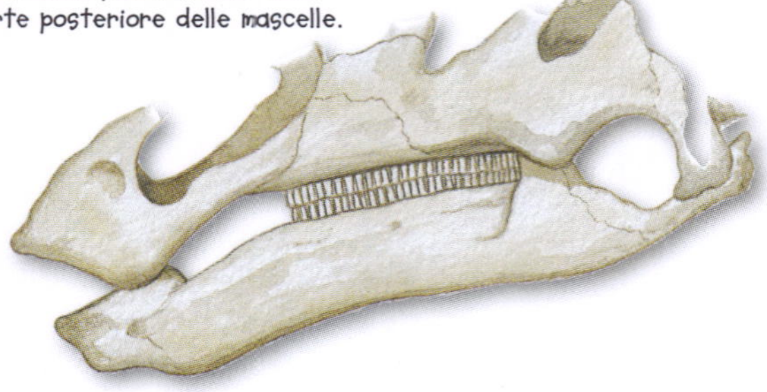

▲ Il *Tyrannosaurus* rex aveva denti aguzzi come stiletti nella parte anteriore delle mascelle per lacerare la carne.

121 I durissimi denti dei dinosauri hanno fornito molti fossili. La loro forma ci dice che cosa mangiavano i dinosauri. Per esempio, l'*Edmontosaurus* aveva ai lati della bocca file di denti larghi e dal bordo affilato, ideali per masticare vegetali duri come ramoscelli e grandi foglie.

▲ Il *Tarbosaurus* era lungo 12 metri e visse 70 milioni di anni fa in Asia orientale.

122 Il Tarbosaurus aveva denti lunghi e aguzzi, simili a coltelli o pugnali. Erano ideali per sbranare le prede e tranciare pezzi di carne da ingoiare interi.

▼ Il *Baryonyx* era lungo 10 metri e visse 120 milioni di anni fa in Europa.

123 **Il *Baryonyx* aveva piccoli denti conici, corti e aguzzi.** Erano molto simili ai denti dei coccodrilli e dei delfini odierni ed erano ideali per catturare prede scivolose come i pesci.

CERCA DENTI DI DINOSAURO IN CASA!

Rovista nella cassetta degli attrezzi! Alcuni attrezzi ricordano i denti di certi dinosauri e hanno funzioni simili.

Lime o raspe: superficie ampia e margini duri, come i denti dell'*Edmontosaurus* per triturare le piante.

Coltelli: lunghi, appuntiti e affilati, come i denti del *Tyrannosaurus rex* per lacerare la carne.

Pinze: per stringere e pressare, come la bocca a forma di becco dell'*Ornithomimus*.

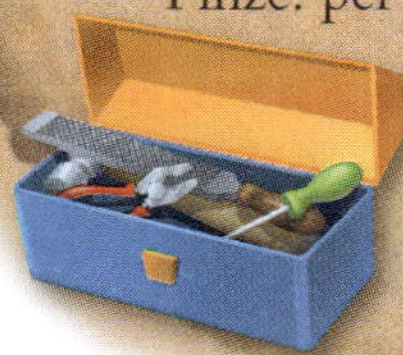

124 **I denti dell'*Apatosaurus*, un dinosauro gigante e dal collo lungo, erano delle specie di matite lunghe, sottili e smussate.** Li usava come un rastrello con cui staccava le foglie dai rami e le portava alla bocca.

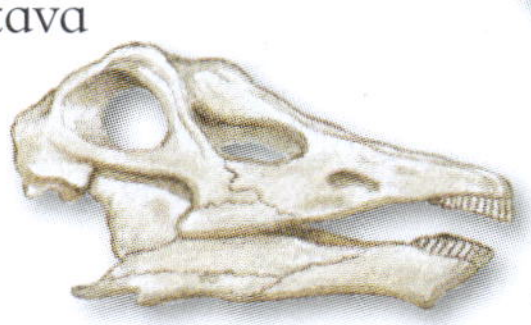

► L'*Apatosaurus* era lungo 25 metri e visse 140 milioni di anni fa nel Nord America occidentale.

▲ L'*Ornithomimus* era lungo 3,5 metri e visse 70 milioni di anni fa nel Nord America occidentale.

125 **Alcuni dinosauri, come l'*Ornithomimus*, non avevano denti!** La loro bocca somigliava al becco di un uccello ed era fatta di una sostanza cornea molto resistente, come le nostre unghie. Il becco era adatto a raccogliere i semi, i vermi e gli insetti di cui si nutrivano.

Dinosauri giganteschi

126 I veri giganti dell'era dei dinosauri furono i sauropodi. Avevano la testa piccola, il collo lungo, il corpo voluminoso, la coda lunghissima e affusolata e quattro zampe a pilastro. I sauropodi più grandi furono il Brachiosaurus, il *Mamenchisaurus*, il *Barosaurus*, il *Diplodocus* e l'*Argentinosaurus*.

▲ L'*Argentinosaurus* era lungo fino a 40 metri e pesava oltre 100 tonnellate.

127 I sauropodi vivevano probabilmente in branchi. Lo si ipotizza dalle orme fossili trovate. A ogni passo, questi dinosauri lasciavano un'orma grande come una sedia. Il ritrovamento di centinaia di orme insieme dimostra che molti sauropodi si spostavano in branchi.

128 Sembra che i sauropodi mangiassero i sassi di proposito! Con i loro denti a spatola potevano solo rastrellare il cibo, ma non masticarlo. I ciottoli e i sassi che ingerivano li aiutavano a macinare il cibo nello stomaco. Questi ciottoli, levigati dal movimento, sono stati ritrovati accanto a ossa fossili di sauropodi.

129 **I sauropodi più grandi, come l'*Apatosaurus*, erano davvero enormi! Pesavano fino a dieci volte di più degli elefanti odierni.** Le loro orme fossili dimostrano però che quando correvano erano veloci quasi come noi!

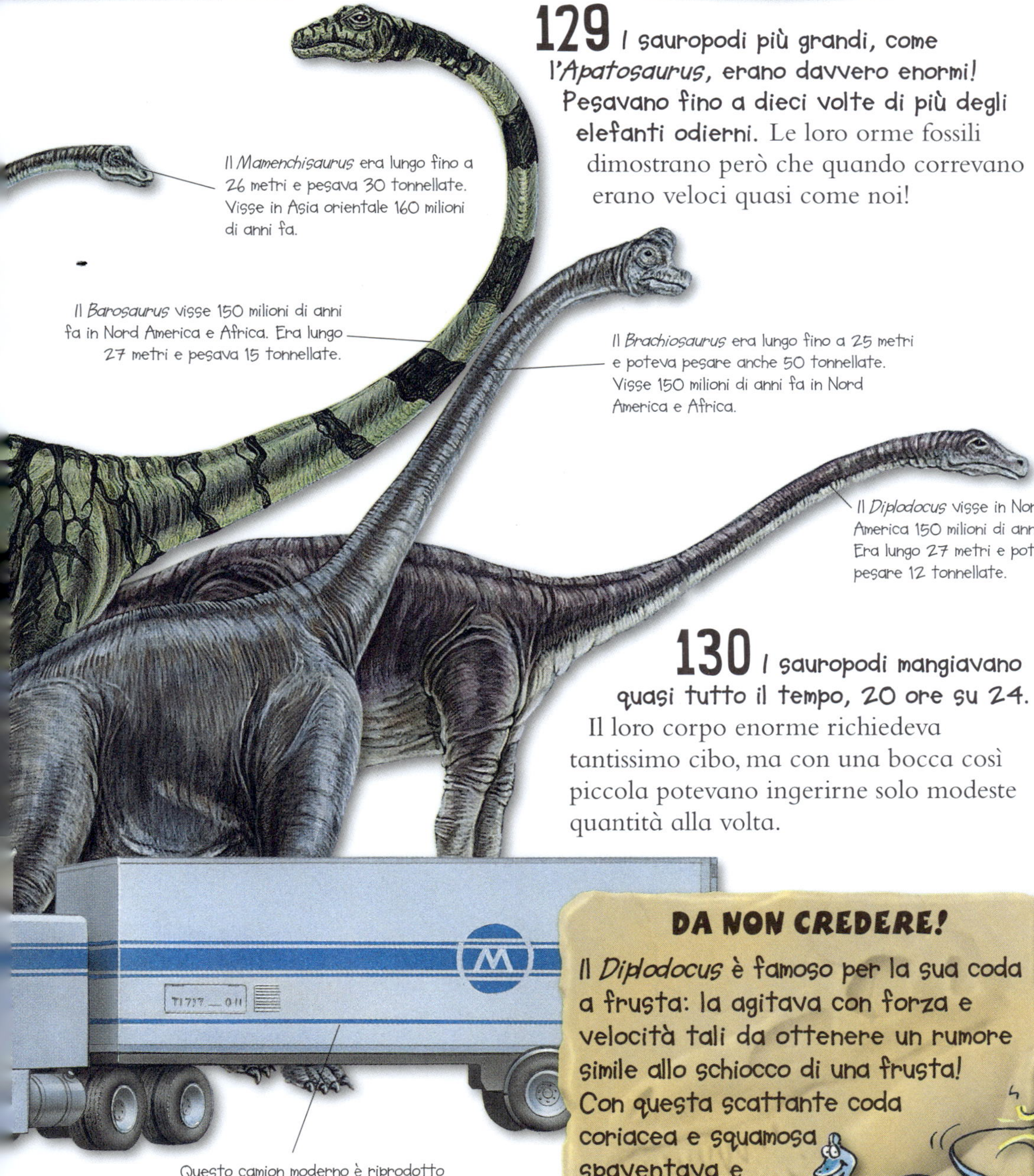

Il *Mamenchisaurus* era lungo fino a 26 metri e pesava 30 tonnellate. Visse in Asia orientale 160 milioni di anni fa.

Il *Barosaurus* visse 150 milioni di anni fa in Nord America e Africa. Era lungo 27 metri e pesava 15 tonnellate.

Il *Brachiosaurus* era lungo fino a 25 metri e poteva pesare anche 50 tonnellate. Visse 150 milioni di anni fa in Nord America e Africa.

Il *Diplodocus* visse in Nord America 150 milioni di anni fa. Era lungo 27 metri e poteva pesare 12 tonnellate.

Questo camion moderno è riprodotto in scala, esattamente come questi enormi dinosauri!

130 **I sauropodi mangiavano quasi tutto il tempo, 20 ore su 24.** Il loro corpo enorme richiedeva tantissimo cibo, ma con una bocca così piccola potevano ingerirne solo modeste quantità alla volta.

DA NON CREDERE!

Il *Diplodocus* è famoso per la sua coda a frusta: la agitava con forza e velocità tali da ottenere un rumore simile allo schiocco di una frusta! Con questa scattante coda coriacea e squamosa spaventava e colpiva i nemici!

Artigli letali

131 Quasi tutti i dinosauri avevano artigli. A seconda del dinosauro, gli artigli avevano diverse forme e funzioni. Erano fatti di cheratina, la stessa sostanza dura di cui sono fatte le unghie degli esseri umani.

Hypsilophodon

132 L'*Hypsilophodon* aveva artigli forti e resistenti. Questo piccolo erbivoro lungo 2 metri li usava probabilmente per scavare nel terreno in cerca di semi e radici.

133 Il Deinonychus aveva mani dotate di lunghi e affilati artigli ricurvi. Questo carnivoro di circa 3 metri afferrava le prede e ne lacerava pelle e carne.

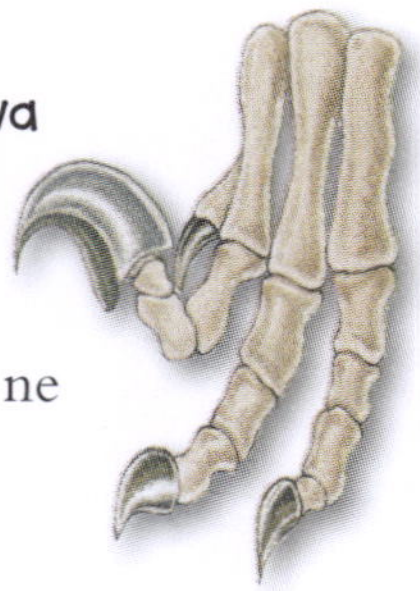

Deinonychus

134 Il *Deinonychus* aveva un enorme artiglio ricurvo, grande quanto la tua mano, sul secondo dito di ogni piede. Questo artiglio poteva essere usato come un coltello appuntito per squartare le prede.

135 Anche il *Baryonyx* aveva due artigli enormi, collocati però sui pollici delle mani. Forse li usava come ami per pescare i pesci. È un altro indizio che ci porta a credere che si cibasse di pesce.

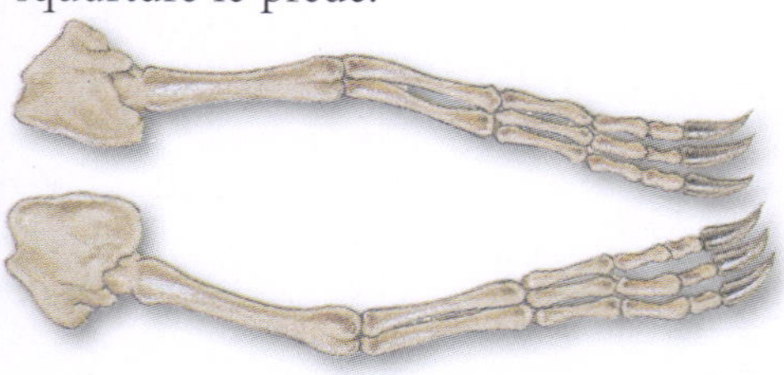

◀ Gli enormi arti anteriori del dinosauro *Deinocheirus* trovati in Mongolia sono più grandi di un uomo. A oggi non sono state rinvenute altre parti del suo scheletro.

136 L'*Iguanodon* aveva artigli sui piedi. Erano però arrotondati e smussati, e avevano l'aspetto di zoccoli.

QUIZ

Confronta e abbina gli artigli dei seguenti animali moderni con quelli dei dinosauri descritti in queste pagine, a seconda della loro forma e funzione.

1. **Leone:** artigli affilati per lacerare
2. **Cervo:** zoccoli arrotondati e smussati
3. **Elefante:** artigli piatti simili a unghie
4. **Talpa:** artigli forti e resistenti per scavare

Risposte: 1. Deinonychus. 2. Iguanodon. 3. Apatosaurus. 4. Hypsilophodon.

137 L'*Iguanodon* aveva anche tozzi artigli sulle mani. L'artiglio del pollice era però più lungo e simile a uno spuntone, forse per pugnalare i nemici.

138 I giganteschi sauropodi avevano artigli quasi piatti. Pare che dinosauri come l'Apatosaurus avessero le unghie sulle dita dei piedi!

Carnivori terribili

139 Gli enormi dinosauri carnivori furono i predatori più grandi della Terra. Durante l'era dei dinosauri ne apparvero e scomparvero diverse specie. L'*Allosaurus* comparve circa a metà di questo arco temporale. Uno degli ultimi dinosauri fu anche uno dei predatori più grandi: si tratta del *Tyrannosaurus rex* o *T. rex*. Un carnivoro ancora più imponente, il *Giganotosaurus*, era vissuto in Sud America.

▼ Un gruppo di *T. rex*.

DA NON CREDERE!

Alcuni dinosauri carnivori non azzannavano solo le prede, ma anche i loro simili! *Fossili di molti esemplari di* T. rex presentano segni di morsi in testa. Forse si contendevano il ruolo di capobranco, come fanno oggi i lupi.

140 Questi predatori enormi erano in grado di cacciare grosse prede, tra cui gli altri dinosauri. Avevano grandi fauci con lunghi denti aguzzi infissi in mascelle potenti, zampe posteriori lunghe e robuste ideali per correre ed enormi artigli sulle dita dei piedi per ferire e trattenere le prede.

141 I dinosauri carnivori si procuravano il cibo in vari modi. Si pensa che si appostassero dietro grandi rocce o alberi per cogliere le loro vittime di sorpresa. Erano anche in grado di inseguire le prede a tutta velocità oppure di sfinirle avanzando in modo costante e senza mai fermarsi. Forse erano addirittura necrofagi: si nutrivano cioè di creature morte o in fin di vita.

Osserva, ascolta, fiuta!

142 Come i rettili odierni, i dinosauri vedevano, sentivano e fiutavano ciò che li circondava. Nei crani fossili ritrovati si possono infatti distinguere le cavità per gli occhi, le orecchie e le narici.

143 Alcuni dinosauri, come il *Troodon*, avevano occhi molto grandi. I loro crani fossili presentano grandi cavità allungate. Animali moderni con grandi occhi come topi, gufi e lucertole notturne vedono bene al buio. Forse il *Troodon* si aggirava furtivamente nella foresta di notte, scrutando l'oscurità alla ricerca di piccole prede.

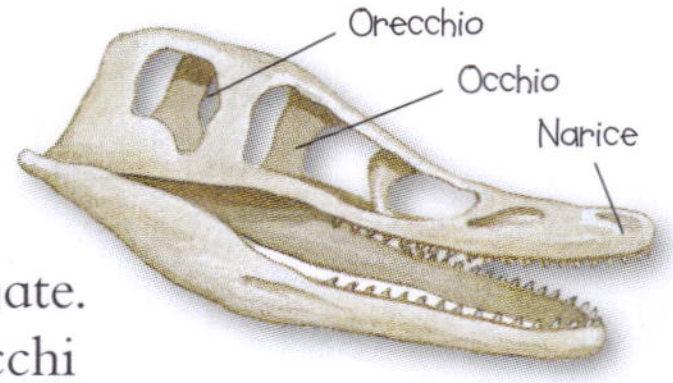

144 Ai lati del cranio, il *Troodon* aveva due cavità per le orecchie. Le orecchie dei dinosauri erano piatte e rotonde, come quelle di altri rettili. Il *Troodon* sentiva i rumori quasi impercettibili dei piccoli animali che si muovevano nel buio.

◀ Il *Troodon*, lungo circa 2 metri, visse 70 milioni di anni fa in Nord America. L'immagine mostra le sue grandi orbite oculari.

145 Le narici del *Troodon* erano due cavità nella parte anteriore del muso. Grazie all'olfatto sensibile, il *Troodon* fiutava prede come insetti, vermi, piccoli rettili come lucertole e piccoli mammiferi simili a toporagni.

▲ La cresta del *Corythosaurus* non era tubolare come nel *Parasaurolophus*, ma a forma di elmo.

GRANDI OCCHI, OTTIMA VISTA

Avrai bisogno di:

cartoncino rigido • un elastico • forbici adatte

Costruisci una maschera di *Troodon*! Ritaglia la sagoma dal cartoncino e fai due piccoli fori di un centimetro per gli occhi. Aggancia l'elastico per indossarla e allarga i fori fino a farli diventare grandi come gli occhi di un vero *Troodon*. Vedi bene?

146 I dinosauri usavano occhi, orecchie e naso per trovare cibo, ma anche per localizzare i nemici e i loro simili. Il *Parasaurolophus* aveva una cresta cranica tubolare, lunga e cava. È probabile che vi soffiasse dentro aria come in una tromba per emettere suoni, come fa l'elefante con la proboscide.

147 Dinosauri come il *Parasaurolophus* emettevano suoni per inviare messaggi agli altri membri del branco. A seconda del tipo di suono, erano in grado di avvertire gli altri della presenza di cibo o di nemici.

▶ Il *Parasaurolophus* era un dinosauro dal becco d'anatra o adrosauride. Era lungo circa 10 metri e visse 80 milioni di anni fa in Nord America.

Dai più veloci ai più lenti

148 I dinosauri potevano essere più o meno veloci, in base a forma e dimensioni. Ai nostri giorni, ci sono animali snelli con le zampe lunghe come ghepardi e struzzi che sono velocissimi, ed enormi elefanti e ippopotami che incedono lentamente. Anche i dinosauri potevano essere grossi, pesanti e lenti oppure snelli, leggeri e scattanti.

▲ Lo *Struthiomimus* visse circa 75 milioni di anni fa in Nord America, nel nord-ovest.

149 Lo *Struthiomimus* era uno dei dinosauri più veloci. Alto più di 2 metri e lungo 4, aveva zampe posteriori molto lunghe e grandi piedi muniti di artigli, come uno struzzo. Con questo animale aveva anche in comune il becco corneo. Ecco perché è chiamato anche "dinosauro struzzo". Correva a oltre 70 km all'ora!

▼ Il *Coelophysis* era lungo 3 metri. Vissuto circa 220 milioni di anni fa, fu uno dei primissimi dinosauri.

150 **Il *Muttaburrasaurus* era un enorme dinosauro ornitopode, parente dell'*Iguanodon*.** È probabile che camminasse alla velocità di un essere umano, circa 4-5 km all'ora. Forse era anche in grado di galoppare a 15 km all'ora, facendo tremare la terra a ogni passo con la sua stazza di 4 tonnellate!

▲ Il *Muttaburrasaurus* visse circa 110 milioni di anni fa nel sud-est dell'Australia.

151 **Il *Coelophysis* era un dinosauro snello e leggero.** Era in grado di trottare, spiccare salti e guizzare con grande agilità. A volte si metteva dritto e correva sulle zampe posteriori. Oppure si lanciava a tutta velocità a quattro zampe come un cane, superando i 30 km all'ora.

QUIZ

Metti in ordine questa lista di dinosauri e animali moderni, dal più lento al più veloce.

Essere umano (40 km/h)
Ghepardo (più di 100 km/h)
Struthiomimus (70 km/h)
Muttaburrasaurus (15 km/h)
Bradipo (0,2 km/h)
Coelophysis (30 km/h)

Risposta: Bradipo, *Muttaburrasaurus*, *Coelophysis*, essere umano, *Struthiomimus*, ghepardo.

Dinosauri corazzati

152 Alcuni dinosauri avevano armi di difesa contro i predatori. Poteva trattarsi di grandi corni e spuntoni, oppure di escrescenze ossee spesse e dure che formavano vere e proprie corazze. Molti dinosauri corazzati erano erbivori che dovevano difendersi da grandi carnivori come il *T. rex*.

153 Il *Triceratops* aveva tre corni, uno sul naso e due molto più lunghi sopra gli occhi. Aveva anche una specie di scudo osseo molto largo che gli proteggeva collo e spalle. Corni e collare gli conferivano un aspetto tremendo. Era però un erbivoro tranquillo. Se veniva attaccato, il Triceratops caricava il nemico a colpi di corni, come fanno oggi i rinoceronti.

▲ Il *Triceratops* era lungo 9 metri e pesava oltre 5 tonnellate. Visse 65 milioni di anni fa in Nord America.

154 **L'*Euoplocephalus* era un dinosauro molto ben corazzato.** Aveva spesse strisce di pelle coriacea lungo il dorso, su cui erano infissi grossi puntali ossei molto duri, simili alle borchie di una cintura. Aveva anche una grossa escrescenza ossea sulla coda. La coda, lunga quasi un metro, aveva l'aspetto di un martello o di una mazza imponente che agitava contro i predatori per ferirli o spezzare loro le gambe.

CREA UN DINOSAURO!

Realizza un dinosauro tutto tuo! Può avere la corazza e la mazza caudale di un *Euoplocephalus*, oppure i corni e il collare di un *Triceratops*. Puoi decidere di disegnarlo, di farne uno con il cartoncino o con la plastilina. Puoi dargli un nome inventato, come "Euoplo-ceratops" o "Tri-cephalus". Quali sono le sue armi di difesa? Somiglia a qualcuna delle creature corazzate dei nostri giorni, tipo una tartaruga, un armadillo o un istrice?

Uova e nidi di dinosauro

155 Come molti rettili odierni, i dinosauri si riproducevano deponendo le uova. Dopo la schiusa, i piccoli di dinosauro crescevano e diventavano adulti. Sono stati rinvenuti fossili di uova con i piccoli al loro interno, così come fossili di piccoli dinosauri appena nati.

156 Sono stati ritrovati molti tipi di uova di dinosauro. Il *Protoceratops*, grande quanto un maiale, visse 85 milioni di anni fa in Asia, nell'odierno deserto del Gobi.

Uovo di Protoceratops

157 La femmina di *Protoceratops* ci teneva a mettere in ordine le sue uova. Le disponeva accuratamente a spirale o in cerchi concentrici. In genere, ne deponeva una ventina.

▼ Una femmina di *Protoceratops* con le sue uova.

158 **Il *Protoceratops* scavava nel terreno asciutto un classico nido a coppa del diametro di circa un metro.** Probabilmente era la femmina a farlo. Tra i rettili odierni, sono solo le femmine a occuparsi del nido, delle uova o dei piccoli.

Uovo di adrosauride

QUIZ

1. Quanto era lungo un *Triceratops*?
2. Quanti corni aveva un *Triceratops*?
3. Quante uova deponeva una femmina di *Protoceratops*?
4. I dinosauri deponevano uova rigide come gli uccelli o uova flessibili?
5. Quanto era lungo un uovo di *T. rex*?

Risposte: 1. 9 metri. 2. Tre. 3. Una ventina. 4. Deponevano uova coriacee e flessibili. 5. 40 centimetri.

159 **Le uova si schiudevano dopo poche settimane.** Il guscio era leggermente coriaceo e flessibile, come quello di molti rettili odierni, e non friabile o rigido come quello degli uccelli.

160 **I fossili dei piccoli di *Protoceratops* hanno rivelato che somigliavano molto ai genitori.** Solo il collare risultava più piccolo rispetto al resto del corpo, a differenza degli adulti. Durante la crescita, però, il collare era la parte del corpo che si sviluppava più velocemente.

▶ Questa è solo una parte dell'uovo di *T. rex*.

161 **Le uova dei dinosauri erano di varie forme e dimensioni.** Enormi sauropodi come il *Brachiosaurus* deponevano uova rotonde, probabilmente grandi come palloni da basket. Le uova di grandi carnivori come il *T. rex* erano più lunghe (40 centimetri) che larghe (15 centimetri).

162 **Molti dinosauri deponevano le uova nel nido o le sotterravano, lasciando che si schiudessero da sole.** I piccoli dovevano essere subito in grado di cercare cibo e difendersi dai nemici. Altri dinosauri invece allevavano i loro piccoli.

Piccoli di dinosauro

163 Alcuni dinosauri adulti allevavano i piccoli e portavano loro il cibo al nido. Tra i fossili dell'adrosauride *Maiasaura* ci sono nidi, uova, piccoli appena nati e gusci d'uovo aperti. Alcuni fossili appartengono a uova non schiuse ma rotte in tanti piccoli pezzi, come se fossero state schiacciate da altri piccoli già usciti dalle loro uova.

164 I piccoli appena nati di *Maiasaura* dovevano stare nel nido. Non potevano correre, perché non avevano ancora zampe abbastanza robuste. Il nido era un mucchietto di fango del diametro di 2 metri circa, che ospitava una ventina di piccoli.

▶ Il ritrovamento di centinaia di nidi fossili di *Maiasaura* uno accanto all'altro dimostra che questi dinosauri si riproducevano in gruppi o colonie. Sembra che i nidi venissero scavati e riparati anno dopo anno: tornavano quindi sempre nello stesso posto per riprodursi.

▲ Un adulto di *Maiasaura* era lungo 9 metri e pesava circa 3 tonnellate. Un piccolo appena nato di *Maiasaura* era lungo solo 30–40 centimetri. Questi dinosauri vissero 75 milioni di anni fa in Nord America.

165 **Alcuni fossili di nidi di *Maiasaura* contengono anche ramoscelli, bacche e altri frammenti di piante fossilizzati.** Si trattava di un dinosauro erbivoro, e si pensa che uno dei genitori o entrambi portassero cibo al nido per nutrire i piccoli. I minuscoli denti dei piccoli presentavano già dei graffi e altri segni di usura provocati dal cibo. Questo conferma l'ipotesi secondo la quale gli adulti portavano cibo al nido per i piccoli.

DA NON CREDERE!

I piccoli di dinosauro crescevano cinque volte più in fretta dei nostri neonati! Quando usciva dall'uovo, un piccolo di dinosauro sauropode come il *Diplodocus* era già lungo un metro e pesava 30 chili!

La fine dei dinosauri

166 Tutti i dinosauri scomparvero prima di 65 milioni di anni fa. Nelle rocce sono stati trovati fossili di dinosauro fino a questa data, ma nessuno dopo. Ci sono però fossili di altre creature come pesci, insetti, uccelli e mammiferi.

Quale fu la causa che portò alla scomparsa di alcuni degli animali più grandi e diffusi che il mondo abbia mai conosciuto?

167 I dinosauri potrebbero essere stati uccisi da un gigantesco meteorite. Questo si sarebbe abbattuto sulla Terra dallo spazio, sollevando grandi nubi di cenere e polvere che avrebbero offuscato il Sole per molti anni. La mancanza di luce solare avrebbe impedito alle piante di crescere, causando la scomparsa dei dinosauri erbivori e anche di quelli carnivori, rimasti senza prede.

▼ Un meteorite gigantesco venuto dallo spazio avrebbe ucciso non solo i dinosauri, ma molte altre specie animali e vegetali.

168 Potrebbero essersi verificate più eruzioni vulcaniche contemporaneamente. I dinosauri sarebbero soffocati e morti per la conseguente emissione di polvere, ceneri e nubi di gas velenosi.

169 I dinosauri potrebbero essere stati uccisi da una malattia. Questa si sarebbe progressivamente diffusa tra i dinosauri, sterminandoli.

170 Un'invasione di animali potrebbe aver decimato le uova di dinosauro. Piccoli mammiferi simili a toporagni erano molto diffusi: avrebbero potuto mangiare le uova di notte mentre i dinosauri dormivano.

Attenti al meteorite!

Cosa ti serve?

- una ciotola di plastica
- un grosso sasso • farina
- una lampada da tavolo

CHIEDI a un adulto di aiutarti. Metti la farina nella ciotola: sarà la superficie terrestre. Posiziona la lampada da tavolo in modo che la illumini: sarà il Sole. Il sasso sarà il meteorite dallo spazio. E… bam! Lascia cadere il sasso nella ciotola. OSSERVA la farina sollevarsi nell'aria come una nebbiolina che offusca il Sole. L'urto di un vero meteorite potrebbe essere stato l'inizio della fine dei dinosauri.

Leggende e malintesi

171 In base agli indizi raccolti, alcune delle ipotesi formulate sui dinosauri non sono corrette. Per esempio, i dinosauri vengono spesso rappresentati con la pelle di colore marrone o verde, alcuni a macchie e altri a strisce. Nessuno in realtà conosce il loro vero colore. Abbiamo alcuni frammenti fossili di pelle. Tuttavia, proprio perché fossili (di pietra), hanno il colore della pietra e non più il colore originale della pelle del dinosauro.

◀ Non sappiamo di che colore fossero i dinosauri. Possiamo fare ipotesi basandoci sui rettili odierni, ma potrebbero essere stati di qualsiasi colore!

◀ Questo è un fossile di pelle di *Edmontosaurus*. La trama è ben visibile, ma l'unico colore è quello della roccia.

▲ Il *Troodon* aveva un cervello grande rispetto alle sue dimensioni, quasi come le scimmie odierne.

172 Analogamente, per anni si è creduto che tutti i dinosauri fossero lenti e stupidi. Invece non è così: alcuni erano agili e scattanti. E alcuni, come il *Troodon*, avevano un cervello grande per le loro dimensioni. Potevano quindi essere piuttosto intelligenti.

173 **Gli scienziati iniziarono a studiare i fossili di dinosauro circa 160 anni fa, nel 19° secolo.** I primi dinosauri studiati erano molto grandi, come il *Megalosaurus*, l'*Iguanodon* e il *Plateosaurus*. Per questo si fece strada l'ipotesi che fossero tutti enormi. In realtà, non era così. Il *Compsognathus*, uno dei più piccoli, era lungo solo 75 centimetri, più o meno come un gatto domestico.

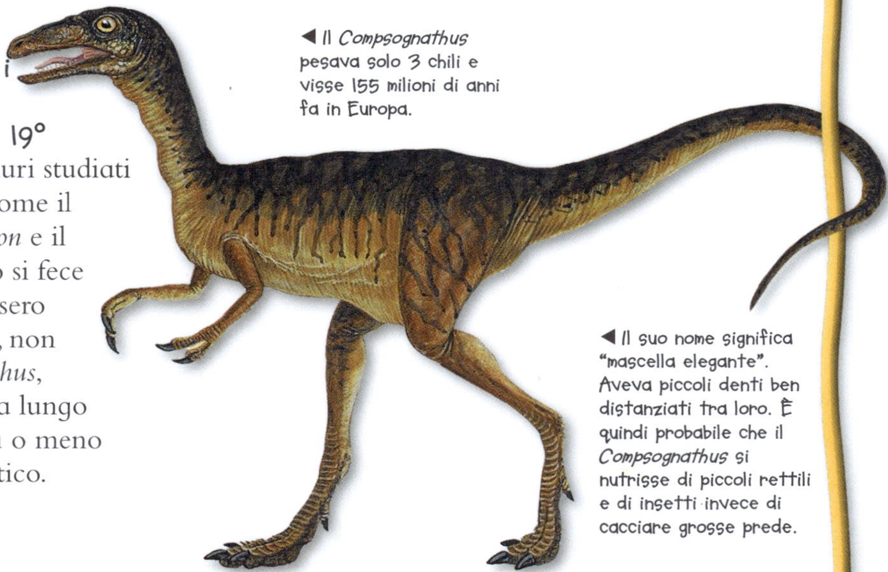

◀ Il *Compsognathus* pesava solo 3 chili e visse 155 milioni di anni fa in Europa.

◀ Il suo nome significa "mascella elegante". Aveva piccoli denti ben distanziati tra loro. È quindi probabile che il *Compsognathus* si nutrisse di piccoli rettili e di insetti invece di cacciare grosse prede.

▲ Questi esemplari di *Wannanosaurus* difendevano il territorio, il cibo o la coppia usando il cranio corazzato. Erano lunghi solo 60 centimetri, ma combattevano con ferocia! Vissero in Asia circa 85 milioni di anni fa.

DA NON CREDERE!

Gli scienziati posizionarono il pollice di un dinosauro sul suo naso! Tra i fossili di *Iguanodon* c'era infatti un osso a forma di corno, che sembrava essere il naso. Oggi invece si pensa che si trattasse di un artiglio-pollice.

174 **Si pensava anche che i cavernicoli avessero dovuto affrontare e uccidere i dinosauri, o viceversa.** Neanche questo è vero. Ci fu un lungo intervallo di tempo di più di 60 milioni di anni tra la scomparsa degli ultimi dinosauri e l'arrivo dei primi esseri umani.

175 **Alcuni credono che i dinosauri esistano ancora oggi in zone remote della Terra, come nella fitta giungla o su isole sperdute.** Tuttavia, ormai la Terra è stata quasi interamente esplorata, e dei dinosauri non c'è alcuna traccia.

Come facciamo a saperlo?

176 Conosciamo i dinosauri soprattutto grazie ai fossili. I fossili si sono formati nel corso di migliaia o milioni di anni, spesso in fondo a laghi, fiumi o mari, dove sabbia e fango li coprirono velocemente, favorendone la conservazione. Sulla terraferma era più probabile che i resti animali venissero mangiati o che si decomponessero fino a scomparire.

▲ I fossili si formano nel corso di milioni di anni. Prima di tutto, un animale come questa trilobite muore. Le trilobiti popolavano i mari circa 600 milioni di anni fa, molto prima della comparsa dei dinosauri.

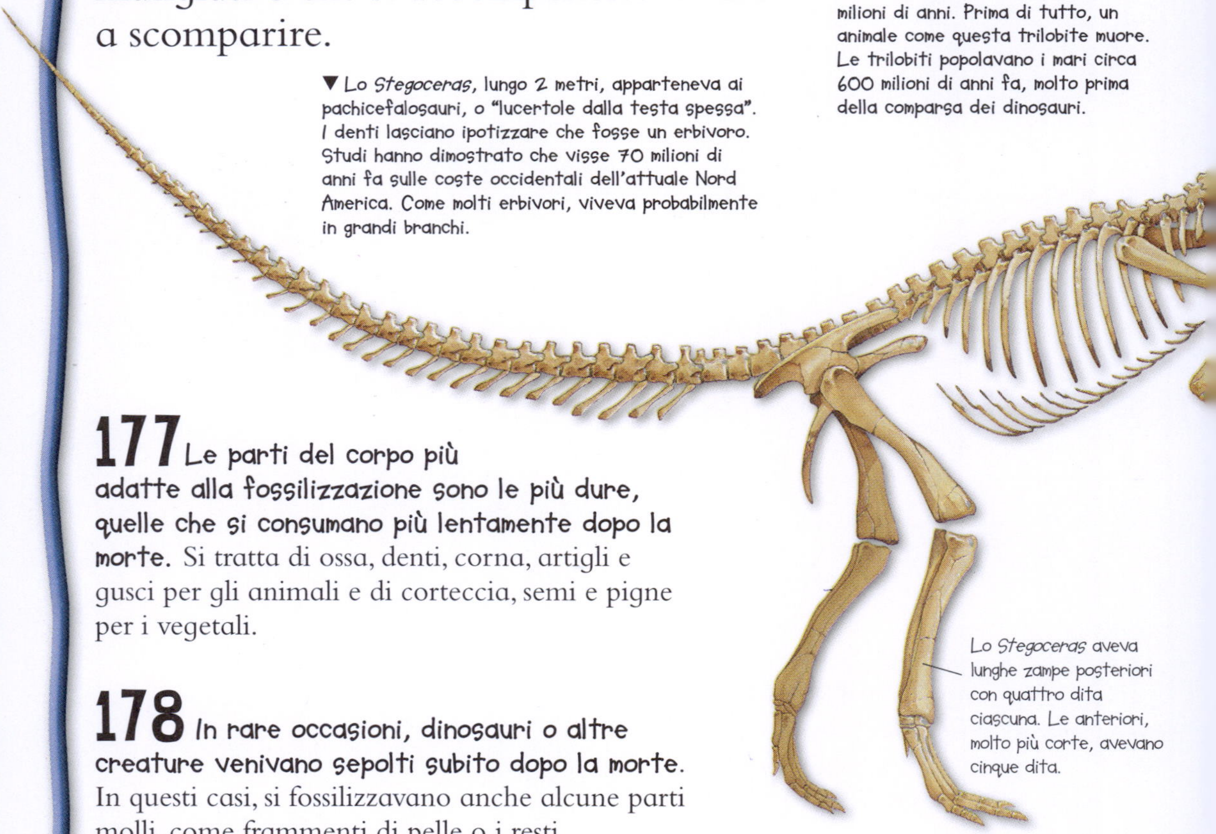

▼ Lo *Stegoceras*, lungo 2 metri, apparteneva ai pachicefalosauri, o "lucertole dalla testa spessa". I denti lasciano ipotizzare che fosse un erbivoro. Studi hanno dimostrato che visse 70 milioni di anni fa sulle coste occidentali dell'attuale Nord America. Come molti erbivori, viveva probabilmente in grandi branchi.

Lo *Stegoceras* aveva lunghe zampe posteriori con quattro dita ciascuna. Le anteriori, molto più corte, avevano cinque dita.

177 Le parti del corpo più adatte alla fossilizzazione sono le più dure, quelle che si consumano più lentamente dopo la morte. Si tratta di ossa, denti, corna, artigli e gusci per gli animali e di corteccia, semi e pigne per i vegetali.

178 In rare occasioni, dinosauri o altre creature venivano sepolti subito dopo la morte. In questi casi, si fossilizzavano anche alcune parti molli, come frammenti di pelle o i resti dell'ultimo pasto nello stomaco.

1. Le parti molli si consumano.

2. Il guscio che rimane viene seppellito dal fango.

3. Il fango diventa roccia, e di conseguenza anche il guscio, formando un fossile.

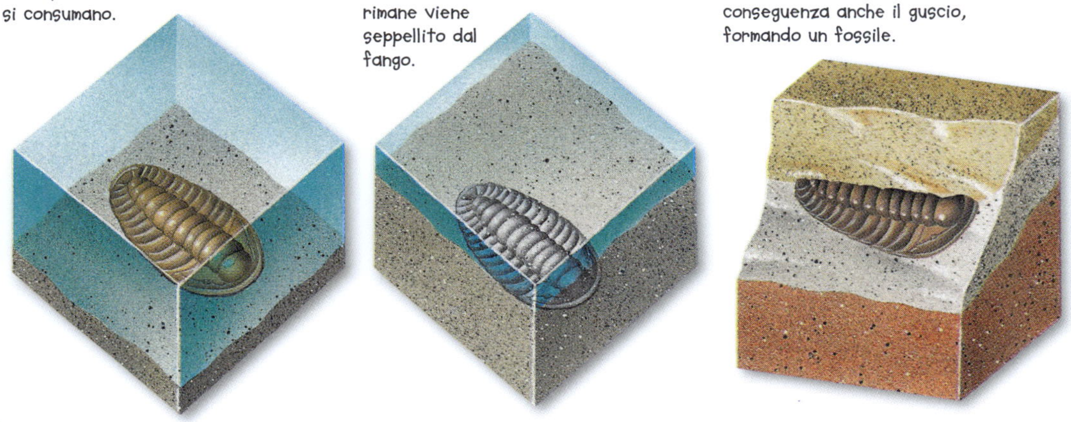

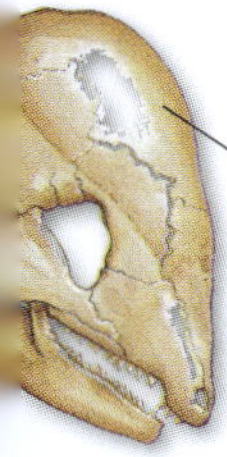

Il cranio dello *Stegoceras* era un cranio a cupola. La parte più spessa misurava 6 centimetri e proteggeva il cervello. Il suo nome significa "tetto cornuto"!

▼ Durante la stagione degli amori, probabilmente lo *Stegoceras* sfidava i rivali a testate, come fanno oggi montoni e capri.

180 Ci sono anche fossili di escrementi di dinosauro: al loro interno conservano frammenti di cibo, che rivelano cosa mangiavano. Alcuni sono grandi come un televisore!

179 Non tutti i fossili di dinosauro sono parti del corpo. Alcuni sono segni, tracce o resti che questi animali hanno lasciato mentre erano in vita, come gusci d'uovo, nidi, cunicoli, orme, segni degli artigli o dei denti sul cibo

QUIZ

Quali parti del corpo di un dinosauro era più probabile che diventassero fossili? Ricorda: i fossili si formano a partire dai frammenti più duri che si sono conservati nelle rocce e sono diventati pietra.

Ossa del cranio	Sangue
Muscoli	Artigli
Ossa delle zampe	Occhi
Pelle squamosa	Denti

Risposta: È più probabile che diventassero fossili le ossa del cranio e delle zampe, i denti e gli artigli.

I ritrovamenti fossili

181 Ogni anno si scoprono migliaia di fossili di dinosauro. La maggior parte appartiene a dinosauri già noti agli scienziati. Tuttavia, una decina potrebbe appartenere a specie sconosciute. Attraverso i fossili, gli scienziati cercano di capire che aspetto avesse il dinosauro e come vivesse milioni di anni fa.

182 Molti fossili di dinosauro vengono rinvenuti dopo un lungo lavoro. Esperti chiamati paleontologi studiano le rocce e individuano i punti dove è più probabile trovarli. Passano settimane a scheggiare rocce e a scavare, osservando ogni frammento alla ricerca di fossili. Tuttavia, alcuni ritrovamenti avvengono per caso. È capitato che durante una passeggiata in campagna qualcuno si imbattesse in un dente o un osso fossile. Che scoperta emozionante!

183 Trovare tutti i fossili di un dinosauro disposti come quando l'animale era in vita è estremamente raro. Di solito vengono rinvenute solo alcune parti fossili di ogni esemplare, quasi sempre alla rinfusa e in frammenti.

▼ I paleontologi, cioè gli scienziati che cercano e studiano ossa di dinosauro, portano alla luce un nuovo scheletro.

Si scava nella roccia con martelli, picconi e spazzole, con estrema cautela.

Gli scienziati prendono appunti, fanno schizzi e fotografie per documentare ogni fase degli scavi.

184 I fossili vengono poi trasferiti nel laboratorio di paleontologia. Qui, vengono puliti e assemblati per l'identificazione. È come cercare di completare un puzzle di cui mancano molte tessere e le poche a disposizione sono rovinate. I fossili vengono così ricomposti, aggiungendo in ultimo le parti molli che non si sono fossilizzate, come la pelle. Per "ricostruire" i dinosauri, gli scienziati li mettono a confronto con animali simili ancora in vita, come i coccodrilli.

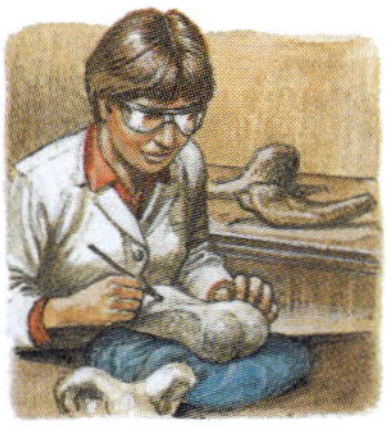

Pulizia dei fossili

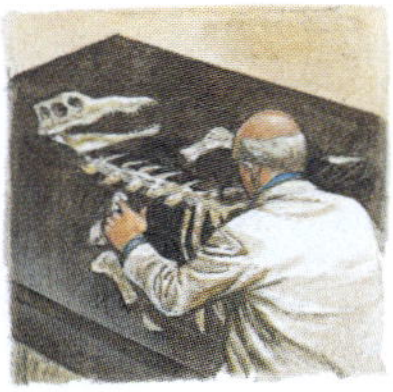

Ricomposizione dei fossili

▲ Uno scheletro ricostruito in mostra in un museo.

I fossili sono pietra e pesano molto, ma sono anche fragili e si rompono facilmente. Per questo, devono essere collocati in solidi contenitori di gesso o fibra di vetro.

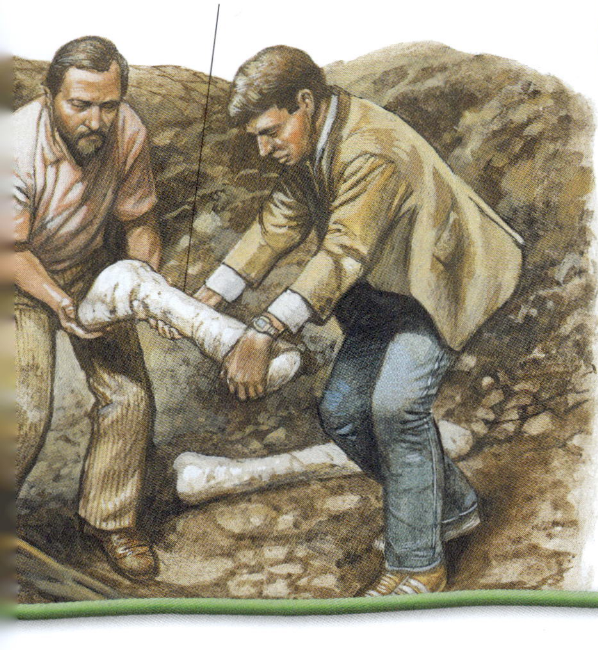

QUIZ

1. Come si chiamano gli scienziati che studiano i fossili?
2. Come vengono documentati gli scavi?
3. Dove vengono collocati i fossili per proteggerli?
4. Con quali animali vengono messi a confronto i dinosauri?

Risposte: 1. Paleontologi. 2. Appunti, schizzi e fotografie. 3. In contenitori di gesso o fibra di vetro. 4. Ai coccodrilli.

Nuove scoperte

185 I primi fossili di dinosauro studiati dagli scienziati venivano dall'Europa e dal Nord America. Dopo le prime scoperte tra il 1830 e il 1850, fossili di dinosauro sono stati trovati in tutto il mondo.

186 Alcuni dei fossili più interessanti degli ultimi anni sono stati rinvenuti in Cina. Tra gli altri, fossili di *Caudipteryx*, *Protarchaeopteryx* e *Sinosauropteryx*. Dettagli quasi impercettibili sui fossili di queste strane creature rivelano la presenza di piume. Oggi solo gli uccelli hanno le piume. Quindi erano uccelli? O dinosauri piumati? Nessuno ancora lo sa!

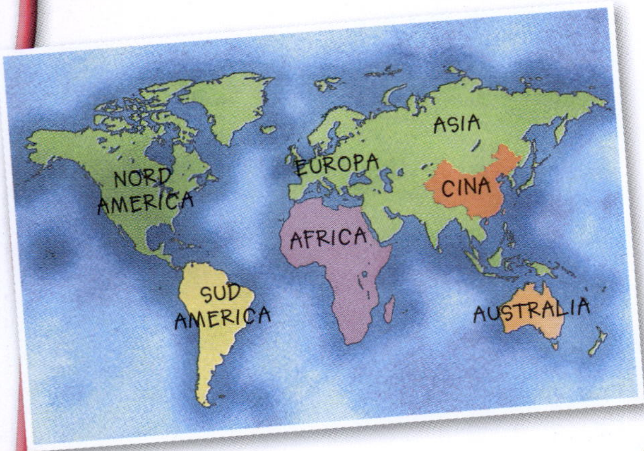

◄ Fossili di dinosauro sono stati rinvenuti in tutto il mondo.

Sinosauropteryx

Caudipteryx

Protarchaeopteryx

187 Tante altre scoperte interessanti sono state fatte in Australia, Africa e Sud America. Il piccolo erbivoro *Leaellynasaura*, lungo quasi 2 metri e alto un metro, visse in Australia 110 milioni di anni fa. Durante il freddo inverno, è probabile che andasse in letargo. In Africa sono stati rinvenuti fossili di sauropodi giganti come il *Jobaria* e la *Janenschia*. In Sud America ci sono stati ritrovamenti dei più grandi erbivori e carnivori, come l'*Argentinosaurus* e il *Giganotosaurus*.

▶ Il *Jobaria* e la *Janenschia* erano due dinosauri sauropodi giganti dell'Africa.

188 **C'è chi crede che un giorno sarà possibile riportare in vita i dinosauri.** Questo è già successo, ma solo in opere di finzione, come nei film di *Jurassic Park*. Ad ogni modo, gli scienziati stanno cercando di estrarre dai fossili del materiale genetico, il DNA. Questo materiale potrebbe fornire informazioni su come si sviluppavano e come vivevano i dinosauri.

189 **I dinosauri vissero e morirono tantissimo tempo fa.** Il loro mondo non esiste più, e questo non può cambiare. Ciò che sta cambiando sono le nostre conoscenze su di loro. Ogni anno ne sappiamo un po' di più. La nostra unica certezza è che quanto sappiamo adesso cambierà nel futuro.

▲ I fossili di *Leaellynasaura* furono trovati nel 1989, in un posto chiamato Dinosaur Cove vicino a Melbourne, in Australia. Furono gli scienziati Pat e Thomas Rich a scoprirli.

DA NON CREDERE!

Al dinosauro *Leaellynasaura* è stato dato il nome di una bambina, la figlia degli scienziati che ritrovarono i suoi fossili!

IL T. REX

190 Chi non ha mai sentito parlare del *Tyrannosaurus rex* o *T. rex*? Si dice che sia stato il più grande dinosauro di tutti i tempi, un carnivoro gigantesco con una bocca così smisurata da poter inghiottire un'automobile intera e denti come spade. Niente di tutto questo è vero. Sicuramente il *T. rex* è uno degli animali più famosi del mondo. Nonostante sia scomparso 65 milioni di anni fa, rivive in film, giochi e giocattoli, in statue e opere d'arte, nella musica e nelle canzoni. Ma è anche oggetto di tanti malintesi.

▶ Una scena dal film *King Kong* (2005). Con un ruggito possente, il *T. rex* spalanca le fauci piene di denti aguzzi e si prepara all'attacco. Immagini come questa ci sono familiari, ma sono attendibili? Per esempio, il *T. rex* ruggiva davvero così forte?

Un terribile tiranno

▲ Tra gli ultimi dinosauri del Cretaceo superiore c'erano predatori piccoli e agili come l'*Avimimus*, erbivori enormi come il *Triceratops* a tre corni, lo spinoso *Edmontonia*, gli adrosauridi o dinosauri dal becco d'anatra con le loro strane creste craniche, e naturalmente il *T. rex*.

LEGENDA

1. *Tyrannosaurus rex*
2. *Triceratops*
3. *Stegoceras*
4. *Edmontonia*
5. *Parasaurolophus*
6. *Lambeosaurus*
7. *Avimimus*
8. *Corythosaurus*
9. *Struthiomimus*
10. *Albertosaurus*
11. *Therizinosaurus*
12. *Euoplocephalus*

191 **Il nome completo del *T. rex* è *Tyrannosaurus* rex, che significa "re lucertola tiranno".** Tuttavia, questo animale non era una lucertola. Era un grande carnivoro appartenente al gruppo di rettili dei dinosauri.

192 **I dinosauri vissero in un intervallo di tempo chiamato era mesozoica (252–65,5 milioni di anni fa).** I primi dinosauri apparvero circa 230 milioni di anni fa e scomparvero tutti, o si estinsero, prima di 65 milioni di anni fa.

193 **C'erano centinaia di specie di dinosauri.** Il *Plateosaurus* era un erbivoro grande come un autobus che visse 210 milioni di anni fa. Il *Brachiosaurus* era un erbivoro gigantesco di 150 milioni di anni fa. Il *Deinonychus*, un predatore feroce dalle dimensioni di un essere umano adulto, visse 110 milioni di anni fa.

QUIZ

Quali di questi animali estinti erano dinosauri?

Pterodattilo
Mammut lanoso
Triceratops
Ammonite
T. rex
Archaeopteryx
Plateosaurus

Risposta: *T. rex*, *Triceratops*, *Plateosaurus*.

194 **Il *T. rex* arrivò dopo tutti questi dinosauri.** Visse infatti nell'ultimo periodo dell'era mesozoica chiamato Cretaceo (145,5-65,5 milioni di anni fa), da 68 a 65,5 milioni di anni fa circa. Il *T. rex* fu uno degli ultimissimi dinosauri.

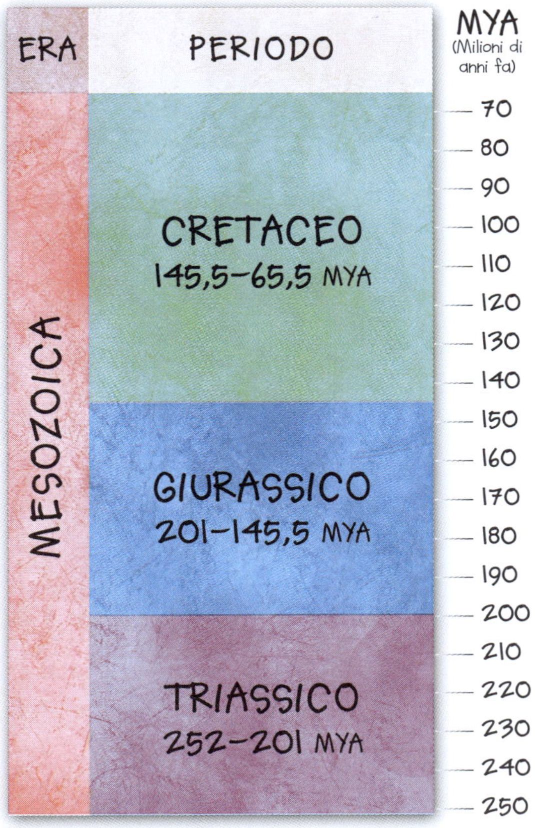

Periodo giurassico: *Allosaurus*, un grande dinosauro carnivoro

Periodo triassico: *Herrerasaurus*, uno dei primi dinosauri

◀ I dinosauri dominarono la Terra per 160 milioni di anni, più di ogni altro gruppo animale.

Un predatore gigantesco

195 Le dimensioni di animali grossi e feroci come squali bianchi, tigri e coccodrilli vengono a volte esagerate. Spesso si crede il *T. rex* più grande di quanto in realtà non fosse.

Brachiosaurus
13 metri di altezza
25 metri dal naso alla coda
oltre 40 tonnellate di peso

196 Un *T. rex* adulto era lungo più di 12 metri e alto ai fianchi più di 3 metri. Quando si sollevava e alzava la testa, poteva raggiungere i 5 metri di altezza.

197 Il *T. rex* non era poi così grande se paragonato ad alcuni animali erbivori. Pesava più o meno quanto un elefante africano odierno, era grande la metà dell'estinto mammut imperiale, e pesava un decimo di alcuni dei più grandi dinosauri erbivori.

▼ Il *T. rex* era grande e grosso, ma comunque più piccolo di tutte le creature che trovi in queste pagine.

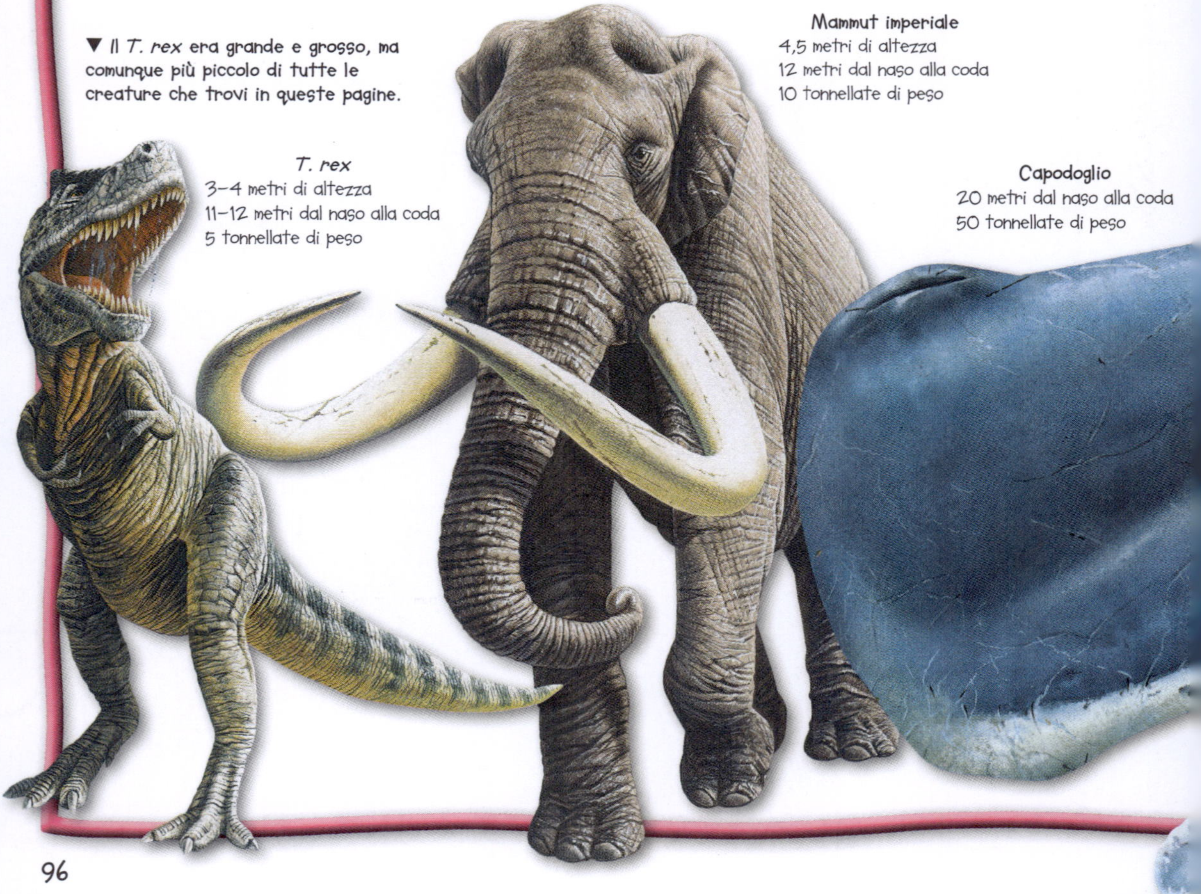

T. rex
3–4 metri di altezza
11–12 metri dal naso alla coda
5 tonnellate di peso

Mammut imperiale
4,5 metri di altezza
12 metri dal naso alla coda
10 tonnellate di peso

Capodoglio
20 metri dal naso alla coda
50 tonnellate di peso

198 Se paragonato ai più grandi carnivori terrestri di oggi, il *T. rex* era enorme. Oggi i più grandi carnivori terrestri sono l'orso polare e il grizzly: sono alti fino a 3 metri e superano i 600 chili di peso. Pesano però solo un decimo del *T. rex*!

199 Se paragonato ad altri carnivori estinti, il *T. rex* era solo grande. L'*Andrewsarchus* di 40 milioni di anni fa, simile a un lupo, fu uno dei più grandi mammiferi carnivori terrestri. Era alto 2 metri, lungo 4 metri dal naso alla coda e pesava più di una tonnellata.

200 Il *T. rex* viene a volte chiamato "il più grande predatore di tutti i tempi". Era però solo un decimo delle dimensioni del capodoglio che vive oggi negli oceani e caccia calamari giganti. Era anche più piccolo di predatori oceanici preistorici come i pliosauridi *Liopleurodon* e *Kronosaurus* (10 tonnellate o più) e l'ittiosauro *Shonisaurus* (oltre 20 tonnellate).

Confronta i grandi predatori!

Cosa ti serve?

• penne • un grande foglio di carta • libri sugli animali

Cerca nei libri o in Internet fotografie che ritraggono di profilo un *T. rex*, un capodoglio, un'orca e un *Andrewsarchus*. Disegnali tutti su un foglio e mettili a confronto:

Capodoglio, lungo quanto l'intero foglio

T. rex, dal naso alla coda, lungo due terzi del capodoglio

Orca, lunga la metà del capodoglio

Andrewsarchus, lungo un quinto del capodoglio

Il profilo del *T. rex*

201 I paleontologi possono scoprire che aspetto avevano animali estinti come il *T. rex* quando erano in vita. Studiano le dimensioni, la forma, la lunghezza, lo spessore e altri dettagli di fossili come ossa, denti, artigli e altre parti.

202 La coda del *T. rex* era lunga quasi la metà dell'animale. Dalla base ampia e muscolosa, era spessa e robusta quasi fino in punta, non come la coda lunga e sottile di altri dinosauri come il *Diplodocus*, più simile a una frusta.

▼ I dinosauri si dividono in due gruppi: gli ornitischi (bacino da uccello) e i saurischi (bacino da lucertola). I carnivori come il *T. rex* erano saurischi. I dinosauri col bacino da uccello erano erbivori.

Nei dinosauri con bacino da lucertola, pube rivolto verso il basso e in avanti

Nei dinosauri con bacino da uccello, pube rivolto in basso e all'indietro

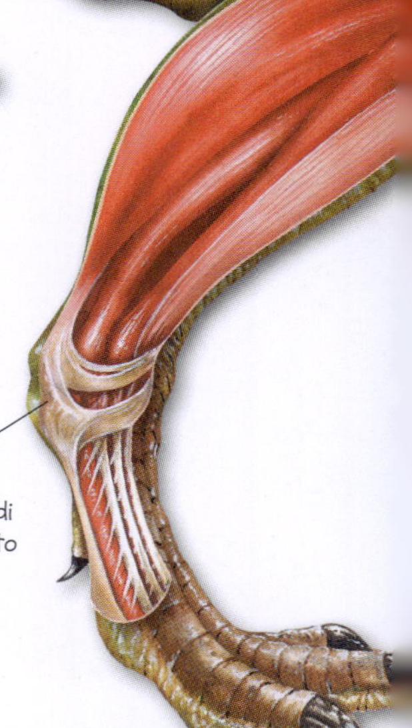

DA NON CREDERE!

La coda del *T. rex* non era molto flessibile: sporgeva dritta dietro il corpo. Ecco perché il gruppo di dinosauri a cui apparteneva si chiama *tetanuri*, che significa "code rigide".

203 Le ossa fossili di *T. rex* dimostrano che era un dinosauro grande, massiccio e poderoso. Aveva un cranio enorme: di conseguenza, testa e bocca erano immense. Nel cranio c'erano cavità per ospitare occhi, orecchie e narici. Nelle ossa aveva anche cavità più piccole per il passaggio dei vasi sanguigni e dei nervi.

▼ Questa sezione aperta di *T. rex* mostra le ossa spesse e robuste dello scheletro, rinvenute in buone condizioni in molti resti fossili.

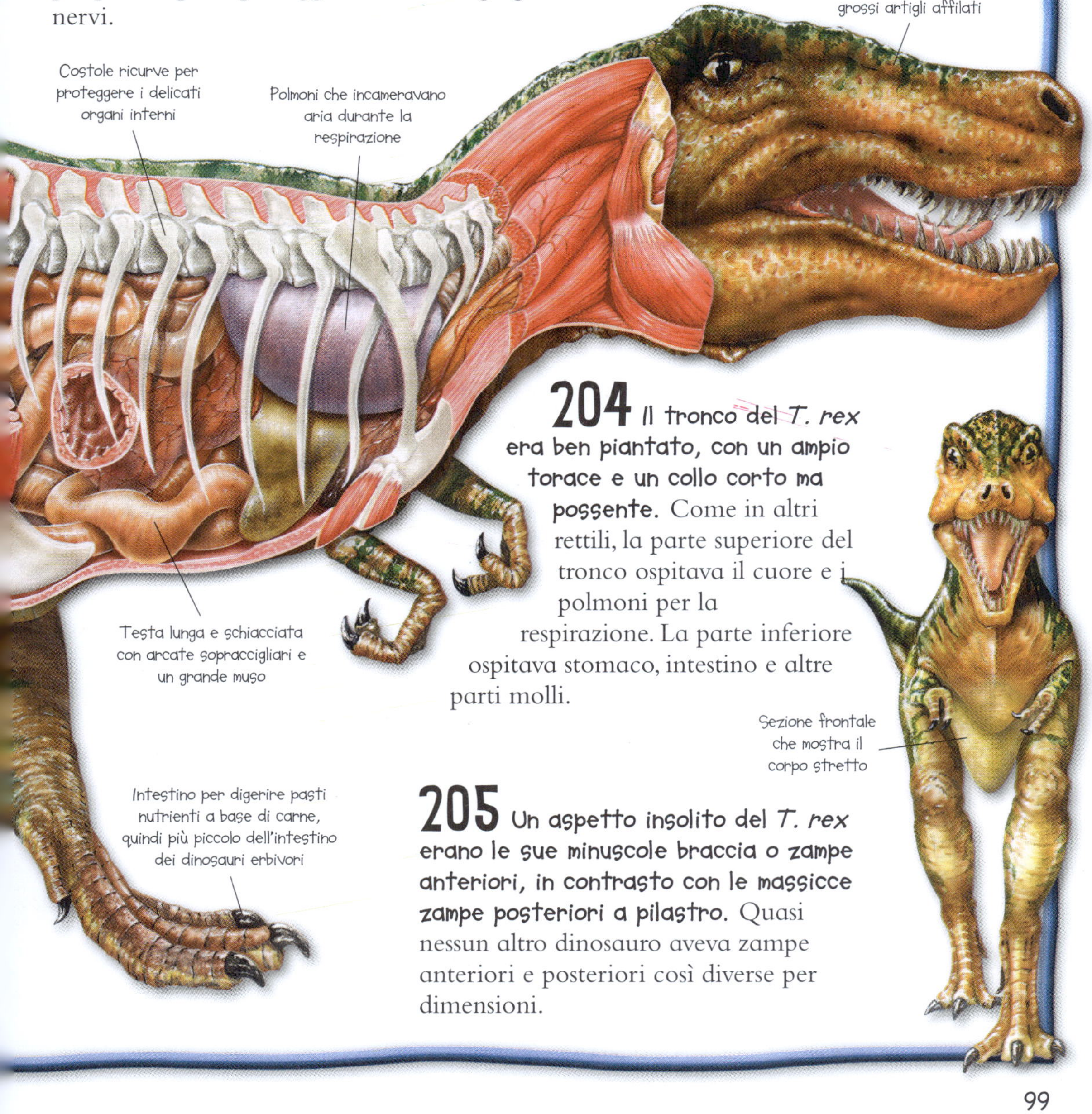

204 Il tronco del *T. rex* era ben piantato, con un ampio torace e un collo corto ma possente. Come in altri rettili, la parte superiore del tronco ospitava il cuore e i polmoni per la respirazione. La parte inferiore ospitava stomaco, intestino e altre parti molli.

205 Un aspetto insolito del *T. rex* erano le sue minuscole braccia o zampe anteriori, in contrasto con le massicce zampe posteriori a pilastro. Quasi nessun altro dinosauro aveva zampe anteriori e posteriori così diverse per dimensioni.

Il *T. rex* era intelligente?

▼ Molti dinosauri avevano gli occhi ai lati della testa, con una buona visione a tutto campo, ma non frontale. Il *T. rex* aveva occhi puntati in avanti.

Visione con occhi puntati in avanti

Visione con occhi puntati ai lati

▶ Pare che il *T. rex* usasse la lingua lunga per assaggiare la carne prima di mangiarla.

206 **Il cranio del *T. rex* è ben noto grazie a molti fossili.** Le grandi orbite oculari erano posizionate in modo che gli occhi puntassero in avanti invece che ai lati. Riusciva quindi a vedere gli oggetti di fronte a sé con entrambi gli occhi e a calcolare bene le distanze.

207 **Pare che i dinosauri, come altri rettili, non avessero orecchie esterne.** Erano in grado di sentire grazie ai timpani di pelle sottile posizionati ai lati della testa.

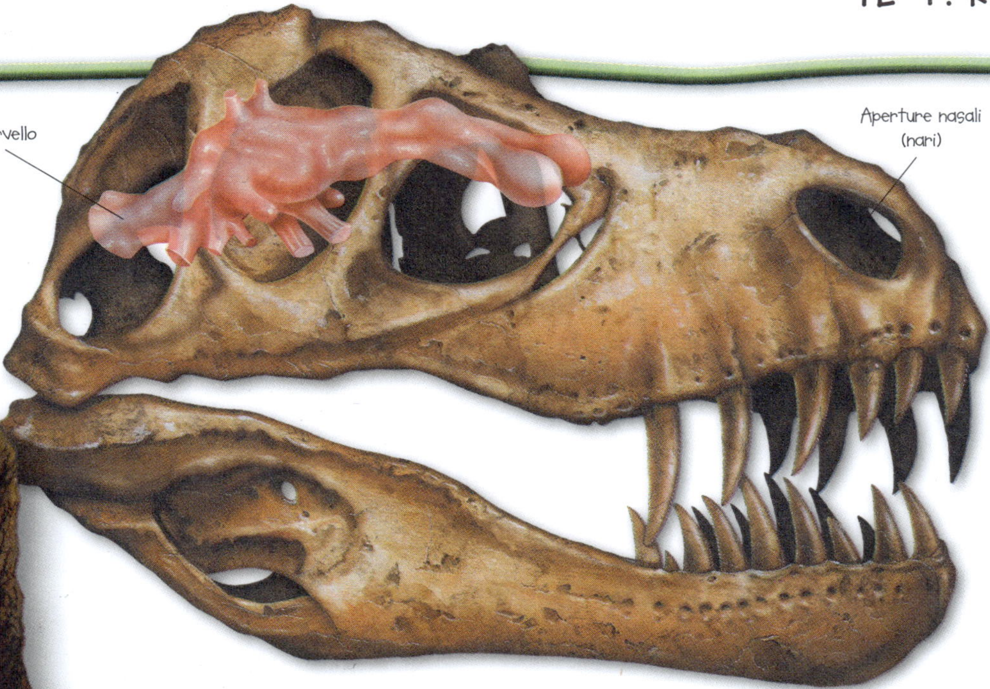

▲ La scatola cranica del *T. rex* era piccola se paragonata all'intero cranio. I nervi collegavano il cervello a occhi, naso, orecchie e altre parti del corpo.

208 **Il *T. rex* aveva grandi aperture nasali sulla sommità del muso.** All'interno del cranio, diventavano una cavità molto grande, con cui percepiva gli odori nell'aria. Come la vista, anche l'olfatto del *T. rex* era ottimo.

209 **Alcuni fossili rivelano dimensioni e forma del cervello del *T. rex*!** Il cervello si trovava in un involucro, la scatola cranica, collocata in alto sul retro del cranio e visibile in fossili ben conservati. Lo spazio interno rivela la forma del cervello.

DA NON CREDERE!

I bulbi oculari del *T. rex* avevano un diametro di 8 centimetri, ma quelli del calamaro gigante di oggi arrivano quasi a 30 centimetri!

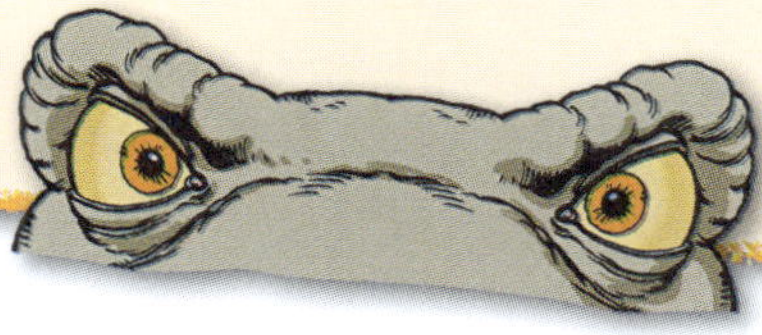

210 **Il *T. rex* era uno dei dinosauri con il cervello più grande.** Le zone responsabili dell'olfatto, chiamate bulbi olfattivi, erano particolarmente sviluppate. Quindi il *T. rex* aveva una vista acuta, un buon udito e, soprattutto, un ottimo olfatto. Non era certo stupido!

Che denti!

211 I denti sono molto resistenti e sono ottimi fossili. I denti, le mascelle e i crani di *T. rex* che si sono conservati ci dicono che cosa mangiava.

212 Il cranio di un *T. rex* adulto era lungo anche un metro e mezzo, quasi quanto una vasca da bagno! Come il cranio di altri dinosauri e rettili, era formato da oltre 20 ossa saldamente unite tra loro.

▶ Con i suoi denti enormi, il *T. rex* era in grado di sgranocchiare un osso.

213 Il *T. rex* aveva 50–60 denti di varie forme e dimensioni. Erano lunghi fino a 30 centimetri, compresa la radice infissa nella mascella. Erano più grandi nell'arcata superiore che nell'inferiore. Nella parte frontale, aveva denti leggermente più piccoli e aguzzi. I denti posteriori, dalla forma a banana, non erano particolarmente taglienti.

▼ La parte ruvida dei denti del *T. rex* era quasi interamente infissa nella mascella. Solo la parte levigata era in vista.

214 **Nel *T. rex* i denti usurati o rotti venivano subito sostituiti da denti nuovi.** Questo interessava a rotazione diverse parti della bocca. La dentatura del *T. rex* era quindi formata da denti vecchi più grandi e denti nuovi più piccoli.

215 **L'articolazione della mascella del *T. rex* era posizionata sul retro del cranio.** Il dinosauro poteva così spalancare le fauci per introdurre enormi quantità di cibo o per fare a pezzi prede molto grandi di lui.

▶ Grazie agli enormi denti e alle robuste mascelle, il T. rex aveva un morso più potente di tutti questi animali!

216 **Attraverso calcoli ed esperimenti, gli scienziati hanno paragonato la forza del morso del *T. rex* con quella di altre creature di oggi.** Sotto questo aspetto, il *T. rex* non ha davvero rivali!

T. rex 3100 (una stima)
Alligatore 2200
Iena 1050
Cane Labrador 150
Leone 950
Squalo bianco 650
Lupo 400
Ara giacinto 355
Tartaruga azzannatrice 1000
Essere umano 120

Braccia piccole e gambe enormi

217 La particolarità del *T. rex* era di avere braccia minuscole. Avevano infatti dimensioni simili alle braccia di un essere umano adulto, nonostante il *T. rex* fosse 50 volte più grande di un uomo. Grazie ai muscoli potenti e a due robuste dita artigliate, erano tutt'altro che deboli.

▶ Le braccia del *T. rex* erano così piccole che non gli servivano neanche a portarsi il cibo alla bocca.

218 A che cosa servivano le piccolissime braccia del *T. rex*? Ci sono molte ipotesi: potevano aiutarlo a bloccare la preda mentre la azzannava, a risollevarsi quando cadeva, oppure ad afferrare il partner durante l'accoppiamento.

▶ Le zampe di uccelli come lo struzzo presentano somiglianze con quelle del *T. rex* e di dinosauri simili, come la camminata quasi in punta di piedi.

219 Su ogni piede, il *T. rex* aveva tre grandi dita dagli artigli robusti. Questo tipo di piede era tipico dei teropodi, il gruppo di dinosauri a cui apparteneva il *T. rex*. Anche se molto più in grande, la struttura del piede era simile alle zampe degli uccelli.

DA NON CREDERE!

I piedi del T. rex erano lunghi circa un metro. Le sue orme misuravano però meno della metà, perché camminava appoggiando solo le dita.

▲ Mentre correva, il *T. rex* teneva probabilmente testa, collo, tronco e coda allineati quasi in orizzontale o radenti al suolo.

220 Dalle enormi e pesanti zampe posteriori del *T. rex* è possibile ipotizzare che avanzasse a grandi falcate. Le tre parti della gamba – la coscia, lo stinco e il piede – erano tutte più o meno della stessa lunghezza.

221 Le piste sono orme fossili nel fango e nella sabbia che possono aiutarci a capire come si muovevano gli animali. Sono state ritrovate piste lasciate dal *T. rex* o da dinosauri simili, utili per capire a che velocità camminavano o correvano (vedi pagina 109).

Che cosa mangiava il T. rex?

222 Il *T. rex* era un predatore enorme, e quindi mangiava probabilmente grosse prede. Altri grandi dinosauri della sua epoca erano erbivori. Tra gli altri, il *Triceratops* dai tre corni e i suoi cugini, e vari dinosauri dal becco d'anatra o adrosauridi come il *Parasaurolophus* e l'*Edmontosaurus*.

▼ Lo pterosauro gigante *Quetzalcoatlus* fu un rettile volante contemporaneo al *T. rex*. Forse si nutriva dei resti delle prede del *T. rex* dopo che il dinosauro aveva finito di banchettare.

223 Si pensa che il *T. rex* sfruttasse la bocca enorme, i denti robusti e i potenti muscoli delle mascelle per attaccare questi grandi erbivori. Si lanciava sulla preda per ferirla a morte con un morso potente. Poi si appartava nei dintorni, in attesa che si indebolisse abbastanza da poterla mangiare.

◀ Un *Triceratops* adulto era un nemico difficile da battere per un *T. rex*. Gli esemplari giovani o vecchi e malati erano più facili da uccidere.

▶ L'adrosauride *Parasaurolophus* emetteva forti suoni simili a barriti con la cresta cranica tubolare e cava per avvertire i suoi simili della presenza del *T. rex*.

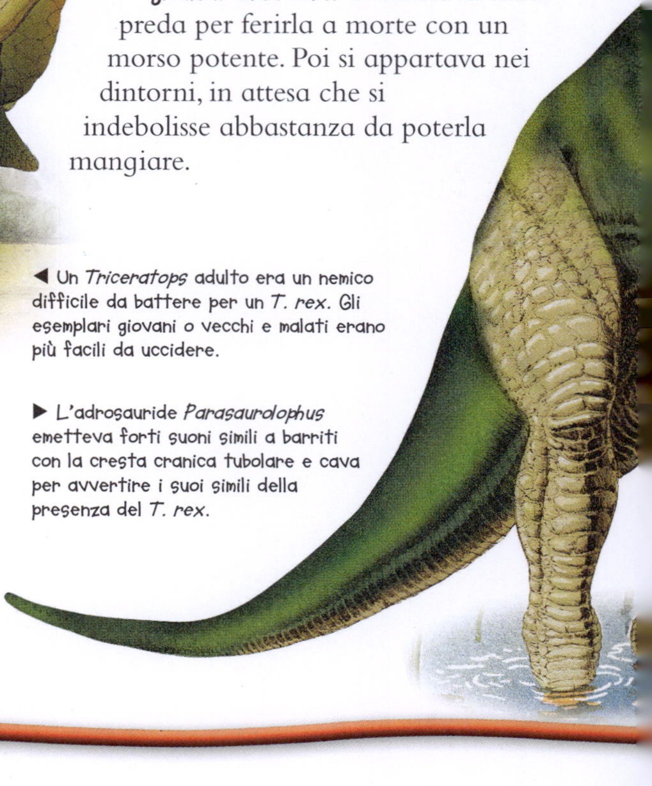

224 È stato rinvenuto un fossile di *Triceratops* con segni di ferite profonde sul grande collare osseo. Le ferite potrebbero essere opera di un *T. rex*. La distanza tra i segni corrisponde infatti alla distribuzione dei denti del Tirannosauro.

DA NON CREDERE!

Un coprolito rinvenuto nel 1995 a Saskatchewan, in Canada, apparteneva probabilmente a un *T. rex*. Era lungo 42 centimetri, largo 15 centimetri e alto 12 centimetri!

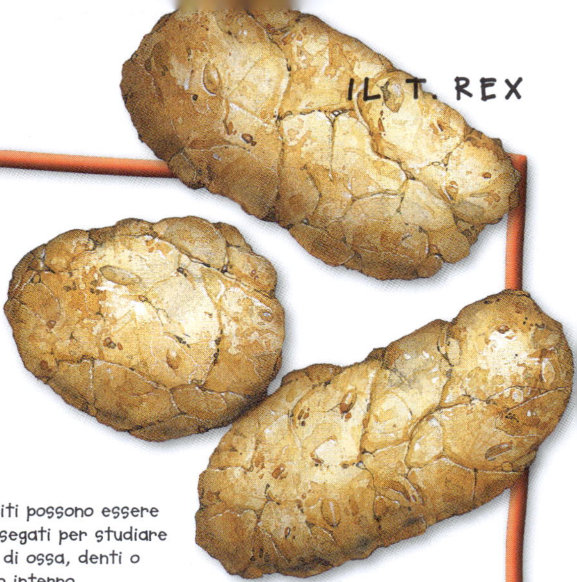

▶ I coproliti possono essere spezzati o segati per studiare i frammenti di ossa, denti o altro al loro interno.

225 **I coproliti sono escrementi animali fossilizzati e diventati pietra.** Sono numerosi i ritrovamenti di grossi coproliti che potrebbero appartenere al *T. rex*. Conservano al loro interno frammenti ossei delle sue vittime, tra cui giovani esemplari di *Edmontosaurus* e Triceratops.

226 **Per alcune specie di dinosauro sono stati ritrovati molti scheletri fossili insieme, il che fa pensare che vivessero in branchi.** Ritrovamenti di questo tipo hanno interessato anche molti *T. rex* che formavano forse una famiglia o un branco di predatori. Per confermare l'ipotesi servirebbero però ulteriori prove.

▶ Dinosauri corazzati come l'*Euoplocephalus* si difendevano dal *T. rex* agitando la loro pesante mazza caudale.

Predatore o necrofago?

227 **Il T. rex era un predatore attivo che inseguiva le prede?** Tendeva imboscate e si avventava su di esse cogliendole di sorpresa? O era un necrofago che si nutriva di dinosauri morti o in fin di vita? Oppure lottava con altri dinosauri per rubare le loro prede e garantirsi un pasto?

228 **Per essere un predatore attivo, il *T. rex* doveva essere in grado di correre veloce.** Gli scienziati hanno provato a calcolare la sua velocità con modellini e computer e mettendolo a confronto con altri animali.

Chi fa cosa?

Fai delle ricerche su questi animali moderni e scopri se sono predatori veloci, se tendono agguati o se sono necrofagi.
Tigre – Ghepardo – Iena – Coccodrillo – Avvoltoio – Licaone

▶ Il *T. rex* potrebbe aver cacciato piccoli dinosauri come questi esemplari di *Prenocephale*, uscendo di colpo dal suo nascondiglio tra gli alberi.

▲ Mentre cercava cibo, il *T. rex* riusciva a fiutare un dinosauro morto per ferite o malattie.

▲ Durante la caccia il *T. rex* rischiava di essere ferito, per esempio dai corni del *Triceratops*.

229 **Secondo alcune stime, il *T. rex* correva a una velocità di 50 km all'ora, secondo altre correva a 15 km all'ora.** Gran parte delle stime suggerisce una velocità tra i 20 e i 30 km all'ora. Sarebbe stato quindi più lento di un velocista umano, ma probabilmente più veloce di prede come il *Triceratops*.

230 **Si ipotizza che il *T. rex* fosse un necrofago per l'olfatto ben sviluppato con cui scovava le carcasse.** Inoltre, anche se i denti possenti non gli permettevano di masticare come noi, riusciva a frantumare un osso al primo morso per estrarne il nutriente midollo gelatinoso. Forse un *T. rex* affamato mangiava semplicemente qualsiasi cosa gli capitasse a tiro: quindi poteva essere allo stesso tempo predatore e necrofago.

231 **Molti fossili di *T. rex* presentano ferite su stinchi, costole, collo e mascelle.** Potrebbe trattarsi dei tentativi di difesa delle sue vittime, il che suggerisce che desse la caccia a prede vive.

▶ Il *T. rex* strappava a morsi bocconi di carne da grandi prede e li inghiottiva interi.

Lo sviluppo del T. rex

232 Il *T. rex* viveva in gruppo? Gran parte dei fossili appartiene a esemplari solitari. Alcuni sono stati trovati accanto ad altri esemplari di *T. rex*. Potrebbe trattarsi di un caso, oppure di un gruppo di *T. rex* che morirono tutti insieme.

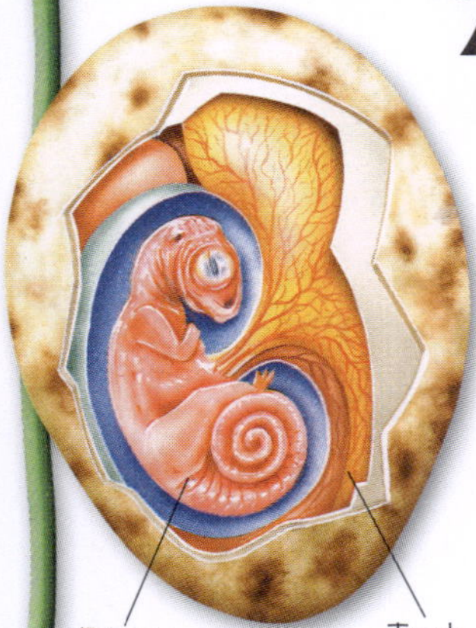

▲ L'embrione del piccolo di dinosauro si sviluppava nell'uovo assorbendo i nutrienti dal tuorlo.

▶ Probabilmente il piccolo usciva dall'uovo rompendo a morsi il guscio, che era flessibile come il cuoio.

233 I rettili odierni depongono uova da cui nascono i piccoli, e dinosauri come il *T. rex* facevano probabilmente lo stesso. Finora nessun uovo fossile di dinosauro è stato attribuito con certezza al *T. rex*. Alcuni dinosauri deponevano uova nei nidi e allevavano i piccoli, ma neanche in questi casi ci sono fossili di T. rex.

▶ Un giovane *T. rex* si nutriva di piccole prede come uccelli, lucertole e altri dinosauri appena nati.

234 Sono stati trovati fossili di *T. rex* di dimensioni ed età diverse che ci dicono come crescevano. Alcune ossa fossili molto ben conservate presentano "anelli di accrescimento" simili a quelli degli alberi, che mostrano il ritmo di crescita.

235 Pare che il *T. rex* crescesse lentamente per circa 12–14 anni. Dopodiché cresceva molto in fretta, di circa 2 chili al giorno fino all'età di 20 anni, quando era ormai adulto.

236 È possibile distinguere maschi e femmine di *T. rex* grazie ai fossili? Alcuni scienziati pensavano che le femmine fossero più grandi, con ossa più spesse e robuste rispetto ai maschi. Ritrovamenti recenti mettono in dubbio questa ipotesi.

▶ Molti rettili odierni continuano a svilupparsi anche da adulti. Tuttavia, il tasso di crescita si riduce con l'età, e quindi crescono più lentamente. Non è certo che dinosauri come il *T. rex* crescessero in questo modo.

237 Il più grande *T. rex* ritrovato fu chiamato Sue: aveva circa 28 anni quando morì. Nessuno sa con certezza se un *T. rex* potesse vivere più a lungo. Ritrovamenti futuri ci aiuteranno a dare una risposta a questo e a molti altri interrogativi.

Dove viveva?

238 **Il *T. rex* era un tipo di dinosauro, o una specie, in un gruppo di specie del genere *Tyrannosaurus*.** C'erano altri dinosauri dello stesso genere?

239 **Dopo la scoperta dei fossili di *T. rex* più di 100 anni fa, i cacciatori di fossili iniziarono a trovare i resti di simili enormi predatori.** Ad alcuni furono dati nomi specifici all'interno del genere *Tyrannosaurus*, ma molti di loro sono stati ribattezzati *T. rex*.

240 **Il *Tarbosaurus*, "lucertola allarmante", era molto simile al *T. rex* anche per dimensioni, e visse nel suo stesso periodo.** I suoi fossili vengono però dall'Asia (Mongolia e Cina), e non dal Nord America. Secondo alcuni esperti sarebbe un'altra specie di *Tyrannosaurus*, il *Tyrannosaurus bataar*. Altri pensano che sia così simile al *T. rex* da dover essere chiamato allo stesso modo.

241 **Fossili di dinosauri più piccoli simili al *T. rex* sono stati trovati in Europa.** Tra gli altri, quelli di *Eotyrannus*, lungo 6 metri e vissuto più di 100 milioni di anni fa sull'Isola di Wight, nel sud dell'Inghilterra. I fossili di *Aviatyrannis* trovati in Portogallo risalgono invece al Giurassico.

◄ Il *Tarbosaurus* aveva grandi denti, braccia minuscole ed era molto simile al *T. rex*. Fu chiamato così dal paleontologo russo Evgeny Maleev nel 1955, esattamente 50 anni dopo l'identificazione del *T. rex*.

242 Nel 1979, il paleontologo cinese Dong Zhiming battezzò i resti di un grosso dinosauro carnivoro asiatico *Tyrannosaurus luanchuanensis*, dello stesso genere del T. rex. Dopo molte disquisizioni, fu proposto un altro nome: *Jenghizkhan*. Alcuni scienziati affermano però che, come il Tarbosaurus, il *Jenghizkhan* è così simile al *T. rex* che dovrebbe essere chiamato *Tyrannosaurus*.

DA NON CREDERE!

Un cranio fossile trovato nel 1942 fu chiamato *Nanotyrannus*, "tiranno nano". Come Jane (pagina 127), potrebbe essere un'altra specie di piccolo tirannosauro oppure un giovane *T. rex*. Ancora non si sa.

▼ Molti fossili provengono dagli strati rocciosi della Formazione Hell Creek che si trova in Montana, negli USA.

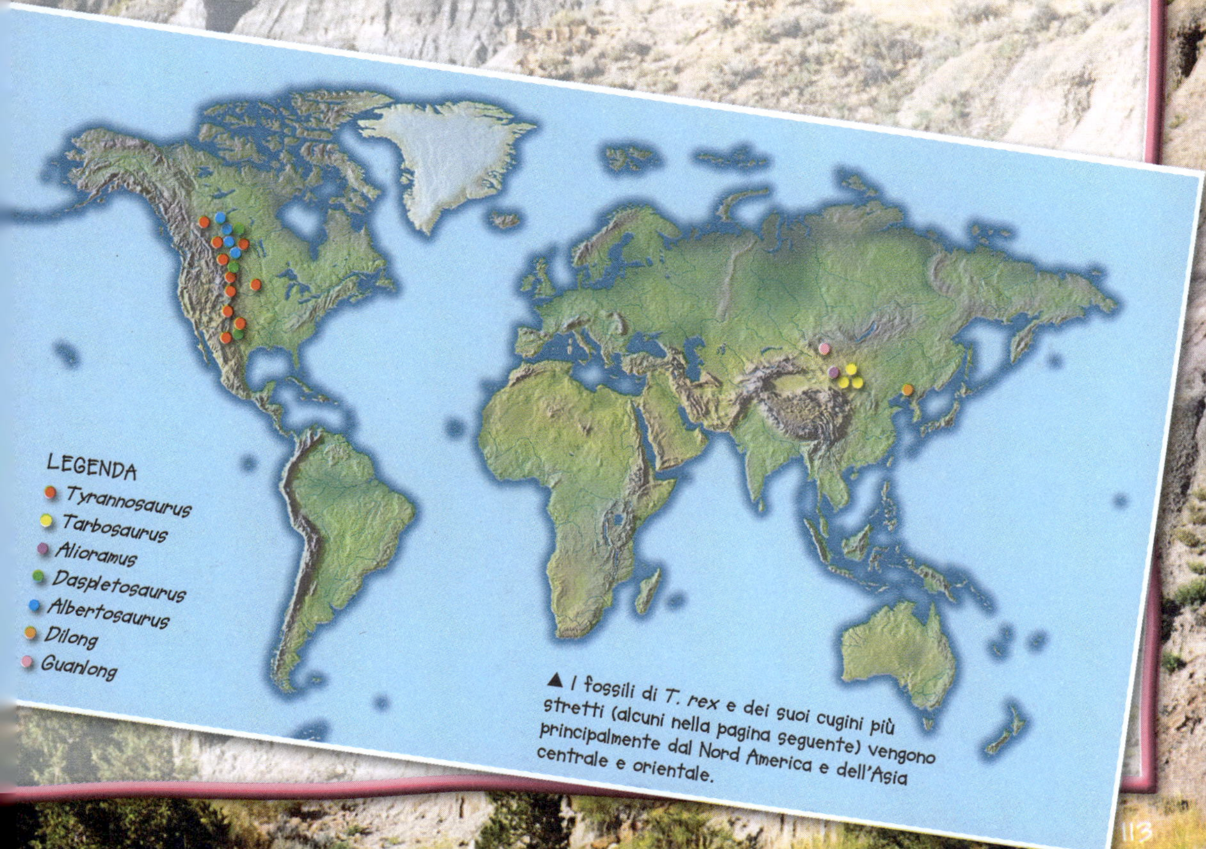

▲ I fossili di *T. rex* e dei suoi cugini più stretti (alcuni nella pagina seguente) vengono principalmente dal Nord America e dell'Asia centrale e orientale.

Il gruppo dei tirannosauri

243 Che tipo di dinosauro era il *T. rex*? Apparteneva al gruppo dei tirannosauri o, scientificamente, alla famiglia *Tyrannosauridae* (tirannosauridi). Questi dinosauri differivano da altri dinosauri predatori per ossa, articolazioni e altre caratteristiche. Facevano parte della superfamiglia *Tyrannosauroidea* (tirannosauroidi).

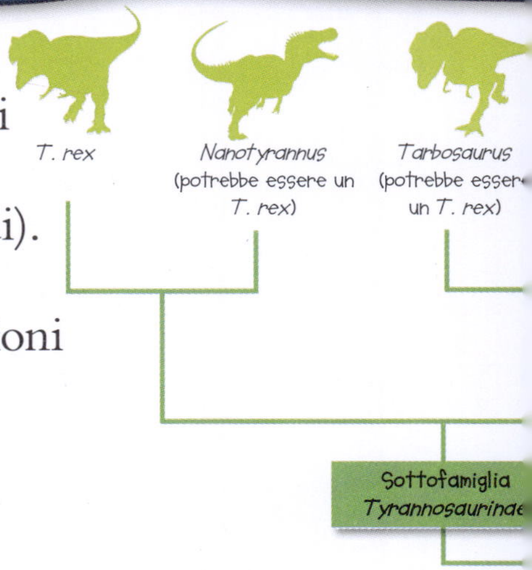

244 Uno dei primi tirannosauroidi fu il *Guanlong*, o "drago coronato". I suoi fossili furono scoperti in Cina nel 2006 e risalgono a circa 160 milioni di anni fa, quasi 100 milioni di anni prima del *T. rex*. Era lungo 3 metri e aveva una strana placca ossea a forma di corno sul naso.

▲ Pare che il *Guanlong* sfoggiasse la cresta cranica fatta di un sottile strato osseo nella stagione degli amori.

▼ Le "piume" del *Dilong* erano simili a una pelliccia, forse per mantenere caldo il corpo.

245 Un altro lontano cugino del *T. rex* fu il Dilong, o "drago imperatore", trovato anch'esso in Cina. I fossili risalgono a 130 milioni di anni fa. Un esemplare adulto era lungo anche 2 metri e presentava tracce di piume su testa e coda. Come si vedrà più avanti, alcuni esperti ipotizzano che anche il *T. rex* avesse delle specie di piume.

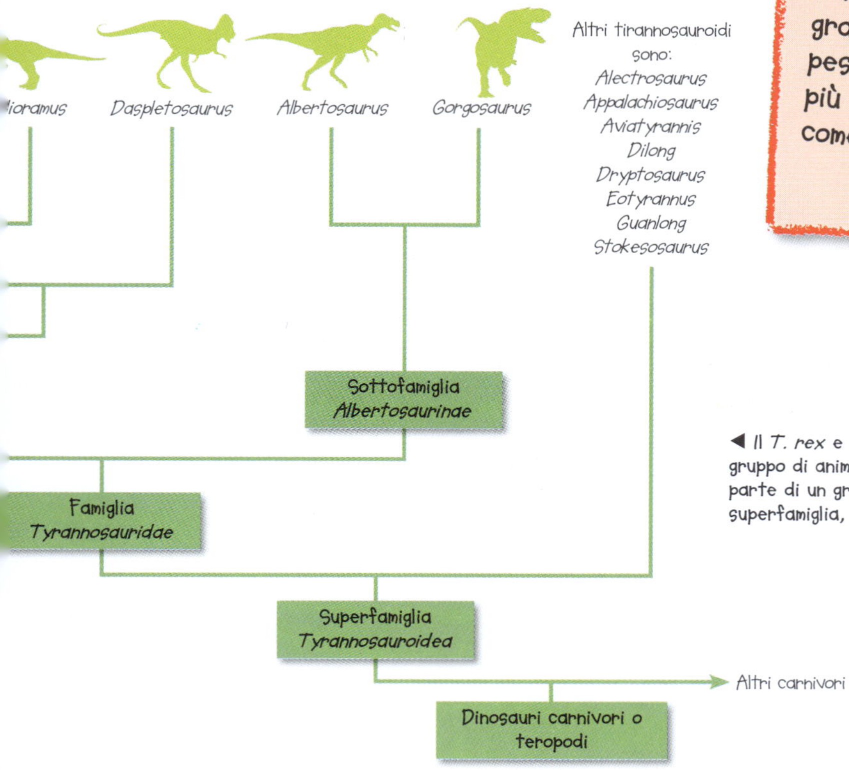

DA NON CREDERE!

I dinosauri carnivori più grandi come il *T. rex* pesavano 2000 volte di più di quelli più piccoli come il *Compsognathus*.

◄ Il *T. rex* e i suoi parenti formano un gruppo di animali chiamato famiglia, che fa parte di un gruppo più esteso, o superfamiglia, di grossi carnivori.

▼ Il *Velociraptor* e altri raptor non erano parenti stretti dei tirannosauri, ma appartenevano a un altro gruppo di carnivori, i dromaeosauridi.

246 **I tirannosauri non erano gli unici dinosauri carnivori.** C'era anche l'*Allosaurus*, grande quasi come un *T. rex*, vissuto come questo in Nord America, ma 80 milioni di anni prima. Il *Compsognathus* era un piccolo carnivoro lungo appena un metro, vissuto circa 150 milioni di anni fa. Poi c'erano i "raptor", carnivori di medie dimensioni lunghi dai 2 ai 5 metri, come il *Velociraptor*, di 75 milioni di anni fa, e il *Deinonychus*, di 110 milioni di anni fa. Tutti questi carnivori appartenevano al principale gruppo di dinosauri, i teropodi.

◄ Il *Compsognathus* cacciava piccole prede come lucertole e insetti.

Parenti stretti

247 Nel gruppo dei tirannosauri c'erano il *T. rex* e molti dei suoi parenti più stretti. Erano dinosauri grossi e feroci, ma molti vissero prima del *T. rex* e non erano così grandi.

DA NON CREDERE!

L'*Albertosaurus* deve il nome a una principessa. I suoi fossili vengono dalla provincia canadese di Alberta, chiamata così in onore di Louise Caroline Alberta, figlia di Vittoria d'Inghilterra e del Principe Alberto.

▲ Ci sono molti resti fossili di Gorgosaurus: per questo è uno dei tirannosauri più conosciuti. Aveva una piccola cresta a forma di corno sopra ogni occhio.

248 I fossili di *Gorgosaurus*, o "lucertola feroce", vengono principalmente da Alberta, in Canada, e risalgono a 75–70 milioni di anni fa. Il *Gorgosaurus* era molto simile all'*Albertosaurus*, anche se un po' più piccolo, con i suoi 8-9 metri di lunghezza. Come tutti i tirannosauri, aveva ossa cave e aperture nel cranio per alleggerire il peso. Secondo alcuni esperti, era una specie di *Albertosaurus*, e dovrebbe quindi cambiare nome.

249 Anche i fossili di *Daspletosaurus*, o "lucertola spaventosa", vengono da Alberta, e risalgono a 80–75 milioni di anni fa. Altri sono stati trovati in regioni nordamericane più a sud come il Nuovo Messico, negli USA. Era lungo circa 8 metri e dotato di mascelle e denti spaventosamente grandi. Aveva braccia piccole, ma non minuscole come quelle del *T. rex*.

▲ Il *Daspletosaurus* pesava circa 2,5 tonnellate e aveva un cranio lungo oltre un metro.

▼ L'*Alectrosaurus* della Mongolia, in Asia, era uno dei tirannosauri più piccoli: era lungo 5 metri in tutto.

► I fossili di *Appalachiosaurus* vengono dall'Alabama, negli USA, dove sono stati trovati altri tirannosauri. È stato rinvenuto solo uno scheletro lungo 7 metri, probabilmente di un esemplare non ancora adulto.

250 L'*Albertosaurus*, o "lucertola di Alberta", visse circa 70 milioni di anni fa. I primi fossili vengono da Alberta, in Canada. Simile al *T. rex*, aveva fauci enormi e denti affilati, braccia corte e gambe possenti. Lungo 9-10 metri e dal peso di circa 1,5 tonnellate, era però più piccolo. Resti di oltre 20 esemplari, tra giovani e adulti, provengono da uno stesso sito: forse si trattava di un gruppo misto impegnato nella caccia.

La scoperta del *T. rex*

251 I primi fossili di *T. rex* furono rinvenuti tra il 1870 e il 1880 da Arthur Lakes e John Bell Hatcher in Wyoming, negli USA. Furono però attribuiti al *T. rex* solo anni dopo. Nel 1892, il paleontologo Edward Drinker Cope trovò dei resti di un grosso carnivoro che chiamò *Manospondylus*. Dopo 100 anni, gli stessi resti furono riesaminati e attribuiti al *T. rex*.

▲ Edward Drinker Cope (1840–97) battezzò molte altre specie di dinosauri oltre al *T. rex*: tra le altre, *Camarasaurus*, *Amphicoelias*, *Coelophysis*, *Hadrosaurus* e *Monoclonius*.

► Le ossa fossili di grossi dinosauri come il *T. rex* sono di pietra, e quindi molto pesanti. Anni fa, erano i cavalli a trascinarle dalle isolate zone montuose alle strade o ferrovie più vicine.

252 Nel 1900, sempre in Wyoming, il paleontologo Barnum Brown trovò il primo scheletro parziale di *T. rex*, anziché ossa e denti sparsi come spesso accadeva. Inizialmente i fossili furono chiamati *Dynamosaurus* da Henry Fairfield Osborn del Museo americano di storia naturale di New York.

DA NON CREDERE!

Il resoconto di Osborn del 1905 includeva molte specie di dinosauri. Ci fu un po' di confusione con i nomi, e poco mancò che *T. rex* diventasse Dynamosaurus imperiosus. Oggi il *T. rex* poteva essere il *D. imp*!

253 **Barnum Brown ritrovò un altro scheletro fossile parziale di *T. rex* a Hell Creek, in Montana, nel 1902.** Nel 1905, Osborn ne fornì una descrizione scientifica e lo chiamò *Tyrannosaurus rex*, utilizzando per la prima volta il nome ufficiale di questo dinosauro. In un certo senso, fu allora che "nacque" il *T. rex*.

254 **Nel 1906, Brown trovò in Montana uno scheletro parziale di *T. rex* ancora meglio conservato.** Lo stesso anno, Osborn si accorse della grande somiglianza tra i fossili di *Dynamosaurus* e quelli di *T. rex*, e quindi li ribattezzò *T. rex*. La gente iniziò a sentir parlare di questo enorme e feroce mostro carnivoro del passato, che diventò presto molto famoso.

255 **I fossili di *T. rex* sono sempre stati molto ambiti da musei, mostre e collezioni private.** Nel 1941, i fossili trovati da Brown nel 1902 furono venduti al Museo Carnegie di storia naturale di Pittsburgh, in Pennsylvania, per una grossa somma di denaro. La ricerca e il commercio di fossili di *T. rex* continua anche oggi.

▼ Barnum Brown fu uno dei cacciatori di fossili più famosi del suo tempo. Indossava di frequente una spessa pelliccia, anche quando scavava sotto il sole cocente.

BARNUM BROWN, IL DETECTIVE DEI DINOSAURI

Barnum Brown (1873-1963) non cercava solo fossili di dinosauro, ma fossili di ogni tipo e altri tesori scientifici come i cristalli. Lui e la sua squadra lavoravano per il Museo americano di storia naturale di New York. Esploravano luoghi remoti, e dove trovavano fiumi anziché strade, montavano un campo base galleggiante su una zattera. Lavoravano velocemente, usando spesso la dinamite per far saltare le rocce. Brown veniva anche pagato dalle compagnie petrolifere per individuare i posti migliori dove trivellare.

Il lavoro con i fossili

▼ Il processo di fossilizzazione si compone di molte fasi che possono durare milioni e milioni di anni.

1. Un dinosauro muore e cade in un lago o in un fiume, dove affonda. La carne e altre parti molli si decompongono o vengono mangiate dalle creature acquatiche.

2. Le ossa e i denti vengono coperti da strati di fango e sabbia. La silice e altri minerali rocciosi penetrano nelle ossa, riempiendo ogni fessura.

3. Nel giro di milioni di anni, i minerali sostituiscono completamente le ossa del dinosauro, conservandone però la forma. Le ossa sono diventate dei fossili.

4. Se la roccia contenente i fossili viene spinta in superficie ed erosa, i fossili rimangono esposti. Possono quindi essere scoperti da uno scienziato che si occuperà di estrarli.

256 Come tutti i fossili animali, quelli di *T. rex* sono le parti del corpo più dure. Si sono conservati nelle rocce dove, nel corso di milioni e milioni di anni, sono diventati pietra.

257 Nei dinosauri, le parti del corpo che formano fossili sono soprattutto ossa, denti, artigli, corna e, meno di frequente, la pelle. Sono stati ritrovati anche fossili di uova, orme o piste, coproliti e altre tracce.

258 Come per molte altre creature preistoriche, del *T. rex* sono stati ritrovati resti fossili rotti, schiacciati e sbriciolati. Ricomporli è spesso molto complicato, e identificare gli animali a cui appartenevano è estremamente difficile.

DA NON CREDERE!

Alcuni fossili di *T. rex* presentano ferite probabilmente causate da denti di altri *T. rex*. Forse lottavano tra loro per il cibo, il territorio, per accoppiarsi o per decidere chi comandava.

▶ L'*Archaeopteryx*, il primo uccello conosciuto, visse circa 80 milioni di anni prima del T. rex. Aveva ossa simili a quelle dei piccoli dinosauri carnivori.

259 **I rettili di oggi sono a sangue freddo, ma il *T. rex* e altri dinosauri erano a sangue caldo come mammiferi e uccelli?** I fossili rivelano che, per struttura ossea e tasso di crescita, il *T. rex* era simile a mammiferi e uccelli. Anche la composizione chimica delle ossa assomiglia a quella degli uccelli. Tuttavia, non si ha ancora una risposta certa.

▶ Un paleontologo al lavoro presso gli scavi di un *T. rex*. Per estrarre i fossili dal terreno servono vari strumenti e un'attrezzatura speciale.

260 **Nel 2008, fossili di *T. rex* di 68 milioni di anni fa (chiamati B. rex dai paleontologi) furono rinvenuti in Montana (USA).** L'analisi al microscopio di queste ossa molto ben conservate ha rivelato la loro somiglianza con le ossa delle femmine degli uccelli odierni. Quindi B. rex potrebbe essere stata una femmina di *T. rex* di 15-20 anni che aveva prodotto uova.

La ricostruzione del *T. rex*

261 I paleontologi usano ossa e altre parti fossilizzate di *T. rex* per ricostruire il suo aspetto da vivo. Tramite la disciplina dell'anatomia comparata, le ossa vengono anche confrontate con ossa di animali odierni simili al *T. rex*, come coccodrilli, lucertole e uccelli.

263 Come per altre creature estinte, non ci sono resti di parti molli del corpo del *T. rex*, come stomaco, intestino, cuore e polmoni. Venivano infatti mangiate dai necrofagi, oppure si decomponevano. Ad ogni modo, grazie all'anatomia comparata è possibile fare riferimento a creature viventi per ipotizzare come dovevano essere.

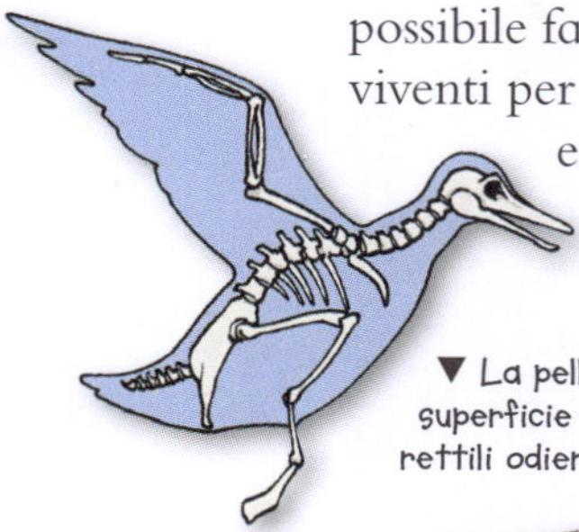

262 Alcune ossa fossili presentano rattoppi, scanalature e rugosità chiamate cicatrici muscolari. Sono i punti dove i muscoli erano attaccati alle ossa, e permettono ai paleontologi di capire come i muscoli facevano muovere le ossa e come si muoveva il *T. rex*.

▼ La pelle fossile di dinosauro ha una superficie squamata, simile a quella di molti rettili odierni.

264 A volte, anche la pelle e le squame di dinosauro si fossilizzano. Assumono però il colore della roccia che forma il fossile, perdendo quello originale. Per questo non è possibile risalire ai veri colori del *T. rex*.

◀ Fossili di parenti stretti di *T. rex* presentano un piumaggio fatto di semplici peli. È possibile che anche il *T. rex* avesse un piumaggio simile.

▲ Questa ricostruzione di *T. rex* mostra l'ipotesi più moderna sulla sua postura, con la coda dritta e sollevata da terra. Il cranio sarà quindi collegato alle vertebre cervicali e posizionato in basso, a differenza di quanto si faceva prima.

▶ Per molti anni si è creduto che il *T. rex* tenesse la testa in alto e trascinasse la coda per terra.

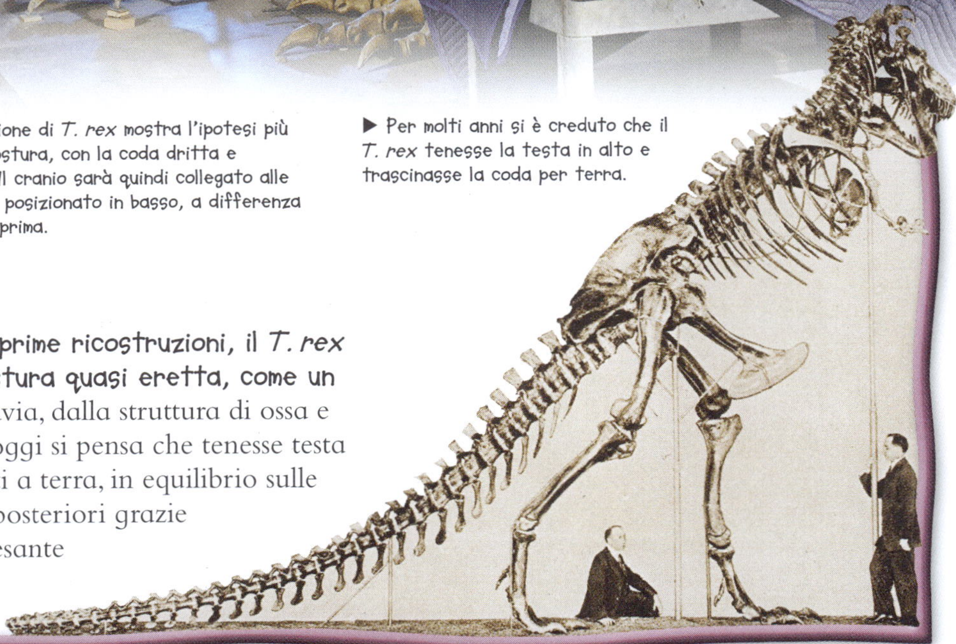

265 **Nelle prime ricostruzioni, il *T. rex* aveva una postura quasi eretta, come un canguro.** Tuttavia, dalla struttura di ossa e articolazioni, oggi si pensa che tenesse testa e corpo radenti a terra, in equilibrio sulle grosse zampe posteriori grazie alla lunga e pesante coda.

La storia di Sue

266 Il più grande *T. rex* rinvenuto ad oggi è "Sue". Il suo codice ufficiale è FMNHPR2081, attribuito dal Field Museum di storia naturale di Chicago (USA).

267 Sue deve il nome alla sua scopritrice. Sue Hendrickson stava lavorando a uno scavo nel 1990 nei pressi della cittadina di Faith, nel Dakota del Sud (USA) quando trovò i resti di un enorme *T. rex*. Servì un'intera squadra di lavoro per estrarli e pulirli.

268 Sue è un fossile straordinariamente completo, di cui si conservano circa i quattro quinti di denti, ossa e altre parti del corpo. Il dinosauro fu probabilmente coperto dal fango subito dopo la morte, evitando che animali necrofagi spaccassero o portassero via le sue ossa.

269 Sue risale a un periodo tra 67 e 65,5 milioni di anni fa. Era lungo 12,8 metri dal naso alla punta della coda e arrivava a 4 metri alle anche. In vita, Sue pesava probabilmente tra le 5,5 e le 6,5 tonnellate.

◀ Sue Hendrickson con un piede fossile del dinosauro Sue. Oltre ad aver trovato il *T. rex*, Sue Hendrickson è una sommozzatrice esperta e ha esplorato relitti e città sommerse.

DA NON CREDERE!

Nonostante il nome femminile, non è chiaro se Sue fosse maschio o femmina. Con oltre un milione di visitatori all'anno, non c'è dubbio però che sia una vera "Sue... perstar"!

▼ Nel maggio del 2000, Sue è stato esposto al Field Museum di Chicago, di cui è diventato l'attrazione principale.

270 **Dopo la scoperta, i fossili di Sue furono contesi tra varie parti.** Ne rivendicavano la proprietà il padrone del terreno, la squadra di scavi, chi organizzò la spedizione e le autorità locali. Dopo una battaglia legale, Sue fu venduto all'asta nel 1997 a New York. Il Field Museum di Chicago se lo aggiudicò per 8,39 milioni di dollari.

Stan, Jane e gli altri

271 Oltre a Sue, ci sono almeno altre 30 serie di fossili di *T. rex*. In alcuni casi si tratta solo di poche ossa e denti, in altri di scheletri piuttosto completi e ben conservati.

272 "Stan" deve il nome al suo scopritore Stan Sacrison. Il suo codice è BHI 3033, ed è stato scoperto nel 1992 vicino a Buffalo, nel Dakota del Sud (USA) da una squadra del Black Hills Institute. Era lungo circa 12,2 metri e pesava 3 tonnellate, con 199 ossa e 58 denti. Alcune ossa presentano segni di ferite rimarginate, come alcune costole rotte, il collo danneggiato e una ferita da denti nel cranio.

273 "Wankel rex", esemplare MOR 555, fu rinvenuto da Kathy Wankel nel 1988. Fu portato alla luce da una squadra del Museo delle Montagne Rocciose, dove è ora esposto, a Bozeman, in Montana.

274 "Tinker", chiamato anche "Kid Rex", era un giovane *T. rex*. Grande circa i due terzi di un adulto, fu ritrovato nel 1998 nel Dakota del Sud e deve il suo nome al capo della squadra di spedizione, Ron "Tinker" Frithiof.

▶ Stan si trova ora al Museo di Black Hills a Hill City, nel Dakota del Sud.

275 **"Jane" è l'esemplare BMRP 2002.4.1 al Museo Burpee di storia naturale di Rockford, Illinois (USA).** Trovato in Montana, con i suoi 6,5 metri di lunghezza e 650-700 chili di peso, è più piccolo di un *T. rex* adulto. Alcuni esperti affermano che si tratti di un esemplare giovane morto all'età di 10-12 anni. Altri sostengono sia un dinosauro simile ma più piccolo chiamato *Nanotyrannus*.

▶ Ci vollero più di quattro anni per estrarre, pulire e ricostruire il fossile di Jane trovato a Hell Creek in Montana.

Un nome nuovo per il *T. rex*

Cosa ti serve?

- foto di *T. rex* in diverse pose
- una penna • fogli di carta

Copia alcune foto di *T. rex* sui tuoi fogli. Immagina che siate stati tu e i tuoi amici a scoprire i fossili e date loro dei soprannomi, scrivendoli accanto a ciascun disegno. Ci sarà anche un *T. rex* con il tuo nome?

Più grandi del "re"

276 Fino al 1990 circa, il *T. rex* era conosciuto come il predatore terrestre più grande di tutti i tempi. Negli ultimi anni però sono stati scoperti dinosauri carnivori ancora più grandi.

277 Fossili di *Giganotosaurus*, o "lucertola gigante del sud", furono rinvenuti nel 1993 nella Patagonia argentina. Questo enorme predatore era leggermente più grande del *T. rex*: era lungo più di 13 metri e pesava oltre 6 tonnellate. Il Giganotosaurus visse prima del *T. rex*, circa 95-90 milioni di anni fa.

278 I primi fossili di *Spinosaurus* furono trovati in Egitto nel 1912. Questo predatore visse 100-95 milioni di anni fa. Dalla schiena gli spuntavano lunghe spine neurali, che probabilmente reggevano una vela dorsale. Già i primi resti suggerivano un grosso predatore, anche se più piccolo del *T. rex*. Tuttavia, ritrovamenti recenti fanno pensare che fosse più grande, lungo 16 metri e pesante 7 tonnellate.

QUIZ

Metti i dinosauri in ordine di grandezza, dal più grande al più piccolo:

T. rex
Brachiosaurus
Compsognathus
Deinonychus
Spinosaurus
Giganotosaurus

Risposta: Brachiosaurus, Spinosaurus, Giganotosaurus, T. rex, Deinonychus, Compsognathus.

279 **Il *Carcharodontosaurus*, o "lucertola dai denti di squalo", era un altro enorme predatore del Nord Africa.** Gli fu dato questo nome nel 1931 e visse 100-95 milioni di anni fa. Scoperte recenti in Marocco e Niger dimostrano che poteva essere grande quanto un *T. rex*.

280 **Un altro dinosauro grande come il *T. rex* era il *Mapusaurus*, vissuto in Argentina nello stesso periodo in cui il *T. rex* visse in Nord America.** Di costituzione meno robusta del *T. rex*, pesava 3 tonnellate.

▼ Questo cranio di *Carcharodontosaurus* è lungo più di 1,7 metri, e ha denti lunghi 20 centimetri. Il cranio umano che gli è stato messo accanto dà l'idea di quanto fosse immenso questo dinosauro.

▶ Il *T. rex* e gli altri carnivori non erano i dinosauri più grandi in assoluto. Erbivori come il *Brachiosaurus* e l'*Argentinosaurus* erano molto più grandi.

T. rex superstar!

281 Il *T. rex* è molto più di un grosso dinosauro carnivoro. È una vera superstar, insieme ad altre celebrità come lo squalo bianco, la balenottera azzurra, il gorilla, la tigre e l'aquila reale. Se il *T. rex* fosse ancora in vita e potesse farsi pagare per l'uso del suo nome e della sua immagine a fini commerciali e pubblicitari, sarebbe miliardario!

282 Sin dalla scoperta dei suoi primi fossili, il *T. rex* è comparso in libri, al teatro e al cinema. È tra i protagonisti di film come *Il mondo perduto* (il primo del 1925 e i due remake del 1960 e 1992), *King Kong*, il film animato *Alla ricerca della Valle Incantata* (1988), e *Una notte al museo* (2006, 2009).

DA NON CREDERE!

Il *T. rex* è uno dei protagonisti dei film di *Jurassic Park*. Questo dinosauro non visse però nel Giurassico, ma 80 milioni di anni più tardi, alla fine del Cretaceo.

▼ In *Una notte al museo*, Rexy è uno scheletro di *T. rex* dall'aspetto feroce: in realtà è molto tenero, e adora gli ossi come i cuccioli di cane.

▶ In *T. rex: Ritorno al Cretaceo* (1998), Ally trova una roccia misteriosa simile a un uovo, che la riporta alla fine dell'era dei dinosauri.

283 Al cinema, il *T. rex* ha probabilmente raggiunto l'apice della fama con i film di *Jurassic Park*. Tutto iniziò con il primo *Jurassic Park* nel 1993, a cui seguirono *Il mondo perduto - Jurassic Park* nel 1997, *Jurassic Park III* nel 2001 e *Jurassic World* nel 2015. In questi film, il *T. rex* esce dal recinto, attacca la gente e provoca scompiglio. Nei confronti dei suoi cuccioli si dimostra invece molto protettivo.

284 Nei film, nei giochi e in altri prodotti di *Toy Story* appare un *T. rex* giocattolo di nome Rex, sempre agitato, debole e insicuro. Un personaggio molto distante dai soliti *T. rex* spaventosi!

▶ Il *T. rex* di *Jurassic Park* cerca di scovare prede umane, ma alla fine le salva dall'attacco dei famelici dinosauri raptor.

Quale futuro per il *T. rex*?

285 Perché il *T. rex* scomparve 65 milioni di anni fa, insieme a tutti gli altri dinosauri? L'ipotesi più accreditata è che l'impatto di un enorme meteorite con la Terra provocò calamità naturali come onde gigantesche, eruzioni vulcaniche e una nube di polvere che offuscò il Sole. Nessun dinosauro, neanche il *T. rex*, riuscì a sopravvivere all'estinzione di massa della fine del Cretaceo.

286 Le ipotesi sul *T. rex* possono sempre cambiare. Grazie alla scoperta di nuovi fossili e di nuovi metodi per studiarli, sappiamo sempre di più sul *T. rex* e sugli altri animali e vegetali della sua epoca.

287 Il *T. rex* o dinosauri simili potrebbero essere ancora in vita nella folta giungla o tra le vette irraggiungibili? La Terra è stata esplorata e fotografata in lungo e in largo da aeroplani e satelliti. Purtroppo, non c'è traccia di *T. rex* o di altri grossi animali preistorici...

288 **Il *T. rex* potrebbe essere riportato in vita dai resti fossili?** Nonostante gli ultimi ritrovamenti scientifici, si tratta di una possibilità decisamente remota. Anche se funzionasse, dove potrebbe vivere il *T. rex* e che cosa potrebbe mangiare? Il suo habitat, con il suo clima, paesaggio, piante e animali, ormai non esiste più.

◀ Un fan dei dinosauri incontra il *T. rex* durante lo spettacolo *Walking with Dinosaurs*, nel 2009. I dinosauri meccanici (o animatronici) si muovono e ruggiscono ma, a differenza di quelli veri, sono innocui.

289 **Il *T. rex* non detiene più il record del più grande predatore terrestre di tutti i tempi.** Nonostante questo, è una vera celebrità e rimarrà probabilmente il dinosauro più famoso e una delle creature più popolari ancora per moltissimi anni.

ANIMALI ESTINTI

290 L'estinzione ha luogo quando tutti gli esemplari di una specie di esseri viventi scompaiono per sempre, senza che ne sopravviva nessuno. Di solito riguarda un'intera specie, non solo un esemplare. L'estinzione accompagna la vita sulla Terra da miliardi di anni, sin dalle origini. Gli scienziati stimano che per ogni 1000 specie di esseri viventi che sono esistite, se ne siano estinte 999. Oggi, il numero di specie estinte sta aumentando a causa dell'impatto degli esseri umani sull'ambiente.

▼ Libellule giganti, millepiedi grandi quanto un tavolo ed enormi felci arboree popolavano le foreste 300 milioni di anni fa. Tutte le creature che pullulano in questa palude preistorica sono però estinte da tempo.

Che cos'è l'estinzione?

291 L'estinzione è la scomparsa di una singola specie, o un tipo, di essere vivente. La specie in questione scompare per sempre e non potrà riapparire mai più (anche se questo potrebbe cambiare in futuro). L'estinzione riguarda piante come fiori e alberi, ma anche funghi e muffe, minuscoli vermi e insetti e grandi creature come dinosauri e mammut.

▲ L'uccello del terrore *Phorusrhacos* visse 10 milioni di anni fa. Oggi non esiste niente di simile.

292 L'estinzione è collegata alla nostra classificazione degli esseri viventi. Interessa di solito una specie, cioè un gruppo di esseri viventi che si somigliano e si riproducono tra loro. Per esempio, tutti i leoni appartengono a una specie che gli scienziati chiamano *Panthera leo.*

QUIZ

Cosa potrebbe estinguersi un giorno?

1. Squali bianchi 2. Robot
3. Margherite 4. Macchine fotografiche con rullino (non digitali)
5. Satelliti 6. Mosche comuni

Risposte: Solo gli esseri viventi possono estinguersi, quindi 1, 3 e 6.

293 Un esempio di specie estinta è l'alce gigante *Megaloceros giganteus* dell'ultima era glaciale. Gli ultimi esemplari scomparvero quasi 8000 anni fa. Ma non tutte le specie di alci si sono estinte. Una specie simile ma distinta, l'alce *Alces alces*, esiste ancora oggi.

294 A volte l'estinzione interessa una sottospecie. All'interno di una specie, una sottospecie è un gruppo di animali molto simili tra loro e leggermente diversi da altri della stessa specie. Tutte le tigri odierne appartengono alla specie *Panthera tigris*. In passato c'erano otto sottospecie, ma le tigri di Bali e di Giava si sono estinte negli ultimi 100 anni.

► Le sei sottospecie di tigre esistenti sono leggermente diverse una dall'altra e sono tutte a rischio di estinzione.

Tigre del Bengala

Tigre cinese meridionale

Tigre siberiana

Tigre di Sumatra

Tigre malese

Tigre indocinese

▲ L'ultima tigre di Bali, la sottospecie più piccola, è stata uccisa nel 1937.

295 L'estinzione può anche riguardare un gruppo di specie imparentate tra loro, e quindi un genere. Negli ultimi due milioni di anni, si sono esistite una decina di specie di mammut. Appartenevano tutte al genere *Mammuthus*, che includeva il mammut lanoso e il mammut delle steppe. Tutti i mammut sono scomparsi, e il genere è estinto.

◄ Il mammut columbiano, uno dei più grandi del suo genere, è scomparso circa 12.000 anni fa.

Estinzioni ed evoluzione

296 Da miliardi di anni, le estinzioni rappresentano una parte naturale dell'evoluzione. L'evoluzione è il cambiamento progressivo degli esseri viventi che culmina nella comparsa di nuove specie. Mentre alcune si evolvono, altre non riescono a sopravvivere e si estinguono.

◀ Le missine odierne non sono così diverse dai loro lontani parenti estinti da milioni di anni, ma sono una specie differente.

297 L'evoluzione è il risultato di condizioni mutevoli. Gli esseri viventi cercano di adattarsi ai cambiamenti che interessano il clima e i tipi di habitat in cui vivono.

▶ A differenza delle missine, il pesce corazzato estinto *Hemicyclaspis* vissuto 400 milioni di anni fa oggi non ha parenti.

DA NON CREDERE!

Le trilobiti erano creature marine vissute per 300 milioni di anni. In questo periodo, ne apparvero e scomparvero circa 18.000 specie. Le ultime scomparvero in una estinzione di massa 250 milioni di anni fa.

Angelina
490 milioni di anni fa

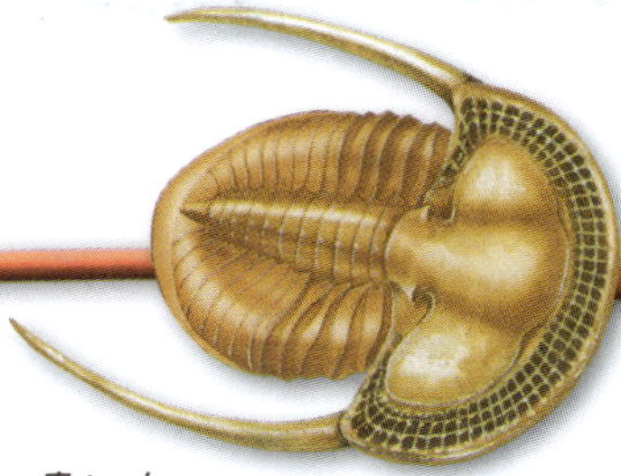

Trinucleus
450 milioni di anni fa

Kolihapeltis
400 milioni di anni fa

▲ Nel corso di milioni di anni, molte specie di trilobiti si sono evolute e sono poi scomparse.

298 Gli scienziati conoscono le specie estinte da tempo grazie ai fossili. I fossili sono resti di parti del corpo di animali come ossa, denti, corna, artigli e gusci, e resti di vegetali come corteccia, radici e foglie che si sono conservati nelle rocce e sono diventati pietra.

299 Lo studio di milioni di fossili lasciati dalle migliaia di specie estinte in tutto il mondo mostra come diverse specie siano apparse e poi scomparse. Questo "avvicendamento" di specie fornisce il tasso medio di estinzione. Per ogni milione di specie, se ne estingue una circa una volta all'anno.

Angelina
490 milioni di anni fa

▲ Gli scienziati hanno studiato più di un milione di fossili di trilobiti.

▶ Lo *Stegosaurus* è stato una delle specie di dinosauri più longeve, sopravvissuta per oltre dieci milioni di anni.

▼ Le magnolie sono piante con fiori che si sono evolute con successo da 100 milioni di anni fa ad oggi.

300 Lo studio dei fossili mostra per quanto tempo una specie o un genere sono sopravvissuti prima di scomparire. Una specie di mammiferi sopravviveva da uno a due milioni di anni. Tra gli invertebrati marini come i granchi, ci sono specie sopravvissute tra 5 e 10 milioni di anni.

Da che cosa dipende?

301 L'estinzione può dipendere da diversi fattori. O addirittura da una combinazione di fattori. Non sappiamo con certezza perché le specie preistoriche si siano estinte. Sappiamo però quali sono i fattori delle estinzioni oggi, e questo può aiutarci a capire il passato.

302 Un fattore dell'estinzione è la competizione fra specie. Una specie non riesce ad avere abbastanza cibo o spazio vitale perché altre specie riescono a conquistarli più facilmente. Le specie rivali possono essere un'evoluzione recente oppure arrivare da lontano.

303 Una specie può essere spinta all'estinzione da predatori, parassiti o malattie. Tutte queste minacce potrebbero essere conseguenze dell'evoluzione.

▼ In Australia, animali domestici introdotti dall'uomo come pecore e lepri riescono a procurarsi il cibo più facilmente rispetto alle specie autoctone.

▲ I wallaby delle rocce australiani hanno risentito della competizione con pecore e capre.

304 **Un altro fattore è il rapido cambiamento del clima.** In passato, molti periodi di riscaldamento globale con un clima caldo e tropicale si sono alternati a periodi di raffreddamento globale, quando il pianeta era ricoperto dai ghiacci. Alcune specie non si sono evolute abbastanza in fretta da riuscire a sopravvivere.

▲ Esistono fossili di formica gigante risalenti a 50 milioni di anni fa. Era grossa e feroce, quindi perché si è estinta?

QUIZ

Combina questi famosi animali estinti con il nome del loro gruppo.
1. Dodo 2. Mammut
3. *Tyrannosaurus*
4. Leone delle caverne 5. Uro

A. Rettili B. Uccelli C. Bovini
D. Elefanti E. Felini

Risposte:
1B 2D 3A 4E 5C

305 **Negli esseri viventi, i geni sono istruzioni chimiche.** Determinano il modo in cui piante e animali crescono, vivono e sopravvivono, e influiscono sull'estinzione. Se una specie è costituita da un pool genetico di pochissimi membri, potrebbe non esserci abbastanza varietà genetica per l'evoluzione e l'adattamento della specie.

306 **Un altro fattore di estinzione è quando una specie, evolvendosi, diventa così simile a un'altra che le due si incrociano.** Generano così una prole chiamata ibrida. Se gli ibridi si adattano bene, potrebbero gradualmente prendere piede, e le specie originarie scomparire.

▼ L'incrocio tra specie come il coyote e il lupo grigio ostacola la sopravvivenza del raro lupo rosso.

Specie estinta o no?

307 **Come si fa a sapere se una specie è estinta?** Più recente è l'estinzione, più difficile è affermarlo. Quanto tempo bisogna aspettare per avere la conferma? Potrebbe essere ritrovata anni dopo in una zona remota del pianeta.

▲ I possum di Leadbeater vivevano in una zona molto limitata perché nei dintorni erano sorte aziende agricole.

308 **Secondo gli esperti di IUCN,** Unione Mondiale per la Conservazione della Natura, una specie non è da considerarsi estinta prima che siano passati 50 anni dal suo ultimo avvistamento o dal ritrovamento di escrementi o gusci d'uovo.

309 **A volte, specie ritenute estinte "risorgono".** Solitamente si tratta di specie sopravvissute in zone inesplorate. Vengono chiamate specie Lazzaro, dal nome dell'uomo nella Bibbia riportato in vita dopo la morte.

310 **Una specie Lazzaro è il possum di Leadbeater australiano, simile a uno scoiattolo.** Ritenuto estinto intorno al 1930, ne fu trovato un gruppetto nelle foreste dell'Australia sud-orientale nel 1965. Tra le piante, alcune specie Lazzaro sono l'albero medusa e il fiore *Eriogonum truncatum* del Monte Diablo in California.

311 **Alcuni considerano estinte creature come lo Yeti (l'abominevole uomo delle nevi), il Bunyip e Bigfoot.** Tuttavia, gran parte degli scienziati sostiene che queste siano creature leggendarie. Non ci sono prove scientifiche che confermano la loro esistenza, e quindi non possono essere estinte.

312 **Alcune specie sono "estinte in ambiente selvatico" (o "estinte in natura").** Significa che tutti gli esemplari esistenti vivono in zoo, parchi faunistici o giardini botanici. Un esempio è il toromiro, un albero scomparso dall'Isola di Pasqua nel Pacifico. Alcuni esemplari sono stati salvati ai Kew Gardens di Londra e reintrodotti sull'isola.

► Un fiore di toromiro. Il toromiro cresceva sull'Isola di Pasqua, ma ormai è da considerarsi estinto in natura..

▲ L'enorme e peloso Yeti dell'Himalaya popola miti e leggende, ma non sono mai state trovate prove che dimostrino la sua esistenza.

▼ Nel 1987, rimanevano solo 22 condor della California. Dopo averli catturati per farli riprodurre, i piccoli sono stati allevati con guanti a forma di condor adulto.

FINALMENTE FAMOSO!

Cosa ti serve?
- libri sull'Australia
- Internet

Cerca informazioni sullo stato australiano di Victoria nei libri o in Internet. Prova a trovare l'animale simbolo dello stato, e una sua immagine. Si tratta del possum di Leadbeater!

Estinti ma non troppo

◀ Gli pterosauri, o pterodattili, erano rettili volanti scomparsi insieme ai dinosauri 65 milioni di anni fa.

313 **È facile decidere se una specie preistorica è estinta.** Nessuno ha mai visto dei dinosauri vivi. Solo miti e leggende dicono che esistono ancora, ma non abbiamo prove scientifiche. Quindi si presume che siano estinti.

314 **Specie viventi molto simili a specie estinte da tempo vengono chiamate fossili viventi: un esempio è il celacanto.** Ci aiutano a capire come funziona l'evoluzione e come le specie preistoriche si siano estinte.

315 **Alcune specie Lazzaro vissute milioni di anni fa sono state riscoperte di recente.** I fossili rivelano che il celacanto scomparve più di 60 milioni di anni fa. Nel 1938 ne fu catturato uno al largo dell'Africa sud-orientale, e da allora ci sono stati altri avvistamenti.

▼ Il celacanto di oggi non è esattamente la stessa specie di milioni di anni fa, anche se gli somiglia molto.

DA NON CREDERE!

Il celacanto non è una specie di fossile vivente... sono due! Il celacanto delle Comore vive nell'oceano Indiano occidentale. Dalla parte opposta vive il celacanto indonesiano!

► Il pecari del Chaco è simile al pecari gigante dell'era glaciale, scomparso 10.000 anni fa.

316 Quando una certa specie si considera vivente, viene detta ancora esistente anziché estinta. Altri esempi di fossili viventi ancora esistenti sono il pino di Wollemi australiano, il pecari del Chaco, e un brachiopode chiamato *Lingula*.

317 Un fossile vivente vegetale che si riteneva estinto è la metasequoia. Se ne conoscevano solo dei fossili di 10 milioni di anni fa. Poi ne furono ritrovati esemplari in Cina nel 1944. La specie vivente, *Metasequoia glyptostroboides,* è leggermente diversa dalla specie estinta.

◄ La licena delle paludi si trova ancora in Europa, ma gli habitat sottratti dall'agricoltura l'hanno resa rara.

► La metasequoia, una delle tre uniche specie di sequoia, viene ora piantata in parchi e giardini di tutto il mondo.

318 Una certa pianta o creatura può essere estinta in una zona ma ancora esistente in un'altra. La farfalla licena delle paludi si estinse in Gran Bretagna intorno al 1860, ma vive ancora in molte altre zone dell'Europa.

Convinzioni e teorie

319 Il concetto di estinzione è cambiato nel tempo. Le idee degli scienziati sono molto diverse da quelle della gente comune. Alcune persone non credono nell'estinzione, forse per motivi religiosi.

320 Nell'antichità, persone come lo scienziato greco Aristotele (384–322 a.C.) credevano che il mondo naturale non fosse mai cambiato. Nessuna nuova specie si sarebbe evoluta e nessuna vecchia specie si sarebbe estinta.

321 Quando si iniziarono a studiare i fossili, si capì che appartenevano a creature scomparse. Alcuni esperti sostenevano che si trattasse di piante e animali ancora in vita in zone inesplorate del pianeta. Altri iniziarono a pensare che l'estinzione fosse un dato di fatto.

322 Il paleontologo Georges Cuvier (1769–1832) fu uno dei primi scienziati a sostenere la teoria delle estinzioni. Ispirandosi alla sua fede religiosa, spiegò la teoria basandosi sul Diluvio Universale descritto nella Bibbia.

▼ Il barone Georges Cuvier riconobbe che gli elefanti fossili da lui studiati erano estinti.

MEGLIO ESTINTO... O NO?

Fai una lista di animali che possono causare problemi diffondendo malattie, rovinando i raccolti e danneggiando gli alberi. Chiedi a familiari e amici: "Se potessi provocare l'estinzione di alcuni animali, quali sceglieresti e perché?" Hanno dato tutti le stesse risposte? Puoi iniziare con mosche, pulci, ratti, scoiattoli, piccioni, volpi e cervi.

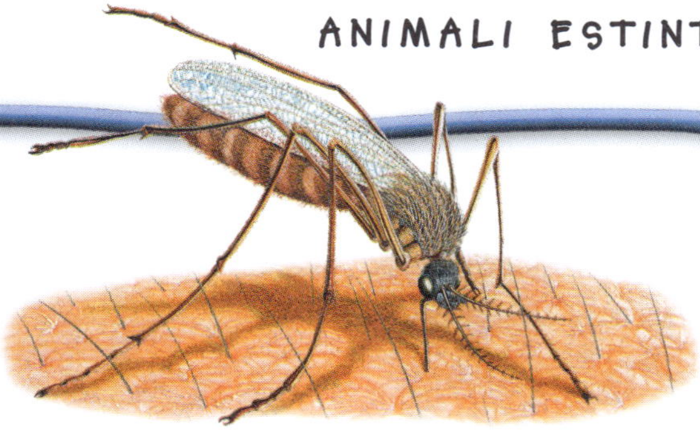

▲ Modificando i geni delle zanzare infette da malaria, gli scienziati potrebbero riuscire a debellare questa malattia.

324 Le idee sull'estinzione si evolvono di continuo. Oggi è possibile identificare specie diverse non dall'aspetto o da come si riproducono, ma dallo studio dei geni. Grazie alle informazioni genetiche, quella che prima si pensava essere una specie potrebbe essere più d'una. Per piante e animali in via di estinzione, potrebbero quindi esserci più specie a rischio.

▼ In Sud America, Darwin studiò i fossili di un animale simile a un armadillo gigante, il *Glyptodon*, chiedendosi perché fosse scomparso.

323 Nel 1859, l'estinzione diventò un tema importante. Charles Darwin descrisse la teoria dell'evoluzione nel libro *Sull'origine delle specie per mezzo della selezione naturale.* Spiega l'idea della "sopravvivenza del più forte", e come è possibile che nuove specie si siano evolute mentre altre meno adatte a sopravvivere siano scomparse.

▶ Una scena del film *Creation* (2009). Le idee di Darwin sull'evoluzione hanno plasmato le moderne teorie scientifiche sull'estinzione.

Tantissimo tempo fa!

325 La storia della vita sulla Terra è iniziata più di tre miliardi di anni fa, e l'estinzione ne ha sempre fatto parte. In questo arco temporale, misurato con la scala dei tempi geologici, si sono estinte milioni di creature.

326 I fossili rinvenuti dimostrano che anche 500 milioni di anni fa c'era una straordinaria varietà di specie, e che molte di loro si sono estinte. L'idea che in passato esistessero solo poche specie, che sono poi aumentate con il tempo grazie all'evoluzione di nuove e all'estinzione di pochissime, non è accurata.

▲ La scala dei tempi geologici abbraccia la storia della Terra. Questo enorme arco temporale viene suddiviso in ere, a loro volta suddivise in periodi. Lo studio dei fossili di diversi periodi geologici rivela l'abbondanza di specie nella preistoria.

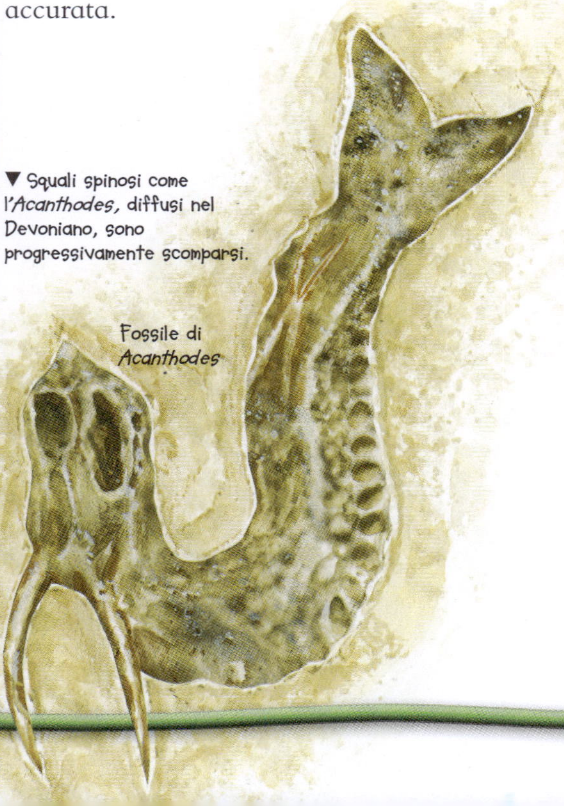

▼ Squali spinosi come l'*Acanthodes*, diffusi nel Devoniano, sono progressivamente scomparsi.

327 **La scoperta di nuovi fossili fornisce gli "anelli mancanti" della storia della vita, portando alla luce nuove estinzioni.** Grazie ai fossili, sappiamo che gruppi di esseri viventi preistorici hanno fatto la loro comparsa, si sono diffusi e sono poi scomparsi. Per esempio, oggi ci sono molte specie di rettili, come coccodrilli, serpenti, lucertole e tartarughe. Altri rettili però, come dinosauri, pterosauri e ittiosauri, sono estinti da tempo.

Fossile di *Glossopteris*

▲ Il *Glossopteris* ricopriva vaste aree della Gondwana, ma è scomparso.

QUIZ

Abbina gli animali estinti alla descrizione:

1. Pterosauro 2. Ittiosauro 3. Anfibio preistorico

A. Rettile marino simile al delfino
B. Abitante delle paludi a quattro zampe e con la coda
C. Creatura volante con artigli su ali e zampe

Risposte: 1C 2A 3B

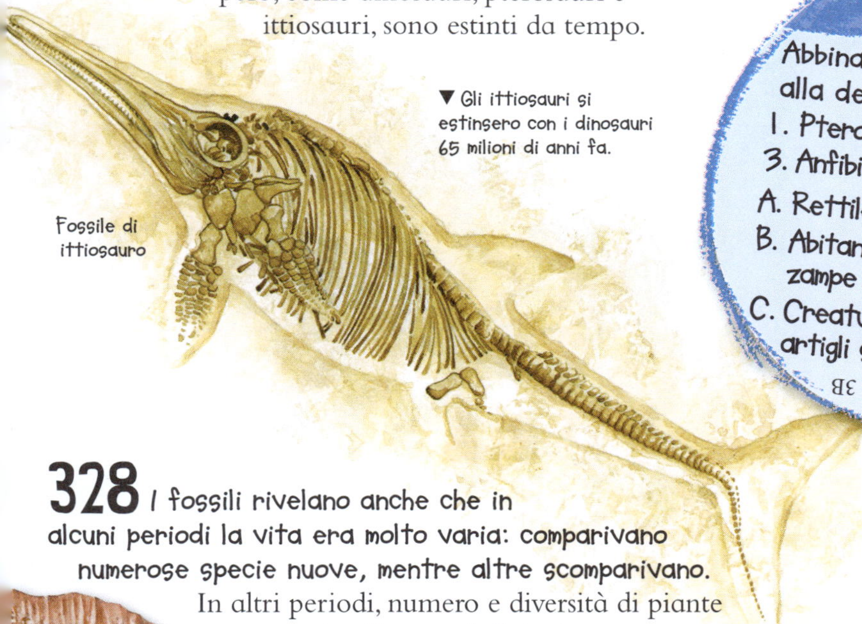

▼ Gli ittiosauri si estinsero con i dinosauri 65 milioni di anni fa.

Fossile di ittiosauro

328 **I fossili rivelano anche che in alcuni periodi la vita era molto varia: comparivano numerose specie nuove, mentre altre scomparivano.** In altri periodi, numero e diversità di piante e animali erano inferiori: si evolvevano poche specie nuove e c'erano meno estinzioni.

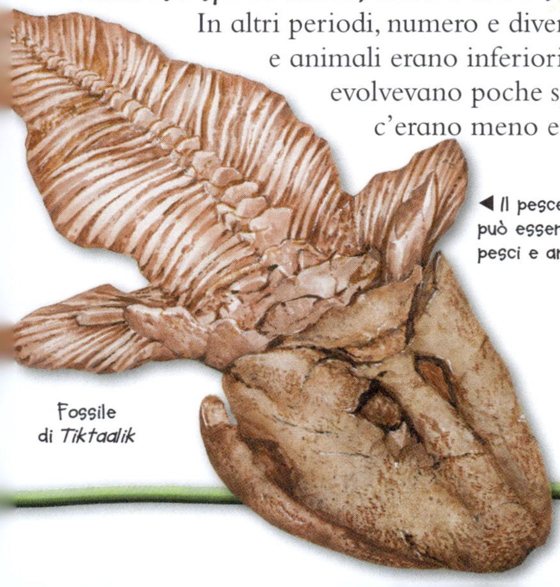

◀ Il pesce estinto *Tiktaalik* può essere un anello tra pesci e animali terrestri.

Fossile di *Tiktaalik*

▼ L'*Acanthostega* fu una delle prime creature terrestri a quattro zampe.

Fossile di *Acanthostega*

Le estinzioni di massa

329 La Terra ha conosciuto estinzioni di massa, chiamate anche transizioni biotiche. Quantità impressionanti di creature sono scomparse in tempi brevi, solitamente poche migliaia di anni. In alcuni casi, si parla di oltre la metà degli animali e dei vegetali esistenti.

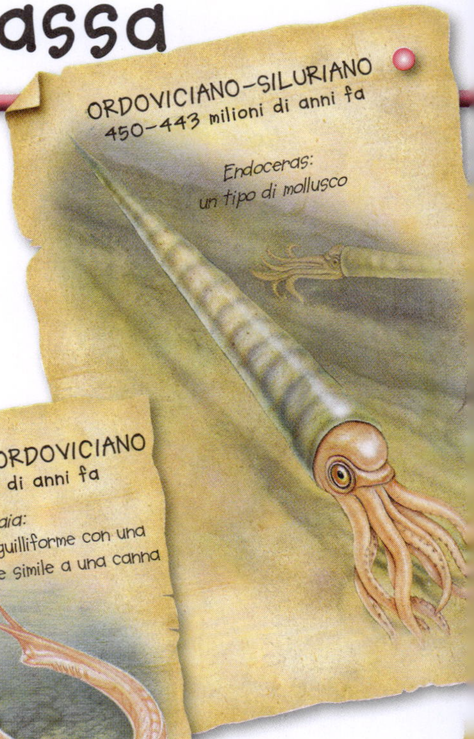

▶ Questi sono solo alcuni dei milioni di animali e vegetali scomparsi durante le estinzioni di massa.

330 L'estinzione di massa del Cambriano–Ordoviciano avvenne 488 milioni di anni fa. Segnò il passaggio dal periodo di tempo noto come Cambriano a quello successivo, l'Ordoviciano. Tra le vittime ci furono molte specie di trilobiti e di brachiopodi come la *Lingula*.

331 L'estinzione di massa dell'Ordoviciano–Siluriano avvenne 450–443 milioni di anni fa, in due fasi. All'epoca c'erano solo creature marine. Si estinsero molte specie di brachiopodi, echinodermi (stelle marine, ricci di mare e simili) e coralli.

▶ Le estinzioni di massa sono indicate dagli avvallamenti nella varietà di creature nel corso della preistoria.

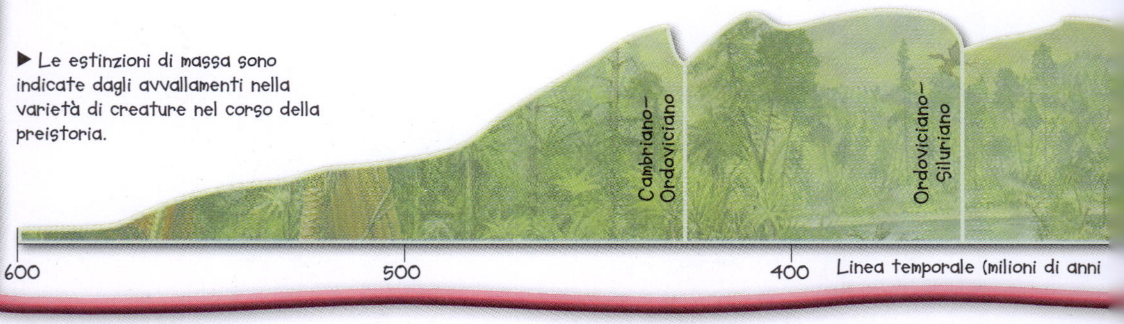

332 **L'estinzione di massa del Devoniano superiore si verificò in diverse fasi 365–359 milioni di anni fa.** Con la scomparsa di coralli, trilobiti e molti gruppi di pesci, segnò la fine dell'era dei pesci.

333 **L'estinzione di massa del Triassico-Giurassico avvenne 200 milioni di anni fa.** Interessò principalmente molti gruppi di creature marine, anfibi, e certi tipi di rettili, tra cui alcuni dei primissimi dinosauri.

334 **L'estinzione di massa del Cretaceo-Paleocene, 65 milioni di anni fa, è la più conosciuta.** Interessò i dinosauri e molti altri animali e vegetali: scomparvero più dei due terzi di tutte le specie. Potrebbe essere stata provocata dall'impatto di un meteorite con la Terra che innescò terremoti, tsunami ed eruzioni vulcaniche, causando un cambiamento climatico repentino.

La più catastrofica

335 L'estinzione di massa più catastrofica fu quella del Permiano-Triassico, o estinzione del Permiano, 251 milioni di anni fa. Durante questa "grande moria", come viene a volte chiamata, scomparvero oltre i quattro quinti di tutte le specie viventi!

336 La Grande moria fu probabilmente causata dagli stessi fattori di molte altre estinzioni di massa. Tra i principali, eruzioni vulcaniche, terremoti e tsunami. Forse generati dalla deriva dei continenti, questi fenomeni erano accompagnati da cambiamenti nel livello del mare, nelle correnti oceaniche, nell'andamento dei venti, in piogge e temperature.

▶ Alla fine del Permiano, il mondo fu sconvolto da una serie di grossi cambiamenti che decimarono la maggior parte delle specie.

337 I cambiamenti che portarono alle estinzioni di massa erano molto complicati dai legami esistenti tra le specie. Se una certa pianta non riusciva ad adattarsi ai cambiamenti e scompariva, anche gli animali che si nutrivano di essa ne soffrivano le conseguenze, così come i loro predatori. L'alterazione dell'equilibrio naturale causava le estinzioni.

338 Le estinzioni di massa interessarono più certi habitat che altri. In molti di questi eventi, come il Permiano-Triassico, scomparvero perlopiù specie marine. Furono colpite soprattutto minuscole piante e creature marine galleggianti che formavano il plancton.

339 Le estinzioni di massa non furono dei disastri completi. Dopotutto, meno specie significava meno competizione. C'erano quindi maggiori opportunità per l'evoluzione e la comparsa di nuove specie. Solo 20 milioni di anni dopo la Grande moria del Permiano-Triassico, i primi dinosauri popolavano già la terra e gli pterosauri volavano nei cieli.

Le ere glaciali

340 Negli ultimi milioni di anni ci sono state molte estinzioni legate a oltre ur dozzina di ere glaciali. La prima inizi circa 2,6 milioni di anni fa e l'ultima terminò 15.000-10.000 anni fa. Quest periodi freddi si chiamano glaciazioni, mentre i periodi più caldi tra una glaciazione e l'altra (come quello attual si chiamano interglacial

341 Un esempio di specie estinta dell'era glaciale è la tigre dai denti a sciabola *Smilodon*. Circa 2,5 milioni di anni fa, c'erano forse cinque specie di *Smilodon*. L'ultima, estinta solo da 10.000 anni, si chiamava *Smilodon fatalis*.

▲ L'ultima delle tigri dai denti a sciabola *Smilodon* visse nel continente americano. Era simile per dimensioni al più grande felino di oggi, la tigre siberiana.

342 Centinaia di altri animali dell'era glaciale sono scomparsi negli ultimi 25.000 anni. Si tratta di rinoceronti lanosi, mammut lanosi, orsi delle caverne, metalupi, e molte specie di cavalli, cervi, cammelli, lama, castori, bradipi terrestri, topi e ratti.

343 **Molti di questi grossi animali scomparvero in un arco di tempo piuttosto breve, tra 15.000 e 10.000 anni fa.** Questo accadde soprattutto nei territori settentrionali di Nord America, Europa e Asia. Quale fu la causa di estinzioni così diffuse?

344 **Sono due le possibili cause delle recenti estinzioni dell'era glaciale.** La prima è il rapido cambiamento climatico. Il clima si fece più caldo, e alcuni grandi animali come mammut e rinoceronti lanosi non riuscirono a evolversi abbastanza in fretta o a spostarsi in zone più fresche.

345 **La seconda causa è la diffusione degli esseri umani.** Il clima più caldo fece sciogliere i ghiacci, e gli uomini si spostarono a nord. Animali come i mammut venivano cacciati per nutrirsi, come rivelano le pitture rupestri dell'età della pietra. Altri, come l'orso delle caverne, venivano uccisi perché pericolosi.

▼ Il livello del mare più basso delle ere glaciali permise agli uomini di passare dall'Asia orientale al Nord America.

▶ Gli uomini dell'età della pietra catturavano e uccidevano i mammut, che fornivano loro cibo per settimane.

Le prime testimonianze

346 Nell'antichità si viaggiava poco e senza documentare l'ambiente, perciò era difficile identificare un'estinzione. Nel 1500 si iniziò invece a esplorare il mondo, a studiare gli esseri viventi e a scoprire nuove specie che vennero poi cacciate per essere mangiate o collezionate, alcune fino all'estinzione.

▲ Gli esploratori che si avventuravano in zone remote raccontavano di bestie fantastiche, probabilmente inventate mescolando più creature reali.

347 Uno spettacolare esempio di estinzione storica è l'uccello elefante del Madagascar. C'erano molte specie di questi giganteschi uccelli. Non volavano ed erano simili a struzzi, ma molto più grandi. Il più grande era alto 3 metri e pesava più di 450 chili.

348 Alla fine del 1500, tutti gli uccelli elefante erano già estinti. Gli uomini non solo li cacciavano, ma raccoglievano e cucinavano anche le loro uova enormi, lunghe oltre 35 centimetri.

▼ Gli uccelli elefante vivevano sull'isola del Madagascar al sicuro dai grandi predatori, almeno fino all'arrivo dell'uomo.

▲ L'estinzione di grandi creature è continuata negli ultimi secoli.

349 La lista di specie animali estinte prima del 1900 è lunga. Tra le altre: i *moa*, uccelli incapaci di volare della Nuova Zelanda (prima del 1500), un enorme bovino europeo chiamato *uro* (1630 circa), la *ritina di Steller* del Pacifico settentrionale (1760 circa), l'*antilope azzurra* sudafricana (1800 circa), e l'*alca impenne* dell'Atlantico, simile a un pinguino (1850 circa).

DA NON CREDERE!

Il moa gigante della Nuova Zelanda era alto 4 metri. Era una preda dell'aquila di Haast, la più grande aquila mai conosciuta, già estinta prima del 1400.

350 Nello stesso periodo si estinsero anche molte piante. Tra le altre: *Campomanesia lundiana* di Rio de Janeiro in Brasile (1820 circa), *Acalypha rubrinervis* dell'isola atlantica di Sant'Elena (1860 circa) e *Cynometra beddomei* del Kerala, in India (1880 circa).

◄ *Trochetiopsis ebenus* è un arbusto endemico dell'isola di Sant'Elena, salvato dall'estinzione..

A ritmo incalzante

351 Negli ultimi 100 anni, il tasso di estinzione è aumentato enormemente. Scompaiono sempre più specie. Questo è dovuto principalmente alle attività umane come la deforestazione, la distruzione degli habitat naturali per la creazione di nuove aree agricole e residenziali, la caccia, il collezionismo di specie rare, il rilascio di sostanze chimiche nell'ambiente.

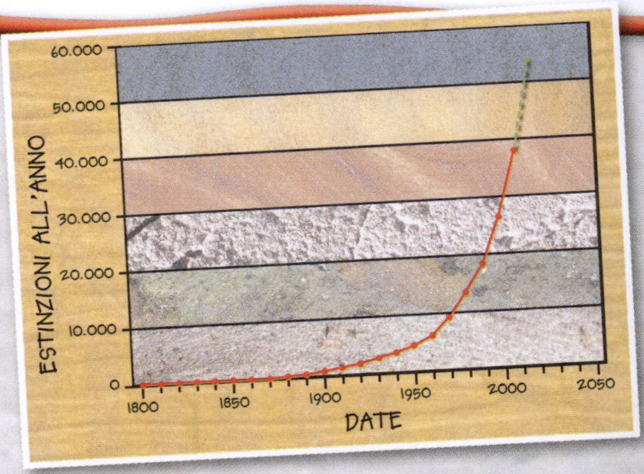

▲ Ogni anno vengono scoperte nuove specie a rischio, e il tasso di estinzione stimato continua a crescere.

► In Sud America, l'orso dagli occhiali o orso andino è in grave pericolo, soprattutto a causa dell'attività di deforestazione.

352 L'estinzione della foca monaca dei Caraibi intorno al 1950 fu una delle prime a destare interesse a livello globale. Veniva uccisa per il grasso e le carni, e perché in competizione per il pesce con i pescatori. Nel 2003 partirono delle spedizioni alla sua ricerca, che fu abbandonata dopo cinque anni.

▲ Gli ultimi avvistamenti ufficiali della foca monaca dei Caraibi risalgono al 1952 nel sud-est della Giamaica.

353 Altri animali estinti negli ultimi 100 anni sono il tilacino e il leone marino giapponese. L'ultimo tilacino morì in uno zoo di Hobart in Tasmania nel 1936, mentre l'ultimo leone marino giapponese fu avvistato nel 1974. Molte specie di piante hanno seguito lo stesso destino, come la *Begonia cubensis* di Cuba (1950 circa), la *Viola cryana* in Francia (1950 circa) e la *Begonia eiromischa della Malesia* (1960 circa).

354 Ogni anno gli scienziati trovano, identificano e studiano in modo più approfondito un numero sempre maggiore di specie. Analizzando e inventariando tutti questi nuovi animali e vegetali, abbiamo più possibilità di scoprire quando uno di loro si estingue.

▼ Il cusco sericeo del Bosavi è una nuova rarissima specie scoperta in Papua Nuova Guinea.

TROVA LA FOCA!

Cosa ti serve?
carta • penne

Immagina di prendere parte a una spedizione in cerca della foca monaca dei Caraibi. Fai una lista dell'attrezzatura necessaria: binocolo, macchina fotografica, blocco, registratore… Dovrai raccogliere prove, quindi ricorda di portare dei contenitori per i campioni di peli, urina o escrementi!

In troppi per scomparire?

355 Il piccione migratore era molto comune in passato. Il passaggio di stormi di milioni di esemplari oscurava i cieli del Nord America. Prima dell'arrivo degli europei, i nativi li catturavano per le carni e le piume. Si trattava di una caccia su piccola scala che fu condotta per secoli senza intaccare il numero complessivo di uccelli.

356 Gli europei portarono molti cambiamenti, soprattutto a partire dal 1700. I coloni costruirono fattorie, strade e città, modificando e distruggendo gli habitat naturali a un ritmo sempre maggiore, e anche loro iniziarono a catturare i piccioni per mangiarli.

▼ Oggi, uccelli come questi storni sembrano essere in troppi per scomparire. Non possiamo comunque sapere quale sarà il loro destino.

▶ I piccioni migratori diventarono un grosso affare: i cacciatori li uccidevano o li catturavano con le reti per poterli vendere in città.

358 Già nel 1900, il piccione migratore era estinto in natura. L'ultimo esemplare in cattività, Martha, morì allo zoo di Cincinnati (Ohio, USA) nel 1914. Con lei scomparve una delle specie di uccelli più numerose mai esistita.

◀ I piccioni migratori furono dipinti dal famoso cacciatore, naturalista e artista John James Audobon. Una volta disse che uno stormo immenso "era in transito da ben tre giorni".

357 Già intorno al 1850, i cacciatori avevano notato che il numero di piccioni migratori stava diminuendo. Nonostante questo, continuarono a ucciderli. Alcuni provarono ad allevarli in cattività, ma i piccioni prosperavano solo in grandi stormi. Se tenuti in piccoli gruppi, mangiavano poco e non si riproducevano. Potevano inoltre contrarre la cosiddetta *malattia di Newcastle*.

DA NON CREDERE!

Martha, l'ultimo piccione migratore, deve il nome a Martha Washington, la moglie del primo presidente degli Stati Uniti, George Washington. Sono state dedicate molte statue a Martha (il piccione): una si trova allo zoo di Cincinnati.

▲ I piccioni migratori non vivevano bene in cattività. Quando l'ultimo morì nel 1914, fu impagliato e messo in mostra allo Smithsonian Institute.

L'estinzione sulle isole

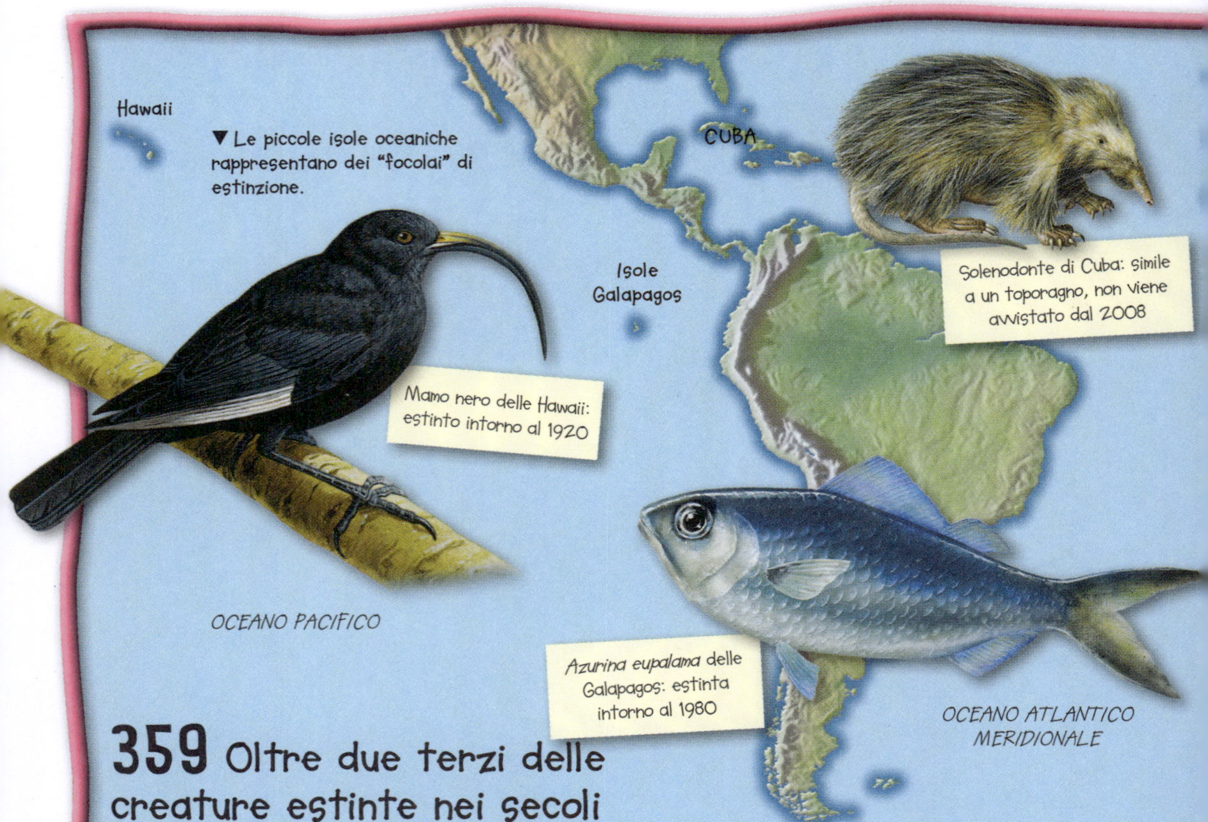

▼ Le piccole isole oceaniche rappresentano dei "focolai" di estinzione.

Mamo nero delle Hawaii: estinto intorno al 1920

Solenodonte di Cuba: simile a un toporagno, non viene avvistato dal 2008

Azurina eupalama delle Galapagos: estinta intorno al 1980

359 Oltre due terzi delle creature estinte nei secoli scorsi vivevano sulle isole. Le isole possono sostentare solo piccoli gruppi di certe specie, che sono quindi più a rischio. Inoltre, ogni isola ha le sue condizioni particolari a cui le specie si sono adattate nel corso di migliaia di anni. Ogni tipo di cambiamento, per esempio l'arrivo degli esseri umani, può rappresentare per loro una minaccia.

360 Un rischio per le piante e gli animali delle isole sono le specie introdotte dall'uomo. Tra queste ci sono pecore, capre, mucche, volpi, ermellini, topi, ratti, gatti e cani. Le specie introdotte entrano in competizione con quelle locali per il cibo, oppure le predano, si impadroniscono dei loro siti di nidificazione, e trasmettono malattie.

IL DODO È DI NUOVO TRA NOI!

Cosa ti serve?

• un foglio di carta • forbici • pennarelli • nastro adesivo • un elastico

Ritaglia una maschera a forma di testa e becco di dodo e colorala come quella del dodo a sinistra. Fai una ricerca nei libri o in Internet e scopri che verso faceva. Ora prova a riportarlo in vita!

361 L'animale estinto più famoso di tutti è il dodo. Era un uccello grande come un tacchino e non volava. Viveva sull'isola di Mauritius, nell'oceano Indiano, dove si nutriva di frutti e, non avendo predatori naturali, nidificava a terra. Poi gli animali introdotti dagli uomini iniziarono a predare lui, le sue uova e i piccoli, e il dodo scomparve prima degli inizi del 1700.

362 Sulle isole Hawaii si sono estinte almeno 50 specie di uccelli. Questo ha influito sull'intero ambiente. Alcuni uccelli si nutrivano di nettare e trasportavano il polline per la riproduzione dei fiori. Altri mangiavano frutti e ne spargevano i semi con gli escrementi. Senza gli uccelli, alcune piante si sono estinte. Quando scompare una specie, anche un'altra che dipende da essa è destinata all'estinzione.

Che cosa succede oggi?

363 **Ai nostri giorni, il tasso di estinzione cresce in modo esponenziale. Questo è dovuto a innumerevoli fattori.** Gli scienziati parlano di un'altra estinzione di massa.

DA NON CREDERE!

Ogni giorno si estinguono dieci o più specie, principalmente insetti e altre creature delle foreste tropicali che vengono abbattute per ottenere legname e terreni agricoli.

364 **La causa principale delle estinzioni moderne è la distruzione e il degrado degli habitat.** Il numero di persone che popola il pianeta aumenta velocemente, e c'è bisogno di case, fattorie, fabbriche, strade e strutture ricreative che tolgono spazio alle aree naturali.

▲ La pioggia acida causata dai gas inquinanti assorbiti dalle nuvole ha distrutto ampie zone forestali.

◀ Il taglio del legname e altre forme di deforestazione minacciano le zone tropicali.

▲ Il lipote è probabilmente estinto. Si spera di ritrovarlo nelle zone più isolate del Fiume Azzurro e affluenti. C'è stato qualche avvistamento, ma finora nessuna prova.

365 Altre cause di estinzione sono l'inquinamento e la caccia, per procurarsi cibo o per sport. Oltre a ciò, ci sono il collezionismo, le specie introdotte e le malattie trasmesse da animali domestici e colture alle specie selvatiche. Anche l'intensificarsi del riscaldamento globale e del cambiamento climatico avrà conseguenze importanti sugli habitat e porterà all'estinzione di alcune specie.

366 Nel 2006, una spedizione partita alla ricerca del lipote lungo il Fiume Azzurro in Cina non ne censì nessuno. La specie era minacciata in vario modo per le dighe, l'inquinamento, la sua caccia, e la pesca eccessiva delle sue prede.

▼ Ormai estinti, i rospi dorati sono stati vittima del riscaldamento globale e dell'eccessivo impatto dell'uomo sui loro habitat naturali.

A un passo dall'estinzione

367 Tutti gli anni, gli esperti compilano delle liste di animali e piante a rischio di estinzione. Si tratta delle cosiddette Liste Rosse IUCN, che si allungano anno dopo anno.

ABBREVIAZIONI IUCN

- EX Estinta
- EW Estinta in ambiente selvatico
- RE Estinta nella regione
- CR In pericolo critico
- EN In pericolo
- VU Vulnerabile
- NT Quasi minacciata
- LC Minor preoccupazione

▶ Le abbreviazioni usate per indicare le categorie di rischio di una specie, da LC (minor preoccupazione) a EX (estinta).

QUIZ

Quali di questi anfibi sono in via di estinzione?

1. Salamandra messicana
2. Rana fantasma del Sudafrica
3. Alite betico
4. Salamandra gigante cinese
5. Rana di Darwin

Risposta: Tutti, così come un migliaio di altre specie.

368 I rinoceronti sono uno dei gruppi di animali più a rischio. Ne rimangono solo cinque specie, tutte minacciate. I rinoceronti neri, di Giava e di Sumatra sono classificati "in pericolo critico". Se non si adotteranno misure di conservazione efficaci, saranno estinti tra 20-50 anni.

▼ Tutti i rinoceronti sono a rischio. La specie più numerosa è il rinoceronte bianco, con meno di 20.000 esemplari.

369 Gli anfibi sono un gruppo più numeroso con molte specie a rischio. Ne esistono oltre 6000 specie, più della metà in via di estinzione. Un grosso problema è rappresentato dalla chitridiomicosi, una malattia provocata da un fungo. La rana a gestazione gastrica australiana, che ingoiava le uova fecondate per far crescere i piccoli nello stomaco, si è estinta negli anni '80.

▲ Piccoli di rane a gestazione gastrica nascono dalla bocca della mamma. Anche molte altre specie di rane, rospi e tritoni sono a rischio.

▲ Il fiore più grande al mondo, la *rafflesia*, è diventato rarissimo.

370 Una specie è a un passo dall'estinzione quando ne rimane un solo esemplare. Della *Ramosmania rodriguesii* dell'isola di Rodrigues nell'oceano Indiano era rimasto solo un arbusto. Negli anni '80, gli scienziati dei Kew Gardens di Londra prelevarono dei germogli per coltivarli, e alcuni arbusti sono stati reintrodotti a Rodrigues.

Rinoceronte indiano

371 Le barriere coralline sono i luoghi più ricchi di vita al mondo. Questi habitat potrebbero però estinguersi nei prossimi 100-200 anni. Sono gravemente minacciati da riscaldamento globale, inquinamento, torbidezza e acidità dell'acqua che alterano i delicati equilibri naturali tra le specie.

▶ A causa del riscaldamento globale, le barriere coralline potrebbero "sbiancarsi" e morire.

Salvati appena in tempo

372 Per salvare una specie quasi estinta sono necessari tempo, sforzi e denaro. Bisogna studiare la specie e il suo habitat, i suoi contatti con altre specie e scoprire quanti esemplari ne rimangono. Gli scienziati ne valutano i bisogni con ricerche sul campo e su esemplari in cattività. Stabiliscono cosa mangia, dove nidifica e quali terreni predilige, affinché vengano conservati.

373 Salvare dall'estinzione piante o animali a rischio significa difendere il loro habitat. Senza un posto sicuro dove vivere, le specie non possono prosperare in natura. Anche se venissero salvate, sarebbero costrette in parchi, zoo o luoghi simili, quindi estinte in ambiente selvatico.

▲ Grazie a un enorme sforzo di conservazione, il numero dei ragni coccinella in Gran Bretagna è aumentato.

▼ In Nord America, gli spostamenti dei rarissimi furetti dai piedi neri vengono studiati grazie a collari con ricetrasmittente.

374 Quando si vuole salvaguardare una specie, è necessario coinvolgere la popolazione locale. Per la gente del posto è importante contribuire alle misure di conservazione. L'ecoturismo permette ai visitatori di osservare flora e fauna senza danneggiare l'habitat e ai locali di reinvestire i ricavi in attività di tutela.

SALVIAMO IL RAGNO!

Cosa ti serve?

- un grande foglio di carta
- pennarelli

I ragni non piacciono a tutti, ma devono essere salvati come ogni altra specie. Fai qualche ricerca sul ragno coccinella, quasi estinto in Gran Bretagna. Disegna un poster colorato per far capire alle persone perché deve essere salvato dall'estinzione.

375 Salvare una "specie bandiera" dall'estinzione può aiutare a salvare interi habitat. Si tratta di specie che fanno presa sull'opinione pubblica perché grosse e possenti, come le tigri e i gorilla di montagna, oppure tenere e graziose, come il panda gigante e la grande scimmia leonina.

▼ La creazione di parchi faunistici e riserve naturali è utile non solo per le specie bandiera, come questi gorilla, ma per tutte le piante e gli animali che ci vivono.

Perché preoccuparsi?

376 Perché preoccuparsi se una specie si estingue? Soprattutto se si tratta di un minuscolo insetto in una foresta inaccessibile o di un verme sul fondo del mare. Ha davvero conseguenze sulla nostra vita?

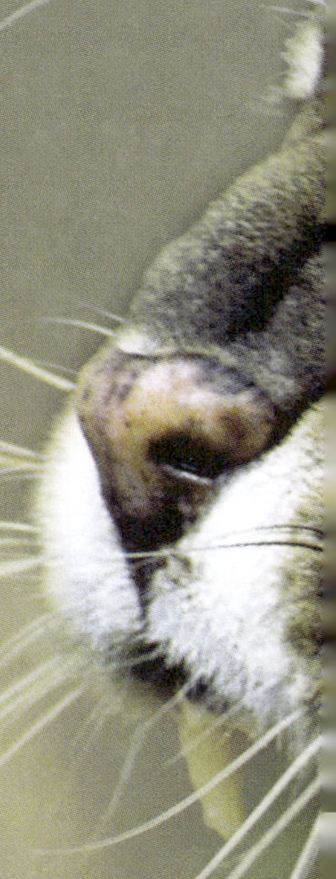

377 Molti pensano che tutti gli animali e le piante abbiano il diritto di esistere. Non dovremmo distruggere l'ambiente per ragioni futili. Se permettiamo che le specie scompaiano, dimostriamo di non avere a cuore la natura che ci circonda. In questo caso, si tratta di riflessioni morali ed etiche.

378 Tutelare le specie è utile da un punto di vista medico. I ricercatori potrebbero scoprire che una certa specie vegetale o animale può aiutarci a sviluppare un farmaco miracoloso. Se fosse estinta, non lo sapremmo mai. Altre specie possono essere usate per condurre ricerche mediche su malattie come il cancro.

379 Ci sono anche importanti ragioni scientifiche per evitare l'estinzione delle specie. L'estinzione riduce la biodiversità, cioè la varietà di esseri viventi che mantiene l'equilibrio naturale. I geni di certi vegetali o animali si potrebbero utilizzare per apportare modifiche genetiche ai fini di migliorare i raccolti e la salute degli animali allevati.

380 Salvare le specie permette anche di mantenere culture e tradizioni. Alcune specie a rischio sono importanti per la storia, le cerimonie, i miti e alcuni cibi di certi gruppi etnici e certe tribù. Si dovrebbe evitare di introdurre nuovi stili di vita che portano alla distruzione degli habitat, così come la presenza di nuove specie e malattie che fanno strage delle specie locali.

▲ La pantera della Florida è una rarissima sottospecie di puma. Se si estingue, rimarranno comunque altri puma nel mondo. Quindi perché dovremmo preoccuparci della sua scomparsa?

DA NON CREDERE!

Nel 1800, alcuni esploratori europei catturarono in Australia creature oggi estinte, tra cui i bandicoot dai piedi di porco. Poi si smarrirono e li mangiarono per sfamarsi.

Perduti per sempre?

▲ Nei film di *Jurassic Park*, i dinosauri vengono ricreati a partire dai loro geni, e le uova vengono covate in incubatrici.

381 In passato si pensava che l'estinzione fosse qualcosa di definitivo. La scienza potrebbe dimostrare il contrario. L'idea di riportare in vita animali estinti è proposta in film come *Jurassic Park*, usando le uova di una specie e il suo materiale genetico come il DNA.

▼ Non si sa perché lo stambecco dei Pirenei si sia estinto: potrebbe essere stato decimato da malattie infettive.

382 Nel 2009 nacque un piccolo di stambecco dei Pirenei, una sottospecie di stambecco iberico. La madre era una capra, ma per farlo nascere furono usati i geni di uno degli ultimi stambecchi dei Pirenei, estinto nel 2000. Il piccolo clone morì subito dopo la nascita, ma fu una dimostrazione delle possibilità future.

QUIZ

Ordina queste specie dall'estinzione più lontana a quella più recente.

1. Quagga
2. Dodo
3. Uomo di Neanderthal
4. Lipote (delfino di acqua dolce)
5. Mammut lanoso

Risposte: 3. Circa 30.000 anni fa. 5. Circa 10.000 anni fa. 2. Prima del 1700. 1. Nel 1883. 4. Prima del 2007

383 La reintroduzione di specie estinte comporta molti problemi di ingegneria genetica, come la manipolazione del DNA, la clonazione e metodi simili. Gli scienziati stanno raccogliendo campioni di DNA e altro materiale da varie fonti, come mammut congelati, ossa di dodo, semi morti di piante estinte, e anche uomini primitivi per condurre esperimenti e capire il da farsi.

▲ Il leone berbero del Nord Africa si credeva estinto già intorno al 1920, ma i test genetici hanno rivelato la presenza di esemplari in molti zoo.

▼ Il Progetto Quagga seleziona e incrocia le zebre più simili ai quagga nel corso di più generazioni.

384 Il quagga, estinto nel 1883, era una sottospecie di zebra di pianura dell'Africa meridionale. Aveva testa e collo zebrati, mentre il resto del corpo era marrone e senza strisce. Il Progetto Quagga si prefigge di reintrodurre questi animali, scegliendo le zebre di pianura più somiglianti ai quagga e facendole riprodurre tra loro. Dopo molte generazioni, i giovani esemplari dovrebbero somigliare sempre di più ai quagga.

Uno sguardo al futuro

385 In futuro, le specie continueranno a estinguersi, con o senza l'intervento degli esseri umani: fa parte della vita e dell'evoluzione. I danni che causiamo al pianeta, soprattutto la distruzione degli habitat e il cambiamento climatico, portano solo a una crescita del tasso di estinzione.

386 E la nostra specie, quella degli esseri umani? Negli ultimi quattro milioni di anni la Terra è stata popolata da oltre 20 diverse specie di esseri umani e parenti stretti. Ora ne rimane solo una, la nostra: l'essere umano moderno o *Homo sapiens*. Tutte le altre si sono estinte.

▲ Nel corso della storia ci sono state diverse specie di esseri umani. Nonostante i progressi fatti con gli utensili di pietra e la scoperta del fuoco, sono tutte estinte.

387 Un'estinzione umana recente ha interessato l'*Homo neanderthalensis*. Vissuti circa 250.000 anni fa in Europa settentrionale e Asia, gli uomini di Neanderthal scomparvero all'arrivo degli esseri umani moderni dall'Africa. Non sappiamo se furono loro a ucciderli o se i nuovi arrivati fossero semplicemente più adatti a procurarsi cibo e riparo.

DA NON CREDERE!

Secondo studi recenti, 1 su 8 specie di uccelli è in via di estinzione, e nel giro di 100 anni si potrebbe arrivare a 1 su 4. E gli uccelli sono molto meno a rischio di tanti altri gruppi animali!

388 Sopravvissuti più a lungo degli uomini di Neanderthal, ma comunque estinti, sono gli Hobbit di Flores, un'isola del Sudest asiatico. Conosciuti come *Homo floresiensis,* erano alti solamente un metro. Si pensa che siano vissuti fino a 15.000 anni fa circa.

▶ I resti di *Homo floresiensis* furono scoperti nel 2003. Potrebbe trattarsi di una nuova specie umana estinta.

389 La specie umana è destinata all'estinzione? In base alle nostre conoscenze e ai danni che causiamo all'ambiente, possiamo ipotizzare che la nostra specie non durerà in eterno. Tuttavia, siamo abili a risolvere ogni tipo di problema e questo ci aiuterà a sopravvivere più a lungo.

▶ L'intelligenza degli esseri umani moderni li aiuterà a sopravvivere e allo stesso tempo a salvare l'ambiente?

ANIMALI IN PERICOLO

390 Sul nostro pianeta, le specie selvatiche stanno scomparendo in fretta insieme agli ambienti in cui vivono. Dalle creature delle foreste pluviali agli animali che popolano le montagne, i deserti, le terre polari e gli oceani, moltissime specie sono a rischio. Alcuni animali sono diventati così rari che sono destinati all'estinzione. Tra le principali cause, i danni provocati dagli esseri umani all'ambiente. Cambiare stile di vita e salvare gli animali in pericolo dipende soltanto da noi.

▶ Il più grande felino americano, il giaguaro, è minacciato dalla distruzione del suo habitat. Alcuni esemplari vengono anche catturati o uccisi per aver attaccato animali domestici o esseri umani.

Scomparsi da tempo

391 In un certo senso, animali e vegetali sono sempre stati a rischio. Fa parte della naturale "lotta per la sopravvivenza". Da sempre, tutte le creature hanno bisogno di procurarsi cibo e riparo e di evitare predatori e pericoli. Per questo, nel corso di milioni di anni, vecchie specie si sono estinte per essere sostituite da nuove.

392 Circa 65 milioni di anni fa, i dinosauri molte altre specie animali e vegetali si estinsero. Fu un'estinzione di massa che non ebbe però niente a che fare con gli esseri umani visto che all'epoca non esistevano. Le cause rimangono sconosciute, ma furono comunque naturali: un enorme meteorite potrebbe aver colpito la Terra. La lunga storia del nostro pianeta è costellata di estinzioni di massa.

▲ L'enorme *Saltasaurus*, lungo 12 metri e del peso di 8 tonnellate, fu uno degli ultimi dinosauri. Circa 65 milioni di anni fa, potrebbe aver assistito all'impatto di un enorme meteorite con la Terra, che causò la morte di milioni di piante e animali.

DA NON CREDERE!

Delle specie animali che hanno popolato la Terra, 99 su 100 sono estinte, cioè scomparse e perdute per sempre.

Pteranodon

393 Dopo la comparsa degli esseri umani, gli animali si sono estinti più velocemente. L'estinzione dei mammut lanosi negli ultimi 10.000 anni è in parte dovuta alla fine dell'era glaciale e all'incapacità di questi animali di adattarsi a un clima più caldo, e in parte al fatto che venivano cacciati dagli uomini preistorici.

Grande meteorite o asteroide

394 Nelle ultime migliaia di anni sono scomparse molte altre grosse creature. Si tratta di orsi delle caverne, rinoceronti lanosi, metalupi e cervi giganti. Alcuni di loro si sono estinti mentre gli esseri umani iniziavano a diffondersi.

Branco di *Edmontosaurus*

395 Con il passare dei secoli, dall'antichità al medioevo, le specie animali a rischio aumentarono. L'uro era un grosso bovino selvatico, un antenato delle mucche odierne. Gli fu data la caccia finché non scomparve. L'ultimo uro morì nel 1627, in una foresta della Polonia.

◀ Il lungo mantello dei rinoceronti lanosi li proteggeva dal freddo. Quando l'era glaciale giunse al termine e il clima si fece più caldo, non riuscirono a sopravvivere e si estinsero.

Troppo tardi per salvarli

396 Negli ultimi secoli, molte specie animali sono diventate a rischio e dozzine di queste si sono estinte. Si tratta di pesci, rane, serpenti, uccelli e mammiferi. Studiare i motivi della loro scomparsa può aiutarci a salvare gli animali in via di estinzione.

397 Essere una specie diffusa non è una garanzia di sopravvivenza. 500 anni fa c'erano circa 5000 milioni di piccioni migratori. Uccidendoli per nutrirsi di loro e privandoli dei loro habitat naturali, sostituiti da coltivazioni e allevamenti, gli uomini li hanno sterminati. L'ultimo piccione migratore, Martha, morì nel 1914 allo zoo di Cincinnati.

398 Dopo essere stata scoperta, la ritina di Steller si estinse in meno di 30 anni. Del peso di 3 tonnellate, era un parente enorme di lamantini e dugonghi. Viveva nella regione artica, e fu descritta per la prima volta dagli scienziati nel 1741. Ne furono uccisi così tanti esemplari in così poco tempo che fu dichiarata estinta nel 1768.

QUIZ

Chi scomparve quando? Metti gli animali in ordine di estinzione, dalla più antica alla più recente.

A. Dodo
B. Antilope azzurra
C. Tilacino
D. Piccione migratore
E. Ritina di Steller

Risposte: A E B D C

▲ La ritina di Steller era lunga 8 metri e pesava quasi quanto un elefante. La sua stazza però non la aiutò a difendersi: fu decimata dai marinai per le carni, il grasso e la pelle.

▶ Il dodo è diventato il simbolo dell'estinzione. Ne rimangono solo poche ossa, delle piume e frammenti di pelle.

400 **Il dodo, un uccello grande come un tacchino con ali minuscole che non sapeva volare, fu scoperto sull'isola di Mauritius nell'oceano Indiano.** I marinai che approdavano sull'isola catturavano esemplari di dodo per mangiarli. Ne furono uccisi molti in questo modo, portando il dodo all'estinzione già nel 1700.

▼ Il 7 settembre di ogni anno in Australia si celebra la Giornata nazionale delle specie a rischio. La data ricorda il giorno in cui, nel 1936, morì l'ultimo tilacino nello zoo di Hobart, in Tasmania.

399 **Molti animali in via di estinzione sono poi scomparsi.** Tra gli altri, l'antilope azzurra dell'Africa meridionale (intorno al 1800), un uccello marino che non volava chiamato alca impenne (1850 circa), un marsupiale simile a un cane chiamato tilacino o tigre della Tasmania (1936), e la foca monaca dei Caraibi (1950 circa). Purtroppo la lista è molto lunga.

Come lo sappiamo?

401 Come sappiamo quali animali sono a rischio e hanno bisogno del nostro aiuto? Esploratori e viaggiatori narrano storie di rare e insolite creature. A volte esagerano un po' i loro racconti per renderli più avvincenti. Per capire quali creature sono in pericolo e la gravità delle minacce, è necessario fare ricerche scientifiche.

▼ Questo leone, addormentato con un dardo tranquillante, viene monitorato grazie al collare radio. Le macchie delle vibrisse, diverse da leone a leone, permettono di identificare l'esemplare.

▼ I ranger fanno la guardia ai rarissimi gorilla di montagna, che non fanno caso alla loro presenza. I ranger conoscono bene le abitudini di questi animali e aiutano gli scienziati a condurre ricerche importanti.

402 Sparare un dardo con un potente sonnifero permette di addormentare per un po' di tempo creature come i leoni. Prima che si risveglino, è possibile prelevare velocemente campioni di sangue, controllare stato di salute, dimensioni, peso e raccogliere altre informazioni utili.

403 **Agli scienziati non basta sapere quanti esemplari rimangono di una specie a rischio.** Cercano anche di scoprire l'età degli animali, che cosa mangiano, quanto spesso si riproducono, come si spostano o migrano, e quanto vivono a lungo. Tutto questo aiuta a consolidare la conoscenza della specie e a trovare misure di conservazione adeguate.

▼ Video e fotografie aeree possono essere esaminate per contare grandi animali come gli elefanti, stimare la loro età e capire se sono maschi o femmine.

404 **I grandi animali che vivono negli spazi aperti, come gli elefanti della savana africana, vengono monitorati dal cielo.** È possibile censirli e scattare fotografie da aerei, elicotteri e persino mongolfiere.

405 **È molto utile catturare gli animali per dotarli di targhette di riconoscimento.** Albatri e altri uccelli rari vengono catturati con le reti, dotati di piccoli anelli sulle zampe e poi rilasciati. Questo permette di distinguere i vari individui. Le targhette sulle orecchie dei rinoceronti hanno la stessa funzione.

DA NON CREDERE!

Quando si studia un animale in pericolo, una delle cose migliori da avere è... la sua cacca! Gli escrementi contengono infatti tantissime informazioni sulle sue abitudini alimentari, stato di salute ed eventuali malattie.

406 **Alcuni animali sono così grandi da poterli dotare di un radiofaro che invia segnali a un satellite.** Balene, tartarughe di mare, foche e altre creature marine vengono così monitorate mentre solcano gli oceani.

Quanto sono a rischio?

407 Come si valuta il rischio di estinzione di una specie? L'organizzazione scientifica IUCN, Unione Mondiale per la Conservazione della Natura, compila una Lista Rossa di specie animali e vegetali a rischio. A ogni specie viene assegnata una sigla di due lettere che indica la categoria di rischio.

▲ Il dragone foglia è minacciato dai collezionisti di pesci esotici. Viene anche ucciso, essiccato e ridotto in polvere per essere usato nella medicina tradizionale.

408 NT (dall'inglese *Near Threatened*) sta per "quasi minacciata". A breve, la specie potrebbe diventare a rischio. Come il dragone foglia, un pesce con protrusioni che lo fanno sembrare un'alga fluttuante.

409 VU (dall'inglese *Vulnerable*) sta per "vulnerabile". La specie è già minacciata, e dovrà essere tutelata. Un esempio è il callorino dell'Alaska che vive lungo le coste del Pacifico settentrionale.

◀ I callorini dell'Alaska venivano uccisi per la loro pelliccia calda e soffice, usata in passato per fare cappotti.

410 **EN (dall'inglese *Endangered*) sta per "in pericolo".** La specie è seriamente minacciata e il rischio di estinzione a breve è alto. Un esempio è il meraviglioso e atletico leopardo delle nevi.

▶ In passato cacciati per la pelliccia, oggi i leopardi delle nevi sono ricercati per le loro ossa, usate nella cosiddetta "medicina tradizionale". Devono inoltre far fronte al calo di prede naturali.

411 **CR (dall'inglese *Critically Endangered*) sta per "in pericolo critico".** È la categoria più minacciata. Nonostante gli sforzi di conservazione, l'estinzione è dietro l'angolo. Come per la vaquita del Golfo di California, la specie di focena più piccola.

▲ L'acqua inquinata, le trivelle di gas e petrolio e le reti da pesca sono tutti pericoli mortali per la piccola vaquita di soli 1,5 metri.

▼ I corvi delle Hawaii vivono solo in cattività. Finora, i tentativi di reintrodurli in natura sono falliti.

412 **EW (dall'inglese *Extinct in the Wild*) sta per "estinta in ambiente selvatico".** Ormai scomparsa in natura, la specie vive solo in zoo e parchi faunistici. Un esempio è il corvo delle Hawaii: scomparso in natura nel 2002, ne rimangono solo alcuni in gabbia. EX (dall'inglese Extinct) sta per "estinta": significa che la specie non viene avvistata da 50 anni.

LE COPPIE

Riesci ad abbinare ogni creatura a rischio al suo gruppo animale?

A. Squalo balena	1. Uccelli
B. Ara di Spix	2. Pesci
C. Vaquita	3. Anfibi
D. Caimano	4. Mammiferi
E. Proteo	5. Rettili

Risposte: A2 B1 C4 D5 E3

In pericolo critico

413 Gli animali più a rischio, o in pericolo critico, sono nella categoria CR. Uno dei più famosi è il gorilla di montagna. Ne rimangono solo poche centinaia sulle montagne dell'Africa centrale. Minacciati dalla distruzione dell'habitat e dalle malattie trasmesse dall'uomo, vengono anche cacciati per le carni e i trofei.

▲ Il rinoceronte di Sumatra, con i suoi 700 chili, è il rinoceronte più piccolo. Viene ucciso per i corni, da cui si ricava una polvere usata nella cosiddetta medicina tradizionale.

414 I grandi mammiferi più a rischio sono i rinoceronti. Su cinque specie, tre sono CR, in pericolo critico: i rinoceronti di Giava e di Sumatra nel Sudest asiatico e il rinoceronte nero africano. Il rinoceronte indiano è EN, in pericolo. Minacciati dalla distruzione dell'habitat, vengono uccisi per i loro corni.

▼ Nonostante siano più numerosi dei gorilla di montagna, i gorilla di pianura sono ugualmente minacciati dalla distruzione dell'habitat e dal bracconaggio.

IL NASO DEL RINOCERONTE

Cosa ti serve?

- un grande foglio di carta
- nastro adesivo

Il corno del rinoceronte è lungo più di un metro! Costruisci il tuo, arrotolando il foglio in un cono e fissandolo con il nastro adesivo. Appoggialo al naso e piegalo verso l'alto. Come fanno i rinoceronti a vedere dove vanno?

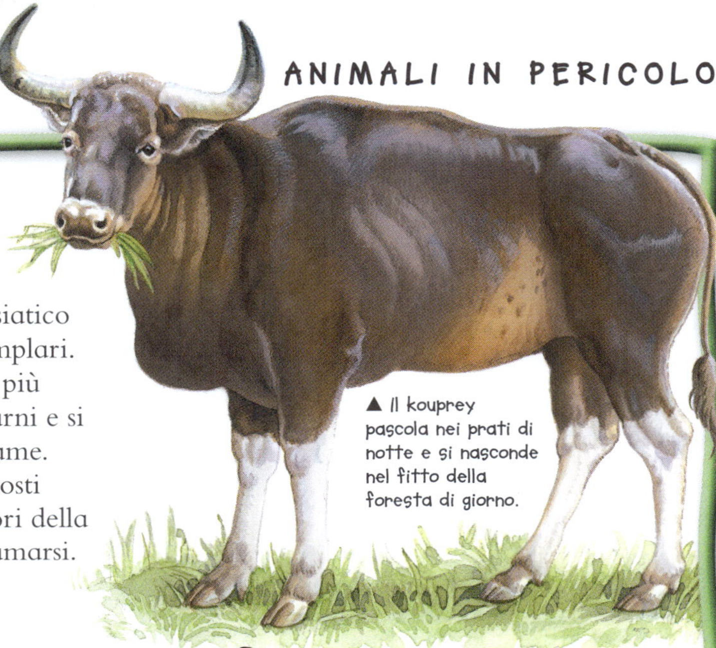

▲ Il kouprey pascola nei prati di notte e si nasconde nel fitto della foresta di giorno.

415 **Il kouprey è un altro mammifero in pericolo critico.** Ha grandi corna e pesa più di una tonnellata, ma nel Sudest asiatico ne rimangono meno di 250 esemplari. Il suo habitat naturale è sempre più limitato, viene cacciato per le carni e si ammala al contatto con il bestiame. Inoltre, i soldati che vivono nascosti nella foresta al servizio dei signori della guerra locali lo uccidono per sfamarsi.

▼ Le balene franche nuotano lentamente e vicino alla superficie: un bersaglio facile per i balenieri.

416 **La balena franca nordatlantica non si è mai ripresa dai massacri del secolo scorso.** Oggi ne rimangono forse meno di 600 esemplari. Queste balene si riproducono così lentamente che la loro popolazione rimarrà limitata.

417 **Oltre ai grandi mammiferi più famosi, ci sono tante altre specie più piccole in pericolo critico.** Tra le altre, il coniglio ispido dell'Assam, la pecora azzurra nana dell'Himalaya e il vombato dal naso peloso settentrionale dell'Australia nord-orientale.

Altre specie a rischio

418 Mammiferi come gorilla, balene e tigri non sono gli unici animali in via di estinzione: ci sono molte altre specie a rischio in tutti i gruppi animali. Un esempio è il cahow o petrello delle Bermuda, l'uccello nazionale delle isole Bermude. Ne rimangono solo 250 esemplari, e la popolazione locale si sta impegnando per salvarli.

▲ I giovani cahow o petrelli delle Bermuda rimangono in mare cinque anni prima di tornare sulla terraferma per riprodursi.

▼ La "tartaruga reale" *Batagur baska* può raggiungere più di un metro di lunghezza e pesare anche 30 chili. Mangia di tutto: piante, pesci e granchi.

419 Un rettile in pericolo critico è la tartaruga di fiume Batagur baska presente in India e nel Sudest asiatico. È diventata rara perché le sue uova venivano raccolte per essere portate in dono al re, soprattutto in Cambogia. Ora, il re della Cambogia Norodom Sihamoni ha dato ordine di proteggere la specie.

420 **Un anfibio a rischio è la rana di Hamilton della Nuova Zelanda.** È probabilmente la rana più rara al mondo. Questa rana non gracida, non ha le zampe palmate e dalle sue uova non nascono girini, ma minuscole rane già perfettamente formate.

▲ La rana di Hamilton è lunga meno di 5 cm. Ne rimangono meno di 300 esemplari.

▼ Il ciprinodonte di Devil's Hole è tra le molte specie di pesci rari che vivono solo in una piccola pozza.

421 **Un pesce ritenuto vulnerabile (VU) è il ciprinodonte di Devil's Hole.** È presente in natura solo nelle acque calde di Devil's Hole, una grotta calcarea nel deserto vicino a Death Valley, negli USA. Qui vivevano dai 200 ai 400 ciprinodonti, ma a causa dell'alternarsi di inondazioni e siccità, nel 2006 se ne contavano meno di 50.

422 **Uno degli insetti più rari è la farfalla della regina Alessandra.** Vive in una zona circoscritta sull'isola di Papua Nuova Guinea. Nel 1950, l'eruzione di un vulcano vicino ha distrutto gran parte del suo habitat forestale, e ora è considerata in pericolo (EN).

Maschio

▶ Come molte farfalle tropicali, il maschio e la femmina della farfalla della regina Alessandra sono molto diversi tra loro.

Femmina

DA NON CREDERE!

Il cahow o petrello delle Bermuda si riteneva estinto da 300 anni. Nel 1951 ne è stato avvistato un gruppo in riproduzione su alcune rocce lungo la costa.

La minaccia principale

423 Le specie a rischio sono minacciate in vario modo, ma il problema più serio per molte di loro è la distruzione degli habitat. L'ambiente selvatico o gli habitat naturali in cui vivono vengono modificati o distrutti, e piante e animali non riescono più a sopravvivere in questi luoghi.

424 Oggi la distruzione degli habitat avviene a un ritmo impressionante, soprattutto nelle foreste tropicali. Queste foreste sono hotspot di biodiversità: ospitano cioè una grandissima varietà di flora e fauna. Si trovano in Centro e Sud America, in Africa occidentale e nel Sudest asiatico. Qui vivono le specie animali più a rischio.

▶ Le foreste tropicali vengono abbattute per ricavare legname prezioso come teak e mogano. Quello che rimane viene bruciato, e il terreno riutilizzato per l'agricoltura.

425 La distruzione degli habitat non è una novità: minaccia il pianeta da migliaia di anni. In gran parte dell'Europa, coltivazioni e allevamenti hanno progressivamente sostituito vaste aree coperte da boschi e foreste. In Gran Bretagna questo ha comportato la scomparsa di animali come orsi, cinghiali, lupi e castori.

426 **Il muriqui brasiliano o scimmia ragno lanosa è in pericolo critico.** Gli alberi delle foreste tropicali in cui vive vengono abbattuti per il commercio del legname. Le zone disboscate vengono poi utilizzate per l'allevamento e l'agricoltura. Le scimmie, insieme a migliaia di altre specie, hanno sempre meno posto dove vivere.

427 **Nel Borneo, animali come elefanti pigmei e oranghi sono minacciati dalla deforestazione per le palme da olio e altre colture.** Nelle regioni tropicali, le piantagioni di palma da olio sono una delle principali cause di distruzione degli habitat. L'olio vegetale che si ricava dai frutti si usa in cucina, per preparare margarina e cibi pronti, e in un carburante chiamato biodiesel

C'è troppa gente!

428 Molti animali hanno abbandonato i loro habitat naturali a causa della presenza degli esseri umani. La popolazione mondiale aumenta di circa 150 individui al minuto. C'è bisogno di case, terreni agricoli, negozi, scuole, fabbriche e strade. Più gente significa meno spazio per la natura.

429 Gli animali che popolano laghi, fiumi e acquitrini sono tra quelli più a rischio. I loro habitat vengono bonificati per costruire città, porti e luoghi di villeggiatura. Le aree turistiche lungo i fiumi e le coste rappresentano una minaccia per tutti gli animali.

▼ *In ogni parte del mondo, le città invadono gli habitat naturali circostanti, come questa bidonville in Colombia.*

QUIZ

Quali sono le principali minacce per questi animali?

1. Foca monaca mediterranea
2. Panda rosso
3. Gru dal collo nero
4. Apalemure dorato

Risposte: 1. Aree turistiche costiere nel Mediterraneo. 2. Riduzione di bambù. 3. Turisti. 4. Riduzione di alberi in Madagascar per l'espansione di villaggi e aree agricole.

430 La foca monaca mediterranea è minacciata dallo sviluppo del turismo. Le sue aree di vita e di riproduzione sono state spazzate via da villaggi turistici, strutture balneari e per sport acquatici. Ha anche subito le conseguenze dell'inquinamento e della competizione con i pescatori per il pesce. Con meno di 600 esemplari rimasti, è in pericolo critico.

▲ La timida foca monaca mediterranea ha paura delle barche e dei subacquei. Se disturbata, cerca rifugio nelle grotte sottomarine.

► A volte le gru dal collo nero vengono avvelenate dai pesticidi chimici usati dagli agricoltori.

432 La gru dal collo nero vive sugli altopiani attorno all'Himalaya in Asia. È esposta a molte minacce. Tra le altre, lo sviluppo del turismo nella regione di Ladakh Valley in India. I turisti vogliono ammirare il paesaggio meraviglioso e osservare la natura, ma disturbano le timide gru, che tendono a riprodursi di meno.

431 Il panda gigante è un animale raro famoso, e il suo lontano cugino panda rosso è anch'esso a rischio. Vive sugli alberi nutrendosi di bambù in Asia meridionale e orientale, ma l'espansione urbana ha limitato il suo habitat. Viene anche cacciato per la sua pelliccia, soprattutto per la bellissima coda usata per fare cappelli e portafortuna di nozze.

► Il panda rosso è protetto per legge, ma continua a essere cacciato per la sua pelliccia.

L'inquinamento

433 **L'inquinamento è una minaccia per tutto l'ambiente, perché i rifiuti e le sostanze chimiche che produciamo contaminano aria, suolo e acqua.** Inoltre, è spesso collegato ad altri fattori, dalla distruzione degli habitat al cambiamento climatico. Non è facile separare questi problemi, perché uno fa parte dell'altro.

▲ Questa ombrina dell'Atlantico è diventata cieca per le cataratte provocate dalle sostanze chimiche nell'acqua.

434 **Le sostanze chimiche dannose si propagano velocemente nell'acqua, inquinando ruscelli, fiumi, laghi e oceani.** La foca del Caspio vive nel Mar Caspio, un vasto lago in Asia occidentale, le cui acque sono inquinate dalle fabbriche circostanti. Le foche sono affette da infezioni, perdono la pelliccia e sono meno resistenti alle malattie.

◀ Le fuoriuscite di petrolio sono una forma di inquinamento devastante. Questo uccello con le piume sporche di petrolio cercherà di ripulirsi. Così facendo, ingerirà sostanze chimiche velenose che potrebbero ucciderlo.

435 Gli anfibi più grandi del mondo sono le salamandre giganti cinesi e giapponesi. Sono minacciate dall'inquinamento delle acque dei ruscelli di montagna dove vivono. Qui le fabbriche sono poche, ma nuvole e pioggia trasportano facilmente le sostanze chimiche inquinanti prodotte dalle ciminiere, anche se lontane.

I RISCHI DELL'INQUINAMENTO

Quando vai al parco o in campagna, prova a individuare vari tipi di inquinamento. Scopri in che modo danneggiano gli animali e come possiamo limitarli. Puoi cercare, per esempio: Spazzatura nell'acqua • Buste di plastica in siepi e cespugli • Macchie di carburante dai veicoli • Vetri rotti • Condotti che portano liquidi velenosi in fossi, ruscelli o fiumi • Fil di ferro, frammenti di plastica e oggetti simili

▼ Il lipote vive nel Fiume Azzurro, che è diventato pericoloso e inquinato. L'ultimo avvistamento di uno di questi delfini risale al 2004.

436 Una spedizione del 2006 non è riuscita a censire nessun lipote. Questo delfino è minacciato principalmente dall'inquinamento del Fiume Azzurro in cui vive in Cina, provocato dalle fabbriche lungo le rive e dalle infiltrazioni di sostanze chimiche usate nei campi. L'inquinamento non ha danneggiato solo il lipote, ma anche pesci e altri animali di cui si nutre. È minacciato inoltre dalla caccia per le carni, dalla costruzione di dighe, dalle reti da pesca e dagli urti con le barche.

Il lipote (delfino d'acqua dolce)

Il cambiamento climatico

437 L'intero pianeta è interessato da un cambiamento climatico che potrebbe mettere a rischio molte specie animali. Il clima sta diventando più caldo perché l'atmosfera terrestre viene modificata dai gas serra. Prodotti principalmente dalla combustione di benzina, diesel, legname, carbone e gas naturale, questi gas fanno in modo che la Terra trattenga il calore del Sole e si surriscaldi.

▲ Nuotare in cerca di cibo per ore è faticoso, e i pinguini hanno bisogno di riposare a riva o su un iceberg. Il riscaldamento globale causa lo scioglimento dei ghiacci e la scomparsa dei luoghi di riposo dei pinguini.

438 Nelle zone più a nord, gli orsi polari sono minacciati dal rapido scioglimento dei banchi di ghiaccio. I banchi di ghiaccio sono usati da questi animali come base per cacciare le foche e riposarsi. In passato ce n'erano molti, mentre adesso gli orsi devono nuotare per ore prima di trovarne uno e rischiano di morire stremati.

439 Nelle zone più a sud, i pinguini trovano meno iceberg su cui riposare. Anche qui il ghiaccio si scioglie più in fretta a causa del riscaldamento globale. Come gli orsi polari, i pinguini non hanno un posto dove riposare e, non potendo volare, rischiano di annegare.

▶ Banchi di ghiaccio più piccoli e rari rappresentano un problema per gli orsi polari.

440 **Il riscaldamento globale modifica le stagioni, e questo può condizionare la vita di moltissimi animali.** Se la primavera arriva in anticipo, in Europa gli insetti si riproducono una settimana o due prima. Gli uccelli che migrano dall'Africa, come balie nere, rondini e rondoni, potrebbero però arrivare troppo tardi per catturare gli insetti per i loro piccoli. Si parla quindi di un "disgiungimento" del legame naturale tra animali e cibo stagionale.

441 **Un enorme pesce asiatico, lo storione beluga, è già in pericolo.** Viene cacciato di frodo per le uova della femmina, vendute come pregiato caviale. L'intensificarsi del riscaldamento globale avrà conseguenze sui fiumi e i laghi dove vive questo pesce, accelerandone l'estinzione.

DA NON CREDERE!
Uno studio su 40.000 rondini arboricole ha rivelato che depongono le uova nove giorni prima rispetto a 40 anni fa, probabilmente come conseguenza del riscaldamento globale

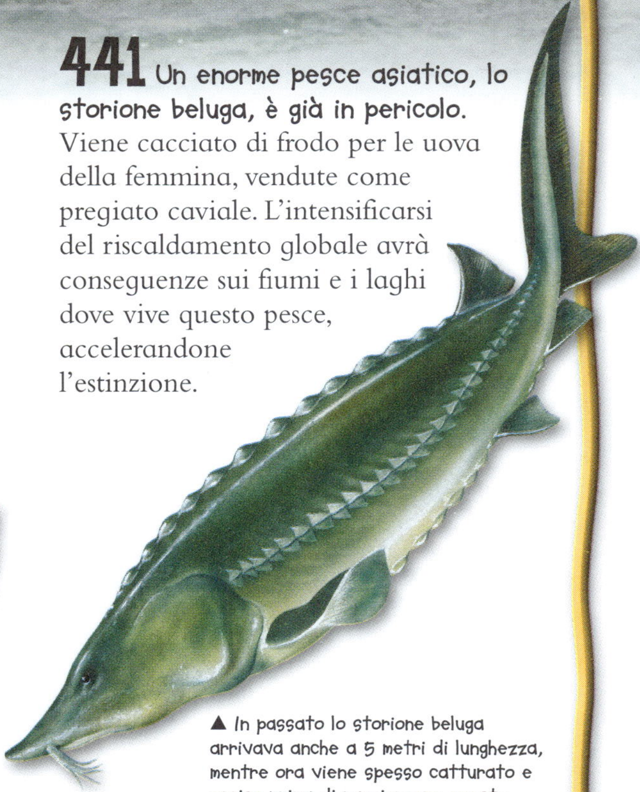

▲ In passato lo storione beluga arrivava anche a 5 metri di lunghezza, mentre ora viene spesso catturato e ucciso prima di raggiungere queste dimensioni.

Bracconaggio e souvenir

◀ A parità di peso, il corno del rinoceronte può valere più di gemme come perle e rubini.

442 Alcuni animali sono minacciati dalla caccia, perché ambiti per trofei, souvenir e parti del corpo. Il bracconaggio è la caccia illegale di animali, tra cui gli elefanti, che vengono uccisi per le zanne d'avorio.

443 I rinoceronti vengono cacciati di frodo per i loro corni. I corni vengono trasformati in oggetti ornamentali come manici di pugnali, oppure ridotti in polvere per preparare farmaci della medicina tradizionale cinese. Questi si usano soprattutto per abbassare la febbre, anche se la loro efficacia non è dimostrata scientificamente.

LE COPPIE

Riesci ad abbinare gli animali ai prodotti per cui vengono catturati o uccisi?

A. Tigre
B. Elefante
C. Tridacna gigante
D. Rinoceronte

1. Manico di pugnale
2. Souvenir per turisti
3. Ossa
4. Avorio

Risposte: A3 B4 C2 D1

444 I rinoceronti non sono le uniche vittime della medicina tradizionale. In zone dell'Asia e del Sud America, si macinano ossi di tigre per fare pillole, si beve il sangue delle tartarughe di mare, e si usano le corna di rare antilopi e gazzelle nella preparazione di zuppe.

445 In vacanza, i turisti a volte comprano souvenir fatti con animali in pericolo. Questo commercio minaccia crostacei come conchiglie e tridacne giganti, stelle marine, ricci di mare e pesci insoliti come i cavallucci marini. Si vendono anche articoli scolpiti nell'avorio di elefanti e trichechi, in palchi di cervi e corna di antilopi. Si dovrebbe evitare l'acquisto di souvenir animali, nonché quello di piante rare.

▼ Nel 1989, in Kenya si fece un falò con l'avorio sequestrato. Enormi pile di zanne d'elefante furono bruciate per cercare di fermarne il traffico illegale, ma il tentativo fallì.

446 Il commercio di parti di animali e prodotti derivati è regolato da leggi nazionali e internazionali. Molti paesi hanno firmato la Convenzione CITES sul commercio internazionale delle specie di fauna e flora selvatiche minacciate di estinzione. Tuttavia, è difficile fermare il bracconaggio nelle zone più remote, e i trafficanti trovano sempre il modo di smerciare articoli illegali.

► Comprare souvenir come cavallucci marini essiccati promuove la cattura e l'uccisione di questi animali.

Questione di vita o di morte

447 Alcuni animali sono a rischio perché sono una minaccia per le persone, o almeno vengono considerati tali. I grandi predatori sono ritenuti pericolosi per la gente, per gli animali domestici e quelli da allevamento. Il rischio di essere attaccati giustifica la loro persecuzione e uccisione. I predatori diventano le prede.

448 In Centro e Sud America, il giaguaro, un grosso felino maculato, viene spesso ucciso per evitare che possa attaccare gli animali da allevamento. Estese aree forestali vengono convertite in pascoli, e alcuni allevatori assoldano cacciatori di giaguari professionisti che sparano ai felini a vista. In passato, i giaguari venivano uccisi per un altro motivo: la loro stupenda pelliccia. Oggi il commercio dei giaguari è illegale.

◄ In zone del Sud America, i cacciatori uccidono piccoli coccodrilli chiamati caimani per venderne pelle e carni, anche se è illegale.

449 Coccodrilli e alligatori vengono uccisi perché sono una minaccia per le persone e gli altri animali. Il coccodrillo cubano vive esclusivamente in una piccola regione di fiumi e paludi nell'isola caraibica di Cuba, ed è a rischio. È un piccolo coccodrillo di 2-2,5 metri di lunghezza. È stato cacciato a lungo perché ritenuto pericoloso, ma anche per le carni e la pelle.

450 **Lo squalo bianco è uno degli animali più temuti.** Viene cacciato e ucciso per evitare che attacchi i bagnanti. Questo squalo è diventato così raro da essere classificato come vulnerabile (VU) nella Lista Rossa delle specie a rischio.

▲ Gli squali bianchi possono essere attirati con speciali esche.

DA NON CREDERE!

Circa 100 anni fa c'erano probabilmente oltre 100.000 esemplari di tigre. Ora si pensa ne siano rimasti meno di 5000 in natura.

451 **Le tigri sono minacciate soprattutto dalla distruzione degli habitat, dal bracconaggio e dalla caccia quando diventano "mangiatrici di uomini".** A causa dell'espansione di villaggi e zone agricole, le tigri hanno meno prede naturali e quindi si avvicinano alle abitazioni e agli allevamenti. Un'altra seria minaccia è il traffico di parti del corpo come ossa, denti e bile da usare nella medicina tradizionale. Questo è il destino di una tigre al giorno.

▶ Come ogni predatore affamato, una tigre si approfitta di animali deboli come le pecore.

Una caccia spietata

452 **Il commercio di *bushmeat*, cioè di carne di animali selvatici, è una minaccia crescente per molte specie.** L'uomo si è sempre spinto in boschi e foreste per uccidere animali selvatici di cui nutrirsi. Fucili moderni, trappole e altri espedienti permettono oggi di catturare più animali, e quindi di venderli. Questo commercio è diventato un problema serio.

▲ Il commercio di *bushmeat* si pratica in mercati locali come questo, in Africa occidentale. Dopo aver scuoiato e tagliato a pezzi l'animale, è difficile capire se si tratta di una specie protetta.

453 **Drillo e mandrillo africani sono le scimmie più grandi al mondo, entrambe minacciate dal commercio di *bushmeat*.** La vendita delle carni di una di queste scimmie frutta abbastanza denaro da sfamare una famiglia per una settimana.

▼ Per migliaia di anni, le popolazioni locali hanno cacciato nelle foreste animali come questa scimmia per sfamarsi.

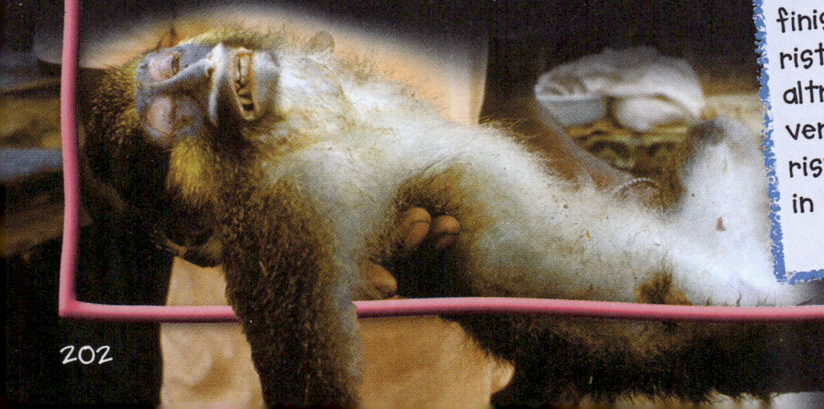

DA NON CREDERE!

L'antilope cervicapra è protetta in India. Negli USA, dove è stata introdotta, si è diffusa così in fretta da dover ridurre il numero di esemplari: per questo alcuni finiscono sul menù dei ristoranti e altri vengono rispediti in India.

▶ Vicino al lago Turkana in Africa orientale, gli indigeni hanno catturato e ucciso un ippopotamo. È una caccia molto pericolosa anche per gli uomini.

454 **In Africa occidentale, l'ippopotamo pigmeo** viene cacciato per le carni, ed è a rischio. Questo piccolo ippopotamo vive nel cuore della foresta e percorre regolarmente le stesse piste in cerca di cibo. È qui che i cacciatori si appostano per ucciderlo. In natura ne rimangono meno di 3000 esemplari.

456 **La carne del tapiro sudamericano è considerata una prelibatezza, e quindi è molto ambita dai cacciatori.** Si tratta di una specie vulnerabile (VU), anche se il tapiro delle Ande è ancora più a rischio. Con meno di 2500 esemplari in natura, richiede una maggiore tutela.

▶ In Africa occidentale, i ranger controllano che i veicoli provenienti dalla foresta non trasportino animali selvatici da vendere.

455 **In gran parte del Sudest asiatico, ma soprattutto in India, sempre più animali selvatici vengono cacciati per le carni.** Il tameng, o cervo di Eld, è una specie vulnerabile (VU). Nelle zone in cui le foreste sono quasi scomparse, si nutre dei raccolti. Viene quindi ucciso per evitare danni e per essere mangiato.

Animali in gabbia

457 Alcuni animali sono in pericolo perché catturati per diventare animali domestici o per essere messi in gabbia. Il commercio di specie rare è fiorente: finiscono nelle nostre case, nelle mani dei collezionisti e in zoo privati. È però illegale e crudele, perché molti animali soffrono o addirittura muoiono nel lungo tragitto verso le loro nuove case.

▲ Animali esotici come questa ara macao vengono spesso trasportati in condizioni pessime, stipati e lasciati senza cibo né acqua. Finiscono in gabbie dove sono destinati a morire.

▼ I predoni dissotterrano e trafugano le uova dei draghi di Komodo, che fruttano grosse somme di denaro sul mercato illegale dei collezionisti.

458 La lucertola più grande al mondo, il drago di Komodo, è a rischio perché le sue uova vengono trafugate. I ladri le vendono a collezionisti, allevatori e appassionati di rettili e lucertole. Anche se il loro commercio è illegale, c'è chi non resiste al desiderio di possedere un uovo tanto raro.

459 **Uccelli colorati e intelligenti come i pappagalli e le ara macao vengono spesso catturati in natura invece di essere allevati.** Specie rare come l'ara giacinto, il più grande di tutti i pappagalli, e l'ara dalle ali verdi, vengono strappate dal proprio ambiente naturale. Questo è illegale, ma i collezionisti pagano grosse somme per averle.

QUIZ

1. Qual è la lucertola più grande del mondo?
2. Perché è a rischio?
3. Qual è il pappagallo più grande del mondo?
4. Qual è la rana più grande del mondo?

Risposte: 1. Il drago di Komodo. 2. Le sue uova sono trafugate e vendute. 3. L'ara giacinto. 4. La rana golia.

◀ Questa tilapia è stata catturata per essere messa in un acquario. Ha una bruciatura sul dorso, perché è rimasta troppo tempo vicino alle luci dell'acquario.

461 **Molti pesci tropicali vengono pescati da fiumi e laghi per finire negli acquari.** Una delle specie più rare è la tilapia africana, un ciclide che vive nei laghi della Rift Valley. Sapendo che è a rischio, i fornitori di acquari e i negozi di animali più seri non accettano esemplari catturati in natura.

460 **La rana più grande del mondo, la rana golia, viene strappata dal suo ambiente naturale in Africa e venduta ad appassionati di anfibi e collezionisti privati.** È lunga ben 30 centimetri, ed è in grado di fare balzi di 6 metri. È talmente grande da essere cacciata anche per la carne.

▶ In Africa occidentale, le rane golia – considerate in pericolo (EN) – vengono catturate con reti o trappole. Negli ultimi 20 anni, la loro popolazione si è dimezzata.

Isole in difficoltà

462 Molti animali a rischio vivono sulle isole. Qui, specie animali e vegetali convivono da molti anni, evolvendosi per adattarsi al particolarissimo habitat che le circonda. Molte isole hanno un territorio limitato e ospitano pochi animali, il cui habitat può essere facilmente alterato dall'uomo.

Fringuello delle mangrovie

▲ Ciascuna specie di fringuello delle Galapagos, compreso il fringuello delle mangrovie, ha sviluppato un becco specifico per diversi tipi di cibo.

463 Il fringuello delle mangrovie, che vive sulle isole Galapagos nell'oceano Pacifico, è in pericolo critico. È uno dei fringuelli di Darwin: questi uccelli aiutarono il naturalista britannico Charles Darwin (1809-1882) a elaborare la sua teoria dell'evoluzione, fondamentale per la scienza.

464 Anche le tartarughe giganti delle Galapagos sono a rischio, in parte per un problema diffuso sulle isole: le specie introdotte. Gli uomini hanno infatti portato con sé gatti, ratti, conigli e cani che distruggono l'habitat naturale, predano alcune specie locali e sottraggono loro cibo e rifugio.

▶ Le tartarughe del vulcano Alcedo rappresentano il gruppo più numeroso di tartarughe giganti delle Galapagos. Nonostante questo, sono una specie vulnerabile (VU).

465 **La fauna dell'isola del Madagascar è unica, ma anche estremamente a rischio.** Lemuri come il lemure dalla coda ad anelli non vivono altrove in natura. Molte specie locali sono però minacciate da una serie di fattori, come la distruzione degli habitat, la caccia, il commercio illegale di specie esotiche e il problema delle specie introdotte dall'uomo.

DA NON CREDERE!

Il raro solenodonte di Cuba, o almiqui, si credeva estinto. Finché nel 2003 non fu catturato Alejandrito, un esemplare vivo destinato a diventare una vera celebrità. Venne liberato dopo essere stato studiato per due giorni.

◀ I lemuri dalla coda ad anelli si trovano spesso nei parchi faunistici e negli zoo, ma sono sempre più rari sulla loro isola nativa, il Madagascar.

467 **Negli ultimi 400 anni sono state registrate più di 700 estinzioni di specie animali, metà delle quali hanno interessato le isole.** Solo sulle isole Hawaii, negli ultimi 200 anni sono scomparse 25 specie di uccelli, 70 specie di lumache, 80 specie di insetti e oltre 100 specie vegetali.

466 **Sulle isole non sono a rischio solo specie note come le tartarughe giganti o gli uccelli multicolori.** Specie forse meno entusiasmanti, come le lumache del genere *Partula* sulle isole del Pacifico meridionale, sono vittime di una lumaca carnivora introdotta per sfamare la popolazione locale, la *Euglandina* o lumaca lupo.

▶ Alcune specie di lumache Partula si trovano solo negli zoo o nei laboratori scientifici.

Fermiamo il massacro!

468 Da più di 50 anni c'è una progressiva presa di coscienza sulla tutela degli animali a rischio. Specie "bandiera" come balene, tigri, oranghi e gorilla catturano l'interesse dell'opinione pubblica e permettono di raccogliere fondi per le attività di conservazione. In questo modo è possibile proteggere gli habitat naturali e salvare molte altre specie.

▲ *La Born Free Foundation* è un'organizzazione internazionale che opera in tutto il mondo per proteggere le specie animali a rischio in natura.

469 Negli anni '60, il panda gigante è diventato famoso come simbolo del WWF, il *World Wildlife Fund* (ora *World Wide Fund for Nature*). Grazie alle misure di conservazione adottate, oggi non è più in pericolo critico. Ad ogni modo, nonostante i 2000 esemplari in natura, si considera ancora vulnerabile (VU).

◄ *I* panda si nutrono quasi esclusivamente di certi tipi di bambù: la loro sopravvivenza è legata a queste piante.

DA NON CREDERE!

Il panda gigante è stato scelto come simbolo di conservazione anche per i suoi colori, bianco e nero. Non avendo altri colori, la sua immagine era più semplice da fotocopiare!

470 **Negli anni '70, la gente iniziò a protestare contro la caccia commerciale delle balene, che minacciava molte specie.** Furono organizzate campagne e marce per salvare le balene. Alla fine, nel 1980 entrò in vigore un divieto mondiale di caccia alla balena.

471 **Negli anni '90, ci si rese conto della terribile situazione delle tigri.** L'organizzazione *Save the Tiger Fund* fu fondata nel 1995 per contrastare le numerose minacce che mettevano in pericolo il più grande dei felini. Purtroppo, per alcune sottospecie era già troppo tardi. La tigre di Bali si estinse negli anni '30, e la tigre di Giava la seguì negli anni '80.

472 **Gli anni '80 furono segnati dalle campagne contro le pellicce, per fermare l'uccisione di felini e di altri animali.** Grazie a queste campagne, furono salvate molte specie di felini stupendi: non solo i grandi felini, ma anche quelli di media e piccola taglia come il gattopardo e il margay. Purtroppo, le pellicce stanno tornando di moda.

▶ Cetacei come queste balenottere azzurre sono relativamente al sicuro oggi. Tuttavia, si tratta di animali che si riproducono lentamente, e ci vorranno anni prima che la popolazione torni a crescere.

Un posto dove vivere

▲ I bisonti sono stati salvati dall'estinzione e ora vivono liberi a Yellowstone, Wood Buffalo e in altri parchi nordamericani.

▼ Il Parco Marino della Grande barriera corallina è stato progressivamente esteso negli anni, e include aree parzialmente accessibili ai turisti e zone di protezione integrale.

473 La soluzione migliore per salvare gli animali a rischio è fermare o invertire il processo di distruzione degli habitat e dare loro un posto dove vivere. In alcuni casi, allevare specie a rischio in zoo e piccoli parchi può essere d'aiuto. Tuttavia, gli animali hanno bisogno del loro habitat naturale e, come loro, tutte le altre specie animali e vegetali che ne fanno parte.

474 L'ambiente naturale viene preservato attraverso la creazione di vaste aree protette come parchi nazionali, riserve naturali e oasi faunistiche. Nel 1872, negli USA fu istituito il primo parco nazionale del mondo, il Parco Nazionale di Yellowstone. Come altre aree protette, è dotato di un regolamento che vieta di recare danno ad animali, piante o habitat. Qui vive anche il bisonte americano, un animale che in passato popolava le praterie in mandrie enormi e che intorno al 1880 rischiò l'estinzione.

475 **Alcune delle aree naturali più preziose sono state dichiarate Patrimonio Mondiale dell'Umanità.** In Africa orientale, il Parco Nazionale del Simien in Etiopia ospita animali rari come il babbuino Gelada, il lupo etiope (lupo del Simien o caberù), e una specie di capra selvatica, lo stambecco del Simien, di cui rimangono solo 500 esemplari.

▲ Gli ultimi 500 esemplari di lupi etiopi vivono in zone circoscritte, come le montagne di Bale e il Parco Nazionale del Simien in Etiopia.

476 **Una delle aree marine protette più estese è il Parco Marino della Grande barriera corallina in Australia, che protegge animali straordinari come minuscoli coralli e squali enormi.** Nel 2006, gli USA istituirono il Monumento Nazionale Marino di Papah naumoku kea, nel nord-ovest delle Hawaii, ancora più grande. Qui abitano oltre 7000 specie animali, tra cui la foca monaca della Hawaii, la tartaruga verde e l'albatro di Laysan.

QUIZ

Dove trovi questi animali?

1. Lupo etiope
2. Bisonte americano
3. Foca monaca delle Hawaii
4. Tartaruga verde

Risposte: 1. Parco Nazionale del Simien. 2. Parco di Yellowstone, USA. 3. Monumento Nazionale Marino di Papahānaumokuākea. 4. Grande barriera corallina, Australia.

Allevati in cattività

477 **Zoo, parchi faunistici e centri di allevamento possono avere un ruolo importante nella tutela degli animali.** Se ne prendono cura e li aiutano a riprodursi, in vista di un futuro rilascio in natura. Una profonda conoscenza delle specie è indispensabile per accudire gli animali nel migliore dei modi. Questa pratica però andrebbe limitata solo a casi specifici.

478 **Non sono solo gli animali più grandi a essere allevati in cattività: uno dei più piccoli è la balia melanica delle isole Chatham.** A inizio anni '80, rimanevano solo cinque esemplari di questo uccellino, tra cui una femmina, chiamata Old Blue. Old Blue fu privata della prima covata, in modo che ne deponesse una seconda mentre i custodi facevano schiudere la prima. Oggi ce ne sono più di 250 esemplari.

▼ Quando animali rari come il panda gigante vengono allevati in cattività, gli scienziati possono imparare molto su di loro.

◀ Il cervo di Padre David è stato reintrodotto nel suo habitat originario in Cina.

DA NON CREDERE!

Nel 1986, erano rimasti solo 50 furetti dai piedi neri, tutti in Wyoming (USA). Dopo 20 anni di allevamento in cattività e vari rilasci, ora gli esemplari in natura sono oltre 600.

479 **Il cervo di Padre David è vissuto per anni solo nelle riserve imperiali cinesi.** Ucciso per le sue carni, era quasi estinto. Fu il parco faunistico di Woburn, nel Regno Unito, a ospitare alcuni esemplari per la riproduzione. Reintrodotti in natura in Cina negli anni '80, questi cervi sono ancora oggi considerati in pericolo critico (CR).

▼ Per poterle monitorare, le iguana blu vengono dotate di targhetta di riconoscimento.

480 **L'iguana blu dell'isola di Grand Cayman è una specie in pericolo critico: ne rimanevano meno di 15 esemplari.** Dal 1996, le aree protette dell'isola sono state ripopolate con iguane allevate in cattività, e sono previste attività simili per il futuro.

▼ Le tigri crescono bene in alcuni zoo, ma il loro rilascio in natura è praticamente impossibile: avendo perso l'istinto di uccidere, morirebbero di fame.

481 **Ci sono molti problemi da risolvere quando si rilasciano in natura animali allevati in cattività come gli oranghi.** Le giovani scimmie apprendono dai genitori come cercare cibo ed evitare i pericoli. Se allevate in cattività, saranno gli uomini a dover insegnare loro come sopravvivere in natura.

Successi e insuccessi

482 **Molti animali in pericolo sono minacciati in vario modo: per questo è necessario attuare misure di vario tipo che fanno capo a programmi di conservazione specifici.** Per esempio, non ha senso introdurre un uccello raro in un parco faunistico se questo parco è invaso da ratti che mangeranno le sue uova.

▶ La popolazione dell'orice d'Arabia era in crescita, mentre ora si sta riducendo di nuovo.

483 **L'ultimo orice d'Arabia, una gazzella del Medio Oriente, fu ucciso nel 1972.** Fortunatamente, alcuni esemplari erano stati catturati e allevati allo zoo di Phoenix, negli USA. Fu poi istituita una riserva in Oman, nel Medio Oriente, dove nel 1981 fu introdotta una popolazione di 10 orici, che crebbe con il tempo. L'area della riserva è stata però ridotta nel 2007, e il numero di orici è sceso da oltre 400 a meno di 70.

IL SOSIA DEL CONDOR

Cosa ti serve?

• un vecchio calzino • tempere e pennello

I piccoli dei condor della California vengono sfamati dai genitori. Per sostituirsi a loro, chi li alleva usa pupazzi sosia di condor adulti. Realizzane uno dipingendo un vecchio calzino, e fai finta che sia la testa di un condor. Cosa dici, funzionerebbe?

▶ Il cinghiale nano è alto circa 30 centimetri e pesa solo 10 chili. Era diffuso in passato nelle zone pedemontane meridionali della catena dell'Himalaya, in acquitrini circondati da alta vegetazione.

484 **Il condor della California è un rapace enorme che vive nel sud-ovest del Nord America.** La distruzione degli habitat, il bracconaggio, l'avvelenamento a causa di animali uccisi con pallottole di piombo o di pesticidi chimici, e gli urti con le linee elettriche hanno decimato la specie. Nel 1987, gli ultimi 22 condor furono catturati e portati allo zoo di Los Angeles e al parco faunistico di San Diego, dove si sono riprodotti. A metà degli anni 2000, i condor erano già più di 250, 100 dei quali reintrodotti in natura.

485 **In India, il cinghiale nano è in pericolo critico (CR).** A causa della distruzione del suo habitat naturale a favore dell'agricoltura e della richiesta di carne, ne rimangono meno di 200 esemplari. Una delle ultime aree in cui vive è la Riserva di Manas nella regione di Assam. Nel 1995 è stato creato uno specifico programma di conservazione, il *Pygmy Hog Conservation Programme*.

◀ I condor della California vengono muniti di dispositivi di localizzazione per scoprire dove vanno, dove mangiano e dove nidificano.

Strategie per il futuro

▼ Le attività di whale-watching (osservazione delle balene) aiutano non solo a vedere da vicino questi animali straordinari, ma anche a capire quanto sia importante tutelare l'ambiente naturale in ogni suo aspetto.

486 Salvare gli animali a rischio non è solo compito di associazioni ambientaliste e governi: tutti possono contribuire. Puoi fare volontariato per un progetto di conservazione, oppure creare un gruppo ambientalista a scuola o nel quartiere. Puoi sensibilizzare famiglia e amici sull'argomento, o magari organizzare una festa a tema... "animali rari"!

487 Zoo e parchi faunistici sono preziose fonti di informazioni sugli animali in pericolo e la loro tutela. Puoi andare a fargli visita o contattarli per posta o e-mail: chiedi se sono coinvolti in attività di conservazione e cerca di capire come gestiscono la riproduzione degli animali rari che ospitano. Ci sono anche organizzazioni che offrono adozioni di animali a distanza: la possibilità di aiutare un animale raro può essere una bella idea regalo!

488 Tutelare gli animali a rischio significa tutelare i loro habitat, considerando la presenza umana. Le persone che condividono il territorio con specie rare sono a volte molto povere e soffrono la fame. Non è corretto investire tempo e denaro per le specie a rischio senza pensare anche a loro.

489 Per una società sostenibile a lungo termine, le nazioni devono tenere in considerazione persone, animali, piante e habitat. Per esempio, incentivando un turismo ecologico responsabile, la fauna selvatica può diventare una fonte di guadagno: i turisti pagano per osservare animali rari come gorilla, balene e tigri nel corso di escursioni organizzate. I ricavi vengono poi investiti in misure di conservazione, a beneficio della popolazione e dell'ambiente. Solo così la convivenza tra uomini e specie a rischio sarà possibile in futuro.

DA NON CREDERE!

Nel 2005, in Africa fu scoperta una nuova specie di scimmia, che fu battezzata *kipunji*. Questa scimmietta diventò subito una delle specie animali più rare e minacciate.

▶ L'incontro ravvicinato con una tigre può convincere i turisti a sostenere la tutela di questi splendidi animali, e quindi la salvaguardia del loro habitat e di tutte le specie animali e vegetali che ne fanno parte.

ANIMALI NOTTURNI

490 Immagina di trovarti in una foresta al crepuscolo. Se ascolti con attenzione, sentirai gli animali muoversi furtivamente al chiaro di luna. Gli animali attivi prevalentemente di notte si chiamano animali notturni. Dagli insetti agli orsi, dai pipistrelli ai felini, sono migliaia le creature che aspettano il calare del sole per uscire allo scoperto e agire con il favore delle tenebre.

▶ Il meraviglioso ocelotto esce in cerca di cibo di notte. Questo felino vive in Centro e Sud America, e caccia uccelli, roditori, lucertole e pipistrelli.

Sensi... sensazionali!

491 Gli animali notturni sono attivi prevalentemente di notte. Questo significa che hanno bisogno di sensi molto ben sviluppati per orientarsi al buio. L'oscurità offre loro protezione dagli animali predatori che potrebbero mangiarli, ma senza sensi così efficienti non troverebbero né cibo né partner.

▼ Questo crisocione sta fiutando l'aria per localizzare una preda. Il naso dei cani, a volte detto anche tartufo, è pieno di cellule olfattive. La punta nera e ruvida del naso è dotata di due grandi narici, che trasmettono gli odori a queste cellule.

492 I cinque sensi principali sono vista, udito, olfatto, tatto e gusto. Negli animali notturni alcuni sensi, se non tutti, sono amplificati. La loro sopravvivenza dipende da questi sensi a dir poco sensazionali.

493 I membri della famiglia dei canidi hanno un olfatto incredibile. Alcuni di loro percepiscono gli odori fino a 50 volte meglio di quanto possa fare un essere umano. I cani selvatici, come lupi, coyote, volpi e sciacalli, cacciano di notte. Per scovare le prede usano il loro naso grande e sensibile.

494 **I procioni non solo vedono bene al buio, ma hanno anche polpastrelli molto sensibili.** Questi animali dispettosi sguazzano nei ruscelli alla ricerca dei gamberi d'acqua dolce che si nascondono sotto le rocce. Dopo averli afferrati con le loro lunghe e agili dita, ne frantumano il guscio per mangiarli.

▲ Questo astuto procione sa che nel nido artificiale per uccelli potrebbe trovare delle uova o degli uccellini.

▲ Non è facile vedere un tapiro della Malesia al buio. Vive nella foresta, nutrendosi di ramoscelli e di foglie.

495 **Oltre ad avere sensi molto sviluppati, alcuni animali notturni usano un espediente per nascondersi: il mimetismo.** I colori spenti e le screziature della pelle o della pelliccia li aiutano a mimetizzarsi nell'ambiente circostante. Come nel caso dei tapiri della Malesia che, grazie al mantello metà nero e metà bianco, riescono a confondere i loro predatori principali, le tigri.

GLI OGGETTI MISTERIOSI

Scopri quanto è importante il senso del tatto!

Cosa ti serve?

• due federe per cuscini • piccoli oggetti dalla consistenza diversa (ruvidi, lisci, freddi, pelosi, ecc.) • un amico

1. Ognuno deve mettere nella sua federa cinque oggetti "misteriosi".
2. Scambiatevi le federe.
3. Toccate gli oggetti con le dita e cercate di capire che cosa sono.

Vietato sbirciare!

Occhi nel buio

496 Trovare la strada al buio è decisamente più semplice se ci vedi bene. Gli esseri umani non hanno una buona visione notturna e fanno fatica a distinguere i dettagli senza l'aiuto della luce. Molti animali notturni hanno invece una vista eccezionale e riescono a vedere cose invisibili ai nostri occhi.

497 Molti serpenti si servono di olfatto, udito o tatto per localizzare le prede, ma i serpenti arboricoli notturni usano anche la vista. La testa molto stretta permette loro di vedere chiaramente cos'hanno di fronte. Quando un serpente arboricolo avvista una preda, piega il collo a esse e sferra l'attacco a una velocità impressionante. Ha una vista talmente buona da calcolare la distanza dalla preda in modo estremamente preciso e, spesso, micidiale.

▲ Un allocco localizza facilmente prede minuscole come i topolini. Il piumaggio screziato dai colori mimetici lo aiuta a cacciare senza essere visto.

▲ I serpenti liana vivono tra gli alberi, dove cacciano lucertole o uccelli. Hanno un corpo allungato ed estremamente sottile e sono dotati di una vista straordinaria.

498 **I tarsi sono animali notturni dall'aspetto bizzarro che vivono nelle foreste pluviali tropicali del Sudest asiatico.** Hanno occhi enormi: ciascun bulbo oculare è più grande del cervello di uno di questi animali! I tarsi non muovono gli occhi, ma possono ruotare la testa di 180° in ogni direzione per cacciare gli insetti di notte.

◀ Nella foresta, i tarsi balzano da un albero all'altro. Oltre ad avere una vista eccellente, sono anche dotati di un buon udito.

499 **I felini sono noti per essere abili predatori notturni, e gran parte del loro successo è dovuto alla vista.** Hanno grandi occhi, particolarmente adatti a vedere di notte. Le pupille – la zona nera al centro dell'occhio – possono dilatarsi al massimo per far entrare più luce quando ce n'è poca. Inoltre, il retro di ciascun bulbo oculare è rivestito di uno strato che riflette la luce come uno specchio e potenzia la vista.

500 **Negli occhi degli animali ci sono due tipi di cellule: i bastoncelli e i coni.** I bastoncelli aiutano gli occhi a percepire la luce, mentre i coni permettono di percepire il colore. Di solito, gli animali notturni sono daltonici, perché i loro occhi sono dotati di un gran numero di bastoncelli che lasciano poco spazio ai coni.

DA NON CREDERE!

I mammiferi sono comparsi sulla Terra oltre 200 milioni di anni fa. Fino all'estinzione dei dinosauri 65 milioni di anni fa, molti di questi animali erano notturni. Scomparsi i loro principali predatori, sono finalmente potuti uscire alla luce del sole!

I rumori della notte

501 Gli animali hanno bisogno di comunicare tra loro, e molti lo fanno emettendo dei suoni. Comunicare in questo modo è particolarmente utile alle creature notturne: i suoni si diffondono bene di notte, quando la vista non è di grande aiuto.

502 In natura, la notte non è così silenziosa. L'aria si riempie dello stridio dei rapaci notturni, dei potenti ruggiti dei leoni e dell'incessante frinire di cicale e cavallette. Gli animali che vivono in gruppo vengono chiamati animali sociali, e le creature notturne comunicano tra loro con una varietà di suoni. Alcuni sono prodotti con la voce, altri battendo a terra insistentemente le zampe.

◄ Le cavallette hanno "orecchie" sulle zampe o sul corpo invece che in testa. I maschi producono suoni sfregando insieme le ali o le zampe.

▼ Una leonessa ruggisce forte per allontanare i predatori dai suoi cuccioli. I leoni preferiscono cacciare di notte al fresco.

503 **Di notte, i cervi dalla coda bianca stanno in guardia dai predatori che possono essere appostati nei dintorni.** Quando percepiscono un pericolo, producono dei suoni per avvertire il branco. Sbuffano con il naso e pestano gli zoccoli per terra. In questo modo spaventano anche i predatori.

QUIZ

Abbina l'organo giusto al senso corrispondente.

Vista	Pelle
Udito	Occhio
Olfatto	Lingua
Tatto	Orecchio
Gusto	Naso

Risposte: Vista-occhio. Udito-orecchio. Olfatto-naso. Tatto-pelle. Gusto-lingua.

504 **Coccodrilli e alligatori sono dei formidabili predatori notturni.** Di giorno riposano, crogiolandosi al sole. Di notte diventano creature agilissime i cui ruggiti si propagano nell'acqua calma. Gli alligatori maschi emettono forti e roboanti richiami nell'oscurità per attirare le femmine, ma possono anche produrre bassi brontolii che noi non possiamo sentire.

▶ L'otocione ha orecchie enormi. Si nutre di insetti, e con il suo udito straordinario sente persino le larve che si muovono in mezzo ai mucchietti di sterco.

505 **Molte creature notturne hanno un buon udito.** Orecchie molto grandi o molto mobili servono a localizzare meglio i rumori. I suoni "catturati" dall'orecchio esterno vengono incanalati dal canale uditivo verso la coclea, l'organo dell'udito nella testa. Le informazioni sonore vengono poi trasmesse al cervello sotto forma di impulsi elettrici.

Un naso sensibile

506 Tanti animali si affidano all'olfatto molto più dell'uomo: questo vale soprattutto per gli animali notturni. Si servono infatti del loro fiuto per trovare cibo, localizzare predatori e altri animali che popolano il loro habitat e che nell'oscurità potrebbero rimanere nascosti alla vista.

507 I kiwi sono rari uccelli notturni della Nuova Zelanda e, tra gli uccelli, sono quelli con l'olfatto migliore. Usano infatti le narici collocate sulla punta del becco per fiutare vermi e altri insetti per terra, tra il fogliame. Non sono dotati di una buona vista, ma ci sentono bene.

▼ I kiwi picchiettano per terra con il becco sensibile per disturbare vermi e insetti, che poi catturano infilando il becco nel terreno. Si nutrono anche di lumache, ragni e bacche.

ROMPICAPO

Un orso labiato affamato dissotterra un nido con 100 termiti. In un secondo nido, ne trova il doppio. Arrivato al terzo nido, mangia solo la metà di quelle che aveva trovato nel primo. Quante termiti ha mangiato in tutto l'orso labiato?

Risposta: 350.

508 Al buio, percepire gli odori è molto importante, e i serpenti li "sentono" anche con la lingua. I serpenti fiutano in due modi: con le narici o con la lunga lingua biforcuta. Quando estroflettono la lingua, è per captare le particelle di odore da trasmettere al palato. Da qui vengono inviati al cervello dei messaggi sull'eventuale presenza di animali nei dintorni. Un sistema molto utile soprattutto nella caccia notturna.

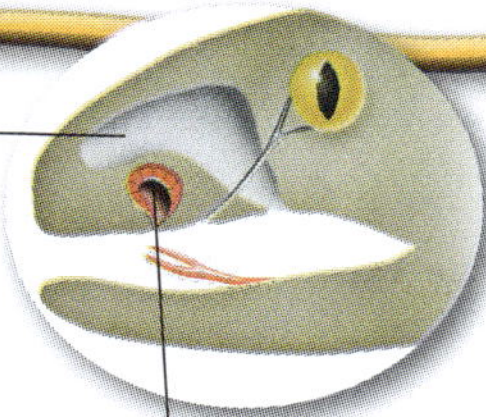

◄▼ Un serpente estroflette la lingua per captare gli odori e trasmetterli all'organo di Jacobson, dove vengono elaborati.

▼ Le moffette hanno una vista ridotta: non vedono a più di qualche metro di distanza. Tuttavia, riescono a trovare cibo al buio grazie al loro olfatto straordinario.

509 Le moffette si spostano soprattutto la sera. Questi animali a strisce bianche e nere passano le giornate nelle loro tane, da cui escono al tramonto in cerca di cibo. Hanno un olfatto molto ben sviluppato, che usano per fiutare insetti e piccole creature come topolini e rane. Se minacciate, spruzzano un liquido maleodorante: alcuni paragonano il fetore a un misto di uova marce, gomma bruciata e aglio!

▼ Un orso labiato che risucchia gli insetti si sente anche a 100 metri di distanza!

510 Di notte, l'orso labiato dal pelo ispido si trascina rumorosamente per le foreste dell'India. Va a caccia di termiti e altri insetti da mangiare, che trova grazie al suo fiuto. Una volta localizzato un nido di formiche o di termiti, lo distrugge con i lunghi artigli e risucchia gli insetti come fosse... un aspirapolvere!

Un tocco delicato

511 Gli animali notturni hanno spesso un tatto sviluppato che fornisce loro informazioni aggiuntive quando sono avvolti dall'oscurità. Vibrisse, musi pelosi, polpastrelli sensibili e una pelle delicata sono alcuni degli elementi che permettono agli animali di tastare il terreno.

Piume simili a vibrisse

512 Rane e rospi hanno una pelle molto sensibile, e il rospo calamita non fa certo eccezione. Di giorno, questo rospo notturno rimane nascosto sotto le rocce. Di notte invece parte alla ricerca di insetti, ragni e vermi. Se infastidito o minacciato, il rospo calamita può schiarire o scurire il colore della pelle per mimetizzarsi con l'ambiente circostante e nascondersi da predatori affamati.

► Il rospo calamita caccia di notte. Quando vuole nascondersi, la sua pelle può diventare più chiara o più scura.

◀ I cacapò possono raggiungere i 64 centimetri di lunghezza e hanno piccole ali senza alcuna funzione. Quando camminano, tengono il muso peloso praticamente attaccato a terra, per tastare il terreno. Si riproducono solo ogni due o quattro anni.

◀ Il topolino delle risaie si orienta al buio grazie alle sensibili vibrisse.

513 **I cacapò sono gli unici pappagalli notturni incapaci di volare.** Hanno un senso del tatto molto sviluppato, come tutti gli uccelli, ma anche piume speciali ai lati del becco, sensibili come vibrisse, che li aiutano a orientarsi. Grazie a queste piume e a un ottimo olfatto, i cacapò riescono a trovare radici, frutti, nettare e funghi nell'oscurità. Questi uccelli rilasciano anche un odore particolare per avvertire gli altri esemplari della loro presenza.

514 **Un topolino delle risaie si aggira tranquillamente al buio, orientandosi grazie alle vibrisse.** Le vibrisse sono i peli lunghi e sensibili che ha sul muso. Se infila la testa in uno spazio angusto, capirà se può starci con tutto il corpo dalla pressione che avverte sulle vibrisse.

515 **Il tricosuro volpino ha una coda folta e molto sensibile.** Quando si sposta durante la notte, la tiene sollevata e la sventola in aria per sentire cosa c'è nei dintorni. I tricosuri volpini vivono in Australia, spesso vicino alle città. Durante il giorno si riposano nelle cavità degli alberi o addirittura nei solai delle case!

DA NON CREDERE!

In tutto il mondo rimangono meno di 90 cacapò, e a ognuno di loro è stato dato un nome. Vivono esclusivamente su quattro piccole isole vicino alla Nuova Zelanda, dove un gruppo di scienziati sta facendo di tutto per salvarli dall'estinzione.

▶ Il ventre del tricosuro volpino è privo di pelo: questo favorisce la presa quando si arrampica sugli alberi.

Gli insetti notturni

516 Gli insetti sono tra gli animali notturni più rumorosi, soprattutto nei paesi caldi. Una passeggiata serale nella foresta pluviale sarà accompagnata da un coro di schiocchi, fruscii, ronzii e da un incessante frinire. Sono solo alcuni dei suoni prodotti da milioni di insetti invertebrati, cioè senza la colonna vertebrale.

▲ Le forbicine, o forfecchie, sono insetti lunghi dagli 8 ai 18 millimetri. Originarie dell'Europa, sono diffuse anche in molte altre zone.

517 Come le creature più grandi, gli insetti usano i suoni per comunicare tra loro di notte. Gli scarafaggi sono insetti dal corpo coriaceo, diffusi in tutto il mondo. Molti di loro passano il tempo aggirandosi silenziosamente per terra, tra le foglie e i ramoscelli. Tuttavia, se infastidita, la blatta fischiante del Madagascar può emettere dei sibili facendo fuoriuscire aria dall'addome.

518 Nonostante l'aspetto minaccioso, le forbicine sono del tutto innocue. Al riparo sotto le foglie o in qualche fessura di giorno, escono allo scoperto la notte per nutrirsi di piante e animali in decomposizione. Le chele all'estremità della coda servono per allontanare i predatori.

◄ Gli scarafaggi avvertono il movimento attraverso le zampe, e corrono subito al riparo per sfuggire ai predatori.

▲ Le antenne piumate delle falene captano minuscole particelle di odore.

▲ Quando sono pronte per l'accoppiamento, le femmine delle falene luna producono una sostanza chimica che viene captata dalle antenne dei maschi da centinaia di metri di distanza.

519 Le falene hanno organi speciali sulla testa, le antenne. Si tratta di strutture filiformi o piumate per la percezione degli odori, che le falene usano nella ricerca di cibo e partner. Servono inoltre a orientarsi al buio. Quando sono danneggiate, le falene non riescono a volare dritto: andranno a sbattere contro i muri o voleranno all'indietro!

520 Le falene sono tra gli insetti notturni più belli ed eleganti. Sulle ali hanno motivi decorativi molto mimetici. Alcune falene tigre hanno invece colori brillanti, per avvertire i predatori della loro velenosità, ed emettono suoni molto acuti in grado di disorientare i pipistrelli, che cacciano grazie all'udito. Dopo essersi avventato su una falena tigre velenosa, il pipistrello cercherà di evitare le falene che emettono lo stesso suono!

◄ Ci sono molte specie di falene tigre, ma la maggior parte ha un corpo tozzo e ali dai colori brillanti, che servono ad avvertire i predatori della presenza di veleno.

INSETTI DA GIARDINO!

Scopri quali insetti notturni vivono vicino a te!

Cosa ti serve?
• un lenzuolo bianco • una torcia
• taccuino e matita o macchina fotografica

In una sera d'estate, appendi un lenzuolo in giardino e puntagli addosso la luce di una torcia. A breve, gli insetti si avvicineranno al lenzuolo. Scatta fotografie o disegna schizzi di tutti gli insetti che vedi, per poterli identificare più tardi. Ma non toccarli!

Luci nella notte

▶ Gli elateridi hanno due punti luminosi sul dorso e uno sotto l'addome.

521 Per alcuni animali notturni, un modo per far fronte al buio è accendere la luce! Tra le creature notturne più sorprendenti ci sono le lucciole, che si illuminano grazie a un fenomeno chiamato bioluminescenza. Molti tipi di animali possono risplendere al buio: tra gli altri, insetti, ragni, pesci e vermi.

522 Per un insetto notturno minuscolo e poco attraente può essere faticoso trovare un partner. Le lucciole, una specie di coleotteri, aggirano il problema inviando segnali luminosi intermittenti. Le lucciole tropicali si riuniscono per lampeggiare contemporaneamente, dando vita a un incredibile spettacolo di luci. Le luci si accendono in punti diversi del corpo a seconda delle specie. Sembra che le larve di lucciola usino le loro luci per dissuadere i predatori.

▶ È facile vedere lampeggiare le lucciole in un bosco umido e buio. Questi coleotteri vengono anche chiamati lampiridi.

▲ Il cosiddetto pesce torcia usa la luce per attirare prede come gamberetti e pesciolini.

523 **La bioluminescenza è un fenomeno chimico che interessa il corpo di alcuni animali.** Le lucciole hanno sull'addome degli organi speciali contenenti certe sostanze chimiche che, a contatto con l'ossigeno, provocano una reazione e producono improvvisi lampi di luce.

524 **I calamari delle Hawaii hanno sviluppato un modo intelligente di cercare cibo di notte rimanendo invisibili ai predatori.** Questi animali emettono dei lampi di luce intorno a sé in modo da nascondere la propria sagoma mentre nuotano. Il trucco è reso possibile da alcuni batteri bioluminescenti e placche lucide che, come tanti specchi, riflettono la luce in più direzioni.

DA NON CREDERE!

Alcune lucciole ingegnose sfruttano la loro luce per trovare da mangiare. Pur non essendo in cerca di partner, lampeggiano facendo credere ad altre lucciole di esserlo, in modo da attirarle. Quando una lucciola curiosa si avvicina a loro, la attaccano e se la mangiano!

525 **Pesci abissali come il cosiddetto pesce torcia vivono nelle profondità marine o nelle grotte, dove la luce è scarsa.** Sotto gli occhi hanno degli organi chiamati *fotofori*, contenenti batteri che producono luce. Riescono così a vedere dove vanno, ad attirare i partner e ad adescare le prede. Se un animale più grande si avvicina troppo, il pesce lo abbaglia e poi scappa via.

▲ I calamari delle Hawaii sono piccoli animali dal corpo molle che popolano le acque costiere intorno alle isole Hawaii.

Coste e mari

▲ Nelle notti di tempesta, l'anguilla europea può sopravvivere molte ore fuori dall'acqua.

526 Come sulla terra, anche in acqua alcuni animali scelgono di rimanere nascosti di giorno, per poi emergere di notte. Molte creature marine abitano talmente in profondità da non vedere mai la luce: vivono in una costante oscurità. Al contrario, di giorno le acque poco profonde sono illuminate, e molti pesci aspettano il tramonto per muoversi.

527 L'anguilla europea è un pesce dall'aspetto bizzarro che può muoversi anche sulla terra. In certi periodi, nel loro viaggio verso le zone di riproduzione, questi lunghi pesci serpentiformi escono dall'acqua di notte per procedere strisciando sul terreno umido.

528 I limuli, o granchi a ferro di cavallo, sono attivi soprattutto di notte, per evitare i predatori. In 300 milioni di anni non sono cambiati di molto: sono dei veri fossili viventi! Popolano le acque costiere, ma si riproducono sulla terraferma. Al tramonto, si spingono sulle spiagge, dove le femmine scavano dei buchi per deporre le uova: spesso si tratta di migliaia di uova a testa!

▼ I limuli, o granchi a ferro di cavallo, sono lunghi anche 60 centimetri. Vivono in Nord America e nel Sudest asiatico.

▲ Chiamati anche squadri, gli squali angelo sono minacciati dalla pesca eccessiva, e molte specie sono a rischio.

DA NON CREDERE!

I pesci lanterna vivono negli abissi dell'oceano. Sono attivi di notte, quando nuotano per ben 400 metri verso l'alto, per andare a nutrirsi vicino alla superficie dell'acqua. Questi pesci sono talmente delicati che muoiono dopo poche ore dalla cattura.

530 Gli squali angelo hanno abitudini notturne. Ne esistono diverse specie in tutto il mondo, lunghe anche fino a due metri. In passato erano diffusi nell'oceano Atlantico e nel Mediterraneo, mentre ora sono quasi estinti. Di giorno, questi squali piatti si mimetizzano con il fondo del mare, mentre di notte compiono scatti fulminei per catturare piccoli crostacei e pesci.

▶ Le murene sono terribili predatori con bocca enorme e denti aguzzi.

529 Le murene sono predatori notturni. Si appostano in attesa delle loro prede, per coglierle di sorpresa. Questi pesci dal corpo robusto e allungato localizzano altri animali con l'olfatto, e cacciano agevolmente di notte. Solitamente si nascondono in crepe e fessure sul fondo del mare, per poi emergere dai loro nascondigli con il favore delle tenebre.

Giù negli abissi

531 Quando l'oscurità si impadronisce dell'oceano, il polpo più grande del mondo inizia la sua caccia. Il polpo gigante del Pacifico può misurare anche 7,5 metri da una punta di un tentacolo all'altra. Ha un corpo molle dalla pelle rugosa con otto tentacoli dotati di grandi ventose.

▼ I molluschi che popolano gli oceani, come il polpo gigante del Pacifico, non hanno un guscio duro a protezione del corpo, quindi devono ingegnarsi in vari modi per sopravvivere.

532 Durante il giorno, i polpi riposano nelle loro tane sul fondo del mare, lungo le coste. È di notte che vanno alla ricerca di cibo, soprattutto di pesci e crostacei. Uccidono le prede a morsi o facendole a pezzi con i tentacoli. A volte, usano il veleno per rendere la carne delle loro vittime più tenera da mangiare!

DA NON CREDERE!

Le femmine del polpo gigante del Pacifico possono deporre fino a 100.000 uova alla volta. Su ogni tentacolo hanno 280 ventose: 2240 in tutto! Questi mostri possono raggiungere una profondità di 750 metri e pesare anche 180 chili!

▲ Durante il giorno, le pastinache si nascondono dai predatori. Nel caso in cui si sentano minacciate, usano un'arma di difesa letale: la loro coda è munita di aculei appuntiti che penetrano la carne e iniettano veleno!

533 La pastinaca americana è un animale prevalentemente notturno. Grazie al suo corpo piatto, diventa praticamente invisibile quando si nasconde sul fondo del mare al sicuro da predatori come lo squalo martello. Le pastinache hanno una vista debole, ma olfatto e tatto eccellenti, che usano per scovare granchi, gamberetti e pesciolini durante la caccia notturna.

534 Le seppie usano dei modi colorati per comunicare tra loro quando la luce è scarsa. Questi molluschi riescono a cambiare il colore della pelle in pochi secondi, producendo una straordinaria gamma di cangianti sfumature metalliche. È anche un modo efficace per mimetizzarsi ed evitare di finire in pasto ai predatori!

◄ Le seppie, come calamari e polpi, sono molluschi. Sono animali senza colonna vertebrale e con corpi molli, in alcuni casi protetti da un guscio duro. Nonostante sembrino dei lumaconi giganti, pare che le seppie siano animali molto intelligenti.

Rettili irrequieti

535 Gran parte dei rettili vive nei paesi caldi, e molti di loro aspettano la frescura della notte per muoversi. Sono animali dalla pelle squamosa che depongono le uova sulla terraferma. I principali gruppi di rettili sono quattro: tartarughe e testuggini, lucertole, serpenti, coccodrilli e alligatori.

◀ Il geco tokay è uno dei gechi più grandi esistenti e può essere aggressivo. Se disturbato, attacca altre lucertole e può mordere anche l'uomo. Questi gechi raggiungono i 35 centimetri di lunghezza e hanno una livrea molto brillante.

536 I gechi sono piccole lucertole notturne in grado di scalare muri e camminare a testa in giù sul soffitto. Hanno grandi occhi per vedere nell'oscurità e spessi polpastrelli che aderiscono alle superfici. I gechi tokay del Sudest asiatico devono il loro nome al forte richiamo emesso dai maschi, e hanno occhi gialli molto grandi.

537 **I serpenti notturni sono cacciatori eccellenti con sensi adatti a localizzare le prede al buio.** Alcuni serpenti hanno un'ulteriore abilità: riescono a percepire il calore del corpo di un altro animale. Serpenti come il crotalo adamantino occidentale riescono a localizzare le prede e a sferrare attacchi letali grazie a speciali fossette termosensibili collocate tra gli occhi e le narici, con cui percepiscono il calore.

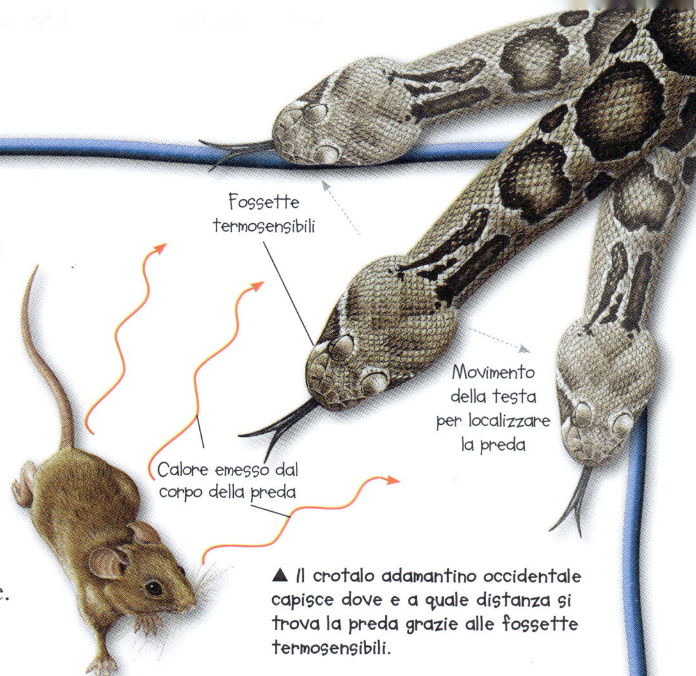

▲ Il crotalo adamantino occidentale capisce dove e a quale distanza si trova la preda grazie alle fossette termosensibili.

538 **Alcuni rettili sono enormi e terribili predatori notturni.** I caimani neri, che fanno parte della famiglia dei coccodrilli, sono lunghi anche 6 metri. Vivono nei fiumi e nei laghi del Sud America, e di notte si appostano in acque poco profonde o lungo le rive per cacciare. La pelle scura permette loro di avvicinarsi inosservati a prede come cervi o grossi roditori.

▼ I caimani neri sono predatori notturni. Si lanciano sulle prede che si avvicinano all'acqua per bere. I caimani adulti sono grandi abbastanza da trascinare in acqua cervi e tapiri.

QUIZ

A differenza dei rettili, gli anfibi hanno la pelle umida e depongono le uova in acqua. Quali di questi sono rettili, e quali anfibi?

Tartaruga Rana Coccodrillo
Geco Rospo Tritone Serpente

Risposte: Rettili - tartaruga, coccodrillo, geco, serpente. Anfibi - rospo, rana, tritone.

539 **Il krait comune è uno dei serpenti più velenosi di Pakistan, India e Sri Lanka, ed è notturno.** Si nutre di altri serpenti e di roditori, spingendosi a volte all'interno degli edifici per trovarli. Una volta localizzata la preda, il krait scatta e affonda le zanne, iniettando il veleno letale.

Chi va là?

540 I rapaci notturni sono uccelli attivi di notte, con vista e udito eccellenti. Hanno grandi occhi puntati in avanti, che permettono loro di calcolare le distanze. Il loro udito è talmente sensibile che possono localizzare le prede al buio solo con le orecchie!

541 Il disco facciale del barbagianni, a forma di cuore, funziona come un paio di orecchie! Dirige i suoni verso i lati della testa del rapace, dove sono collocate le orecchie vere e proprie, a diverse altezze. Il barbagianni ne localizza così la provenienza. Mentre si libra nell'aria, riesce a sentire i suoni deboli e acuti emessi dagli animalini che si muovono tra la vegetazione sottostante, ed è in grado di volare verso le prede senza essere sentito.

DA NON CREDERE!

Sul ventre e sotto le ali, i barbagianni sono bianchi. Se per un animale notturno il bianco non è il colore ideale per mimetizzarsi, per i barbagianni è il contrario: visti dal basso, infatti, si confondono con il cielo.

542 I barbagianni sono gli uccelli terrestri più diffusi al mondo e vivono in ogni continente, tranne in Antartide. Di giorno si riposano, appollaiati nei fienili o sugli alberi, mentre di notte escono a caccia. Si nutrono di roditori come ratti, arvicole e topi.

▲ Le caratteristiche dei barbagianni li rendono eccellenti predatori notturni. Il loro soffice piumaggio attutisce il rumore delle ali mentre si avventano sulle prede ignare.

543 **I barbagianni vedono due volte meglio di noi durante il giorno e infinitamente meglio di noi di notte.** Se ci trovassimo a guardare la stessa immagine di notte, il barbagianni la vedrebbe molto più definita. Sarebbe anche in grado di percepire i più piccoli movimenti, invisibili all'occhio umano.

544 **Se minacciati o spaventati, i rapaci notturni battono forte il becco per far rumore: quando fa buio, a volte li si può sentire.** I barbagianni strillano e sibilano, mentre gli allocchi emettono versi più definiti. I loro richiami si possono sentire nei boschi di Europa e Asia, dove vivono: i maschi emettono un profondo hu-hu-hu, che echeggia lontano nella notte; le femmine rispondono con un più stridulo ke-uick. Questi rapaci possono anche fare deboli gorgheggi o versi così acuti da tapparsi le orecchie!

In volo di notte

545 **I rapaci sono gli uccelli notturni più conosciuti, ma ce ne sono altri che sfruttano il favore delle tenebre per cacciare.** Molti di loro sono talmente abituati a stare per aria che quasi non riescono a camminare o a saltellare. Di giorno dormono appollaiati sugli alberi oppure a terra, nascosti tra i cespugli.

▲ La bocca spalancata del succiacapre funziona come una rete, catturando gli insetti mentre vola.

▼ Di giorno, il nittibio si mimetizza tra i rami per non attirare l'attenzione dei predatori.

546 **I succiacapre sono uccelli tozzi dalla grande bocca, che volano di notte con il becco spalancato per catturare gli insetti.** Durante il giorno, i succiacapre dormono per terra o su rami bassi, senza costruire il nido. Grazie al loro piumaggio grigio-bruno riescono a mimetizzarsi, per nascondersi da predatori come gatti e volpi.

547 **Il nittibio è un uccello notturno dall'aspetto bizzarro che vive in Centro e Sud America.** Ha un piumaggio marrone e gli occhi gialli. Di giorno riposa tra gli alberi: rimane immobile con gli occhi chiusi, in modo da essere scambiato per un ramo! Di notte, sfreccia nel cielo a caccia di insetti.

548 **Sono pochi gli uccelli che cantano di notte, ma nell'oscurità risuona spesso il canto dell'usignolo.** L'usignolo è famoso in tutto il mondo per il suo canto melodioso. Solo i maschi cantano regolarmente dopo il tramonto, usando fischi, cinguettii e gorgheggi per richiamare le femmine.

◀ I podarghi possono attaccare e persino uccidere altri uccelli. Hanno zampe cortissime e piedi minuscoli.

▲ Il canto dell'usignolo è l'unico segno della sua presenza: il colore del suo piumaggio lo aiuta a mimetizzarsi.

TROVAMI, SE CI RIESCI!

Molti animali hanno un manto o una livrea con colori e disegni ideali per nascondersi o, meglio, mimetizzarsi. Ma funziona veramente? Fai una prova!

Cosa ti serve?

- carta robusta o cartoncino
- tempere o pennarelli di diversi colori
- forbici

Disegna le sagome di due uccelli. Colorane una usando tinte accese e l'altra a macchie, usando colori come marrone, grigio e verde. Ritaglia le sagome e portale in giardino, oppure al parco o in un bosco, e nascondile tra le piante. Quale delle due è più facile da vedere?

549 **I podarghi sono uccelli notturni che cacciano per terra, diffusi in Asia e in Australia.** Di giorno riposano tra gli alberi: il piumaggio grigio a strisce e chiazze scure li aiuta a mimetizzarsi. La grande bocca e gli occhi puntati in avanti permettono al podargo di localizzare insetti e piccoli animali di notte. Una volta avvistata la preda, si avventerà su di essa e la catturerà con il becco.

Canguri e koala

550 Canguri e koala sono marsupiali, o mammiferi dotati di marsupio, e molti degli animali che fanno parte di questo gruppo sono notturni. Ci sono circa 196 specie di marsupiali in Australia e circa 85 sul continente americano. I cuccioli di questo strano gruppo di animali crescono in una sacca, chiamata appunto marsupio, sulla pancia della madre.

▼ I canguri rossi hanno un ottimo olfatto, grazie al quale riescono a trovare acqua nei deserti australiani.

551 I canguri rossi vivono nell'entroterra australiano, dove per molti animali fa troppo caldo per muoversi di giorno. Il canguro rosso è il più grande marsupiale vivente. Al corpo, che può essere lungo 1,6 metri, va aggiunta la lunghezza della coda, di altri 1,2 metri. Si nutre di notte, mangiando germogli, piante tenere e foglie.

DA NON CREDERE!

I quoll sono marsupiali dall'aspetto felino che vivono in Australia. Vanno a caccia di notte, mentre di giorno preferiscono dormire. Sono animali molto sensibili al rumore: per questo quando dormono abbassano le orecchie per non essere disturbati!

552 I koala sono marsupiali che dormono di giorno e mangiano di notte. Mangiano e dormono rimanendo sugli alberi, e si nutrono principalmente di foglie di eucalipto. Simili a orsetti dal corpo tozzo, arti corti e nasi ruvidi, i koala hanno un aspetto inconfondibile.

553 **Gli opossum della Virginia vanno a caccia di cibo di notte e mangiano qualsiasi cosa: larve, frutti, uova e avanzi che trovano nella spazzatura.** Vivono in Nord e Centro America, rintanati in mucchi di vegetazione o sotto i fabbricati. Gli opossum sono noti per un comportamento insolito: se spaventati, cadono a terra e si fingono morti, con occhi e bocca spalancati. Possono rimanere così fino a sei ore, abbastanza per scoraggiare qualsiasi predatore!

▲ I diavoli della Tasmania si affrettano a consumare il pasto: potrebbero arrivarne presto altri, richiamati dall'odore della carne.

▼ Una femmina di opossum della Virginia può partorire fino a 18 cuccioli, ma ha solo 13 mammelle. Proteggerà i piccoli finché non saranno grandi abbastanza da procurarsi il cibo da soli.

554 **In Tasmania, un'isola a sud dell'Australia, di notte si possono sentire terribili stridii e latrati: sono i diavoli della Tasmania.** Questi marsupiali sono conosciuti per il loro carattere aggressivo e, se minacciati, emettono suoni striduli e latrati. Riescono a fiutare carcasse di animali da lontano, e hanno mascelle talmente robuste da macinare e masticare ossi e cartilagine.

Agili e curiosi

555 Balzare da un ramo all'altro nella foresta al chiaro di luna richiede una vista eccellente e riflessi rapidi. Sono qualità che hanno molti primati notturni. Lemuri, galagoni, scimmie e scimmie antropomorfe sono primati, cioè mammiferi intelligenti con mani prensili e occhi collocati in posizione frontale.

▲ Gli aoti, o scimmie mirichine, sono le sole scimmie notturne del continente americano. Grazie ai loro occhi enormi vedono molto bene al buio, ma non distinguono i colori.

556 Le uniche vere scimmie notturne sono gli aoti, chiamati anche scimmie mirichine o saltatori notturni. Hanno grandi occhi simili a quelli dei rapaci notturni e una testa piccola e arrotondata. Si nutrono di frutti, insetti, semi e piccoli animali. Per comunicare tra loro al buio ululano, bubolano e strillano.

557 I microcebi, o lemuri-topo, sono i primati più piccoli e sono animali notturni. Alcuni sono lunghi solo 18 centimetri e pesano circa 30 grammi, più o meno come quattro acini d'uva! I microcebi hanno una pelliccia molto soffice, grigia o marroncina, e il ventre bianco e nero.Vivono sugli alberi e mangiano frutti, fiori, insetti, ragni e a volte anche rane e lucertole.

558 **I galagoni sono piccoli animali con la pelliccia che, grazie agli occhi enormi, vedono bene al buio.** Vivono tra gli alberi nelle foreste dell'Africa centrale e orientale, dove si spostano di notte alla ricerca di insetti, fiori, semi, e uova. Durante il giorno, riposano in gruppo nelle cavità degli alberi o in nidi di uccelli abbandonati.

559 **In Madagascar, al tramonto si possono sentire i richiami dei lemuri variegati provenire dalle cime degli alberi.** Questi primati dalla pelliccia bianca e nera comunicano infatti emettendo versi strani, un po' come se qualcuno stesse ridendo e strillando allo stesso tempo!

▶ I lemuri variegati sono più attivi all'alba e al tramonto che di notte.

560 **Un lori gracile usa tutti i suoi sensi per spostarsi tra i rami più alti di notte.** Fa parte di un genere di primati dagli occhi enormi, con le dita agili e il naso appuntito. Questi animali vivono in India e Sri Lanka, dove cacciano insetti in maniera furtiva: si avvicinano silenziosamente alla preda, la fiutano e poi le balzano addosso, afferrandola con le mani.

◀ Un lori gracile è lungo non più di 26 centimetri e pesa circa 300 grammi. Ha braccia e gambe sottili come delle matite.

Animali... a ultrasuoni!

561 Un battito d'ali e un guizzo veloce nel cielo notturno sono spesso gli unici indizi della presenza di un pipistrello. Di notte, i pipistrelli sono i padroni del cielo. Questi piccoli mammiferi pelosi si sono adattati talmente bene alla loro vita alata da riuscire a passare quasi inosservati.

▲ Durante il giorno, i pipistrelli riposano appesi a testa in giù.

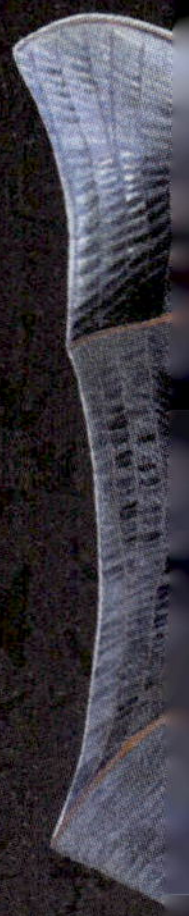

562 A eccezione delle regioni polari, i pipistrelli vivono ovunque. Si rifugiano all'interno di grotte, sugli alberi, sotto i tronchi e negli edifici. Ne esistono quasi 1000 specie diverse: nelle più piccole l'apertura alare è di soli 15 centimetri, nelle più grandi può anche superare un metro e mezzo!

563 I pipistrelli sono gli unici mammiferi con le ali. Le ali, che si sono sviluppate dagli arti anteriori, hanno una sottile membrana cutanea che riveste lunghe dita ossee. In volo, i pipistrelli possono cambiare rapidamente direzione per inseguire e catturare gli insetti.

DA NON CREDERE!

I pipistrelli vivono sorprendentemente a lungo, tra i 10 e i 25 anni. Pare che alcuni siano vissuti addirittura 30 anni! Questo è in parte dovuto al fatto che riescano ad evitare i predatori: sono pochi gli animali in grado di catturarli mentre sfrecciano fra gli alberi!

564 **I pipistrelli hanno una buona vista, ma per localizzare le prede di notte sfruttano l'olfatto e l'udito.** Molte specie usano la cosiddetta ecolocalizzazione. Producono cioè suoni ad alta frequenza, troppo acuti per essere percepiti dagli esseri umani, che vengono riflessi dagli oggetti davanti a loro. Il suono torna rimbalzando come un eco e, a seconda di come cambia, i pipistrelli riescono a capire distanza e dimensioni dell'oggetto.

565 **Ci sono pipistrelli che si nutrono di frutti o nettare e pipistrelli predatori. In entrambi i casi, si tratta di pipistrelli con abitudini notturne.** Solo i predatori però usano l'ecolocalizzazione per trovare le prede. Gli altri, che di solito sono di dimensioni maggiori, non ne hanno bisogno. Alcuni pipistrelli che si nutrono di frutti (frugivori), come la volpe volante di Rodrigues, sono attivi di giorno e sono quindi creature diurne.

◀ Il termine sonico significa "relativo al suono", e i suoni emessi dai pipistrelli sono ultrasuoni, troppo acuti per essere percepiti da noi.

566 **I guaciari sono davvero unici: sono i soli uccelli notturni frugivori a usare l'ecolocalizzazione come i pipistrelli.** Vivono in Sud America e passano le giornate completamente al buio, dormendo nelle grotte. Si svegliano dopo il tramonto e sono in grado di percorrere anche 75 chilometri in cerca di cibo!

◀ Il pipistrello emette suoni ad alta frequenza, delle specie di "clic", con la bocca o il naso. I suoni urtano l'insetto e rimbalzano alle orecchie del pipistrello, fornendo informazioni sulla distanza e le dimensioni dell'insetto.

Insettivori

◀ I ricci dormono di giorno per poi uscire di notte alla ricerca di insetti e vermi da mangiare.

567 Dato che molti insetti, larve e vermi sono attivi di notte, i mammiferi che li cacciano (insettivori) sono notturni. L'oritteropo è uno strano animale africano che fiuta rumorosamente al buio alla ricerca di termiti. In afrikaans, una delle tante lingue parlate in Sudafrica, il suo nome significa "maiale di terra": somiglia infatti a un maiale dal naso lungo.

569 Se spaventati, i ricci si appallottolano in modo da mostrare solo gli aculei. Nonostante siano in grado di difendersi dalle volpi, i ricci non hanno alcuna chance contro le automobili: ogni anno, migliaia di questi piccoli mammiferi europei vengono uccisi sulle strade.

▶ Gli oritteropi sono animali solitari. Si muovono al tramonto alla ricerca di cibo e possono mangiare anche 50.000 insetti in una sola notte!

568 Dotati di una vista ridotta, di notte gli oritteropi usano l'olfatto per trovare termiti e formiche. Rompono le pareti dei nidi per estrarre gli insetti con la loro lingua lunga. Questi animali hanno anche grandi artigli anteriori che usano per scavare le tane dove si riposano di giorno. Mentre scavano, possono tenere chiuse orecchie e narici per evitare che entri la terra.

570 **Non è facile avvistare un pangolino: è una creatura notturna timida e riservata.** I pangolini vivono in Africa e Asia. La corazza che protegge il corpo è costituita da scaglie coriacee e sovrapposte, fatte di strati di pelle dura. I pangolini non hanno i denti, ma catturano formiche e termiti con la lingua lunga e appiccicosa.

▲ I pangolini hanno zampe corte e misurano circa un metro in tutto. Con gli artigli lunghi e affilati possono arrampicarsi sugli alberi e scavare tane sotterranee.

DA NON CREDERE!

Gli armadilli sono animali notturni e corazzati, parenti dei formichieri. Ci vedono così poco che vanno a sbattere contro le gambe delle persone sul loro cammino! Mangiano praticamente di tutto, e sembra che si intrufolino addirittura nelle tombe per cibarsi di cadaveri!

571 **I toporagni sono attivi sia di giorno che di notte: hanno bisogno di cibarsi spesso per sopravvivere.** Simili a topolini, sono creature pelose dal muso lungo, tra i mammiferi più piccoli del mondo. Per la ricerca di cibo si affidano principalmente all'olfatto, ma alcuni usano l'ecolocalizzazione: localizzano cioè gli oggetti grazie ai suoni, come i pipistrelli e i guaciari.

◀ Un piccolo toporagno si prepara a divorare un lombrico che, in confronto a lui, sembra davvero enorme.

Roditori notturni

572 Roditori notturni come topi, ratti, arvicole e lemming sono tra i mammiferi più diffusi al mondo. Questi animali vivono praticamente ovunque, in qualsiasi tipo di habitat, tranne in Antartide. Hanno occhi grandi per vedere al buio, il corpo ricoperto di pelliccia, e denti perfetti per rosicchiare e morsicare. Molti di loro hanno un buon udito e lunghe vibrisse, o baffi, per orientarsi al buio.

573 I ratti sono attivi anche di giorno, ma prediligono la notte. Veri esperti di sopravvivenza, si adattano a qualsiasi tipo di ambiente, perché mangiano di tutto. Possono cacciare, ma anche rovistare di notte nei bidoni della spazzatura o trovare qualcosa nelle fogne. Di conseguenza possono diffondere malattie terribili e letali.

▼ Di notte, i ratti si aggirano per le città rovistando alla ricerca di cibo e avanzi.

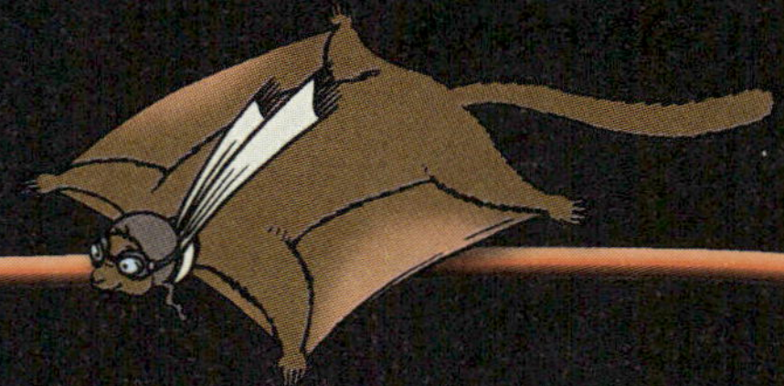

574 **Gli scoiattoli volanti escono dalle loro tane negli alberi di notte, alla ricerca di noci, nocciole, bacche e germogli.** Sono in grado di "volare" tra gli alberi: si librano nell'aria spiegando le sottili membrane di pelle che hanno tra le zampe.

TROVA L'INTRUSO

I mammiferi sono coperti di pelo o pelliccia e allattano i loro piccoli. Quale di questi non è un mammifero?

Lupo Pipistrello Scoiattolo Alligatore Delfino

Risposta: Gli alligatori sono rettili, non mammiferi.

575 **I castori americani sono grossi roditori: superano spesso il metro di lunghezza, dal naso alla punta della coda.** Trascorrono la giornata nelle loro tane fatte di fango e ramoscelli, alle quali si accede da sott'acqua. I castori lasciano le tane al tramonto e rimangono attivi per gran parte della notte, nutrendosi di piante. Riescono a orientarsi grazie alle lunghe vibrisse che hanno sul muso.

▼ I castori scalfiscono con i denti alberi e rami, facendoli cadere per costruire dighe lungo fiumi e torrenti. Grazie a queste dighe si formano zone umide popolate da molte specie animali e vegetali.

576 **I ghiri sono piccoli roditori notturni che vivono nei boschi o fanno il nido negli anfratti delle case.** A fine estate e in autunno si rimpinzano di semi, frutti, noci e nocciole: si preparano così per il letargo, il lungo sonno invernale. Gli antichi Romani li tenevano in casa e li facevano ingrassare finché non riuscivano più a muoversi. Poi li cucinavano, trasformandoli in una pietanza croccante da servire durante cene e feste!

Predatori furtivi

▶ Il servalo è un felino che vive in Africa. I suoi grandi occhi gli permettono di avvistare le prede nella luce soffusa del tramonto.

577 Per i carnivori, la notte è il momento ideale per piombare furtivamente sulle prede, senza che queste possano accorgersene. I carnivori sono gli animali che si nutrono di carne, e tra i felini troviamo alcuni tra i carnivori più agili ed eleganti.

▼ Il bagliore degli occhi dei leoni dipende dal *tapetum lucidum*, uno strato di cellule che riflettono la luce, presente negli occhi di tutti i felini.

578 I gatti selvatici sono "cugini" stretti dei gatti domestici. Come i gatti domestici, quelli selvatici sono attivi sia di notte che di giorno, anche se preferiscono cacciare di notte. Sono dei gatti soriani grandi e tozzi, con una coda folta e dalla punta nera. Si nutrono di piccoli roditori, conigli e uccelli.

579 Molti grandi felini vanno a caccia all'alba e al tramonto. Soprattutto se vivono in zone dove di giorno fa troppo caldo per inseguire le prede. Spesso anche queste, come antilopi e cervi, preferiscono aspettare il fresco della notte per andare ad abbeverarsi. È proprio lungo le rive dei fiumi o nei pressi delle pozze d'acqua che si appostano i grandi felini, mimetizzandosi grazie ai loro mantelli fulvi, striati o maculati.

580 **I leopardi cacciano di giorno e di notte, ma hanno più probabilità di catturare una preda quando la luce è scarsa.** Questi animali solitari sono i grandi felini più diffusi, in parte perché sono cacciatori straordinari, e in parte perché hanno una dieta molto varia. Una delle loro tattiche è tendere imboscate ai babbuini mentre dormono: colte di sorpresa, le scimmie non riusciranno né a difendersi né a fuggire, diventando facili bersagli.

QUIZ

1. Come si chiamano gli animali attivi di giorno: diurni o giornalieri?
2. Che cosa mangia un carnivoro: carne o vegetali?
3. Come si chiama un animale che preda o caccia altri animali: predone o predatore?

Risposte: 1. Diurni. 2. Carne. 3. Predatore.

581 **I lupi sono carnivori e, come molti altri membri della famiglia dei canidi, sono animali notturni.** Grazie al loro olfatto straordinario, i lupi sono in grado di fiutare animali come cervi, alci, conigli o castori e seguire il loro odore per molti chilometri. I lupi scelgono sempre di attaccare l'esemplare più debole di un branco, avvicinandosi alla preda sottovento in modo tale da non rivelare la loro presenza.

▼ Alcuni lupi vivono all'estremo nord, dove nei lunghi inverni la notte può durare anche più di 20 ore.

Ippopotami affamati

582 Nelle praterie africane, al crepuscolo gli animali diurni vanno ad abbeverarsi, e gli animali notturni entrano in azione. Parlando di creature notturne, il primo animale a cui pensiamo non è certo l'ippopotamo. Tuttavia, questo enorme mammifero ha una pelle sensibile che si scotta al sole. Per questo di giorno rimane in acqua ed esce solo la notte per mangiare.

583 Gli ippopotami sono erbivori e passano la notte a cibarsi lungo le rive. Quando sono al pascolo, grugniscono e grufolano come maiali e possono mangiare anche 40 chili di piante ed erba ogni notte. Come molti altri animali notturni, gli ippopotami non dormono tutto il giorno, ma alternano fasi di attività a lunghi pisolini.

▼ Quando il sole scompare dietro l'orizzor gli ippopotami raggiungono la riva, dove rimangono a pascolare quasi tutta la not

DA NON CREDERE!

Le iene hanno un gran appetito e una pancia elastica! Ingurgitano enormi quantità di cibo alla volta, fino a un terzo del loro peso corporeo! Come se noi mangiassimo in una sola volta i pasti di un'intera settimana.

584 **Anche i rinoceronti delle pianure africane preferiscono sfamarsi al fresco, dopo il tramonto.** Questi erbivori enormi non hanno una buona vista e si affidano al loro olfatto straordinario per cercare cibo e percepire la presenza di predatori. Di giorno riposano all'ombra o fanno bagni di fango per rinfrescarsi.

▲ Di notte, i rinoceronti si affidano a olfatto e udito per evitare i predatori. Si cibano soprattutto di erba, ma mangiano anche frutti, foglie e raccolti.

585 **Le iene maculate sono predatori notturni delle praterie africane.** Attive prevalentemente dopo il tramonto, di giorno si rifugiano in tane che scavano da sole o rubate a oritteropi o facoceri. Di notte, le iene comunicano con richiami simili a risate, che servono a dimostrare obbedienza alla capobranco, la più anziana del gruppo.

▶ Lavorando in gruppo, le iene riescono a tendere imboscate e a uccidere grossi animali. Hanno una vista, un udito e un olfatto straordinari.

L'alba di un nuovo giorno

586 **Mentre la notte volge al termine, le creature notturne tornano alle loro tane.** Gli animali più piccoli si dileguano sotto le rocce, nelle grotte o tra gli arbusti. Hanno la pancia piena, e adesso è ora di riposare e mettersi al sicuro: questo significa rimanere nascosti.

▶ Le volpi volanti sono pipistrelli notturni che si nutrono di frutti. Durante il giorno riposano appese ai rami degli alberi a testa in giù, a volte in gruppi di svariate migliaia di esemplari.

587 **L'alba è un momento di grande attività e trambusto.** Gli animali notturni vengono gradualmente sostituiti da quelli diurni. Gli uccelli annunciano il sorgere del sole con i loro canti e i pipistrelli si aggirano ancora tra le cime degli alberi, catturando gli ultimi insetti. I leoni gironzolano pigramente, dopo aver passato la notte a cacciare e a sfamarsi. I cuccioli giocano approfittando ancora del fresco e si abbeverano a una pozza d'acqua, prima che il branco si metta a sonnecchiare.

GIOCO DI MEMORIA

Prova a ricordare il nome di almeno tre creature notturne per ciascuno dei cinque continenti: Europa, Asia, Africa, America, Oceania.

588 **I gatti domestici sono predatori esperti, attivi prevalentemente al crepuscolo.** Sensi ben sviluppati come vista, udito, gusto e tatto li rendono dei cacciatori straordinari. Tornano spesso a casa con piccoli roditori, uccellini o insetti che hanno catturato di notte. I gatti domestici dormono generalmente tutto il giorno.

▼ I tassi comuni si rannicchiano insieme nelle tane per farsi caldo a vicenda. Dormono quasi tutto il giorno.

589 **Nei boschi e nelle foreste, gocce di rugiada mattutina cadono dalle foglie mentre gli animali notturni si azzittiscono.** I roditori rifuggono la luce cercando riparo sotto le rocce o nelle fessure degli alberi, e i rapaci notturni tornano ai loro nidi. Ora sono rapaci diurni come aquile e falchi a ispezionare il suolo in cerca di piccoli roditori.

▼ Questi giovani allocchi hanno un rifugio sicuro per il giorno: nella cavità di quest'albero rimangono fuori dalla portata dei predatori e protetti dalle intemperie.

CREATURE PERICOLOSE

590 Il mondo è pieno di animali che lottano per la sopravvivenza. Sono molte le ragioni per cui gli animali possono aggredirsi a vicenda. Alcuni sono predatori, e uccidono per sfamarsi. Altri uccidono solo per difendere sé stessi, i piccoli o la tana. In ogni caso, si tratta di creature affascinanti che usano artigli, mascelle, veleni o pungiglioni per essere letali.

▼ Per catturare la preda, il coccodrillo del Nilo rimane appostato in acqua finché la gazzella non si avvicina. A quel punto, con uno scatto improvviso le si avventa contro a fauci spalancate...

Feroci carnivori

◀ I falsi pipistrelli vampiro hanno denti affilatissimi come i pipistrelli vampiro. Si nutrono di rane, topi, uccelli e altri pipistrelli.

591 Gli animali che mangiano carne sono carnivori. I necrofagi sono carnivori che rubano le prede degli altri o che si cibano di animali morti. La maggior parte deve però cacciare e uccidere: questi animali sono i predatori.

592 Le orche sono tra i predatori più grandi al mondo. Nonostante le loro dimensioni, questi animali cacciano spesso in gruppi, chiamati branchi. In questo modo riescono a uccidere enormi animali, come le balene. Tuttavia, solitamente danno la caccia a creature più piccole come leoni marini e delfini.

▼ Gli anaconda, i serpenti più pesanti del mondo, sono delle specie di boa. Privi di denti per masticare, i serpenti ingoiano le prede intere. Gli anaconda mangiano grossi roditori come i capibara, ma anche cervi, pesci e uccelli.

593 I pipistrelli vampiro non mangiano carne, ma bevono sangue. Con i loro affilatissimi denti, penetrano la pelle di animali addormentati, come cavalli o maiali, e ne succhiano il sangue. I falsi pipistrelli vampiro sono più grandi, e mangiano la carne di altri animali.

594 **I pesci piranha sono predatori dall'aspetto feroce, con lo sguardo gelido e la bocca sempre spalancata.** Attaccano in gruppi, o branchi, lavorando come un'enorme macchina affettatrice. Con i loro minuscoli denti triangolari, possono spolpare un cavallo nel giro di pochi minuti.

▲ I pesci piranha rossi sono predatori veloci e aggressivi. Lavorano in gruppo per attaccare prede come gli uccelli che si posano sull'acqua.

595 **Mentre alcuni serpenti usano il veleno per uccidere le prede, i serpenti costrittori le stritolano.** Pitoni e boa avvolgono la vittima nelle loro enormi spire. Ogni volta che l'animale catturato espelle aria, il serpente stringe un po' più forte, finché il malcapitato non riesce più a respirare e soffoca.

Armi letali

596 Molti animali sono dotati di armi letali, come denti, artigli, corna e pungiglioni. Perfette per uccidere le prede e affrontare i nemici.

597 La bocca di un predatore carnivoro è dotata di una serie impressionante di denti che sembrano pugnali. Diversi tipi di denti svolgono diverse funzioni. I canini, o le zanne, sono denti lunghi e aguzzi come coltelli, per afferrare e azzannare le prede. I denti anteriori sono molto taglienti ideali per lacerare la carne.

◀ I mandrilli fanno parte della famiglia dei primati, come le scimmie. I maschi mettono in mostra le loro enormi zanne quando sono agitati o vogliono spaventare altri maschi. Possono avere zanne lunghe anche 7 centimetri.

598 I pungiglioni, usati da creature come meduse e scorpioni, sono armi molto diffuse nel mondo animale. Generalmente, i pungiglioni contengono veleno. La pastinaca, per esempio, è un pesce dotato di un lungo aculeo seghettato sulla coda, rivestito di veleno.

TROVA LE TUE ZANNE!

Anche tu hai denti per tagliare e masticare il cibo. Mettiti davanti allo specchio e trovali!

Gli incisivi sono i denti anteriori, affilati per tagliare e lacerare il cibo.

I canini sono i denti appuntiti accanto agli incisivi, e servono ad addentare il cibo.

I molari, nella parte posteriore della bocca, servono a macinare il cibo.

599 Le zanne di elefanti e trichechi sono denti fuori misura che possono diventare armi spaventose. I maschi usano le zanne per lottare contro i rivali nella stagione degli amori, oppure per intimidire i predatori. Un elefante può anche uccidere una persona infilzandola con le zanne.

▼ I rapaci afferrano la vittima con i loro poderosi artigli, che penetrano nella carne con facilità.

▼ I felini hanno artigli affilati e retrattili, che possono cioè rientrare nelle zampe quando non vengono usati.

600 Le aquile sono dotate di artigli enormi. Catturano le prede afferrandole con le zampe e le uccidono stringendole tra gli artigli che affondando nel loro corpo. Le aquile e altri uccelli carnivori si chiamano rapaci.

601 Alcuni animali lottano per il partner o per il territorio. Animali con le corna come i cervi non sono predatori, ma possono comunque combattere e attaccare altri animali. Se spaventati, possono fare del male anche agli esseri umani.

▲ Gli stambecchi lottano per il partner o il territorio. Le corna spesse e ricurve vengono usate per colpire, ferire o addirittura uccidere i rivali.

Predatori silenziosi

602 **Agili e veloci, con denti e artigli affilati, i felini sono tra i predatori più feroci al mondo.** Spesso si tratta di cacciatori solitari. I leoni però cacciano in gruppo.

603 **In un gruppo di leoni, o branco, sono le femmine a cacciare.** I cuccioli passano ore a giocare alla lotta, esercitandosi nelle abilità di cui avranno bisogno da grandi per catturare e uccidere le prede.

604 **In Asia, molta gente ha paura della vicinanza delle tigri.** Tuttavia, le tigri cacciano creature di piccole dimensioni come uccelli, scimmie e rettili. Possono anche attaccare animali più grandi, come rinoceronti ed elefanti, ma raramente uccidono gli uomini.

DA NON CREDERE!

La lince iberica è uno dei felini maggiormente a rischio di estinzione. In natura rimangono circa 250 esemplari adulti, e si prevede che a breve la specie sarà estinta.

605 **I ghepardi sono i predatori terrestri più veloci: possono correre a oltre 100 km all'ora.** Spesso però non riescono a catturare l'animale che stavano inseguendo: pur avendo un'ottima accelerazione, si stancano in fretta. Se non riescono a catturare la preda nel giro di 30 secondi, è probabile che il loro tentativo vada momentaneamente a vuoto.

606 **I leopardi sono predatori furtivi.** Vivono in Africa e Asia, ma è molto difficile avvistarli. Si arrampicano con agilità sugli alberi, dove passano la maggior parte del tempo in attesa di qualche preda. Come gli altri felini, i leopardi uccidono affondando i loro denti enormi nel collo della vittima.

▼ Le leonesse cacciano in branco: questo permette loro di attaccare animali grossi e aggressivi come i bufali.

Grandi, grossi e feroci

▶ Gli orsi polari sono carnivori. Si appostano vicino ai buchi nel ghiaccio aspettando che le foche si affaccino per respirare e con uno scatto repentino le azzannano, uccidendole. Poi le trascinano fuori dall'acqua per mangiarle.

607 Gli orsi polari sono animali grandi, bianchi, soffici e dall'aspetto adorabile, ma in realtà sono predatori feroci. A volte si spostano dall'Artide per avvicinarsi alle città, in cerca di cibo: la fame li trasforma in animali molto pericolosi.

▼ La zampa di un orso polare è grande quanto un piatto da portata ed è munita di cinque grandi artigli, uno su ogni dito.

QUIZ

1. Quale specie di orso vive in Artide?
2. Quale personaggio delle favole si mangia la colazione degli orsi?
3. Qual è il cibo preferito degli orsi bruni?

Risposte: 1. L'orso polare. 2. Riccioli d'oro. 3. Il salmone.

608 Gli orsi polari nuotano agilmente sott'acqua grazie alle zampe enormi. Riescono a trattenere il respiro per molti minuti, aspettando il momento giusto per balzare fuori dall'acqua e afferrare la preda. Sulla terraferma, si avvicinano in silenzio alla vittima, su cui si lanciano all'improvviso, senza lasciarle scampo.

▲ L'orso Kodiak vive in Alaska, dove si nutre di pesce, erba, piante e bacche. Mostra i denti e ruglia rabbiosamente solo quando deve difendersi da un predatore.

609 L'orso bruno è uno dei carnivori più grandi al mondo: quando si alza in piedi è alto più di 3 metri! È un animale possente, con lunghi artigli anteriori e mascelle robuste.

610 Il grizzly è una sottospecie di orso bruno del Nord America. Entra spesso in contatto con l'uomo quando gironzola rovistando nei cestini della spazzatura in cerca di cibo, ed è ritenuto molto pericoloso. I grizzly vivono nei boschi e nelle foreste. Si nutrono di bacche, frutti, bulbi o radici, ma pescano anche i salmoni nei fiumi.

611 In Asia, l'orso dal collare raramente attacca gli esseri umani; quando succede però, l'attacco è spesso fatale. Questi orsi sono erbivori: si nutrono cioè di piante anziché di carne. Se spaventati, questi timidi animali possono attaccare per uccidere.

▶ Gli orsi bruni catturano i salmoni quando i pesci balzano fuori dall'acqua, afferrandoli con un rapido scatto delle fauci.

Killer preparati

612 **Scimmie e scimmie antropomorfe sono primati, come gli esseri umani.** La comunicazione e il lavoro di squadra sono due grandi doti di queste creature intelligenti. Sebbene scimmie, gorilla e scimpanzé sembrino dei giocherelloni, possono essere pericolosi.

613 **In passato si credeva che gli scimpanzé mangiassero solo piante e insetti.** È stato invece scoperto che tendono agguati di gruppo per attaccare altre scimmie, come i colobi. Ciascun scimpanzé ha un ruolo ben preciso durante la battuta di caccia, e gli animali comunicano tra loro con stridii e urla.

614 **Gli scimpanzé possono anche uccidersi tra loro.** I maschi pattugliano la foresta in gruppi, alla ricerca di esemplari maschi appartenenti ad altri territori. Se trovano un estraneo, gli si avventano contro per ucciderlo.

▶ Gli scimpanzé organizzano le battute di caccia in modo molto intelligente: mentre alcuni di loro inseguono i colobi urlando, altri si nascondono per coglierli di sorpresa.

615 **I babbuini vivono in branchi e hanno una dieta molto varia, che va dai semi alle antilopi.** I giovani maschi a volte lasciano la famiglia per affrontare maschi di altri branchi e trovare delle compagne.

616 **Gli enormi gorilla possono sembrare feroci, ma in realtà sono una delle specie di primati più miti.** I maschi adulti, chiamati silverback, attaccano solo per proteggere la loro famiglia, mettendo in fuga altri animali o esseri umani. Con le loro zanne spaventose, possono infliggere ferite tremende.

DA NON CREDERE!

Gli scimpanzé sono bravi a costruire e usare utensili. Per loro è facile tenere in mano bastoncini e pietre. Usano bastoncini per frantumare i nidi degli insetti e pietre per spaccare le noci di cocco.

Una fame da lupi

617 Lupi, coyote e licaoni fanno parte della famiglia dei canidi. Di solito vivono e cacciano in gruppi, o branchi. Grazie al lavoro di squadra, un branco può attaccare e uccidere grosse prede come cervi e bisonti.

◀ Quando un lupo si sente minacciato, i peli che ha sul collo e sul dorso si rizzano, facendolo sembrare ancora più grande e feroce.

618 I lupi hanno una vista, un udito e un olfatto eccezionali, fondamentali per trovare le prede. Quando sono in cerca di cibo, queste creature forti e agili riescono a coprire distanze di ben 100 chilometri in una sola notte.

619 I coyote sono cani selvatici che vivono in Nord America. Generalmente cacciano a coppie o da soli, anche se a volte si mettono in gruppo per inseguire grosse prede come i cervi.

620 **Come i gatti selvatici, i coyote cacciano spiando la preda senza essere visti.** Aspettano il momento giusto, poi si avvicinano furtivi e con uno scatto le piombano addosso, cogliendola di sorpresa. I coyote sono corridori veloci, spesso a caccia di lepri tra le rocce e per le colline.

IL SIGNOR LUPO

1. Un giocatore sarà il signor Lupo: deve dare le spalle agli altri.
2. Gli altri giocatori si allontanano di 10 passi e urlano: «Che ore sono, signor Lupo?».
3. Se il signor Lupo risponde «Sono le 10», i giocatori faranno 10 passi verso il signor Lupo.
4. Attenzione: quando il signor Lupo dirà «È ora di cena», inseguirà gli altri giocatori e chi verrà preso sarà fuori dal gioco!

▼ Quando i licaoni danno la caccia a prede come gli gnu, l'inseguimento può continuare per molti chilometri. I licaoni raramente si danno per vinti: aspettano che la preda si stanchi e poi sferrano l'attacco finale.

621 **I licaoni sono specialisti della caccia in branco.** Formano una squadra per inseguire e abbattere la preda. Poi si dividono il pasto, facendo a brandelli la carne con i denti aguzzi.

Sempre in agguato

622 Appostato sotto la superficie dell'acqua, un implacabile predatore aspetta di lanciarsi sulla preda. È completamente immobile, solo occhi e narici sono in vista. Con un rapido movimento, trascinerà la vittima sott'acqua. Questo killer è il coccodrillo, un parente dei dinosauri.

▲ Coccodrilli e alligatori si sono adattati perfettamente alla vita in acqua. È qui che trascorrono la maggior parte della giornata, al fresco e ben nascosti.

▲▼ Quando un coccodrillo ha la bocca chiusa, si vedono alcuni denti della mascella inferiore. Gli alligatori hanno grandi mascelle a forma di U, mentre quelle dei coccodrilli sono strette e a forma di V.

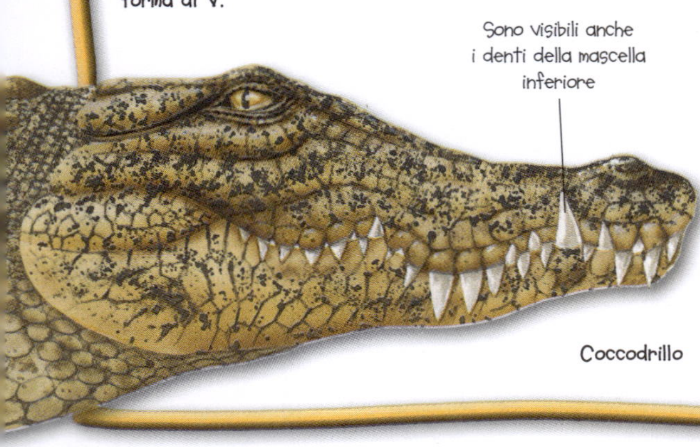

623 Quando un coccodrillo avvista una preda, si muove in maniera fulminea. Mentre viene trascinata in acqua, la preda ha poche possibilità di sfuggirgli. Tenendola saldamente tra le possenti fauci, il coccodrillo si contorce in un "giro della morte" finché la vittima non annega.

624 I coccodrilli più grandi del mondo vivono negli estuari, dove i fiumi incontrano gli oceani. Sono i coccodrilli estuarini o marini, che possono raggiungere i 7 metri di lunghezza. Sembra che questi predatori giganteschi mangino anche gli uomini, anche se generalmente catturano tartarughe, serpenti, scimmie, bovini e maiali.

625 **Gli alligatori sono rettili potenti con fauci enormi e il dorso ricoperto di pelle spessa e squamosa.** Vivono in paludi, stagni e fiumi, spesso vicino a zone abitate. Come tutti i coccodrilli e gli alligatori, l'alligatore del Mississippi cattura e mangia di tutto. Può anche attaccare gli esseri umani.

DA NON CREDERE!

Coccodrilli e alligatori conservano gli avanzi di cibo in acqua per intere settimane. In questo modo il cibo marcisce, diventando più facile da ingerire. Gnam!

▼ Coccodrilli e alligatori hanno mascelle enormi, piene di denti. I denti servono ad afferrare e tenere salde le prede, ma anche a fare a brandelli il corpo della vittima.

Rapaci spietati

▶ I gufi reali sono uccelli grandi e forti. Possono catturare grossi animali, tra cui altri rapaci, diurni e notturni.

626 Aquile, falchi, nibbi e sparvieri sono predatori tremendi chiamati rapaci. Dotati di una vista incredibile, zampe possenti, artigli e becchi affilati, cacciano durante il giorno veleggiando in alto nel cielo alla ricerca di cibo.

627 Il termine *rapace* deriva dal latino *rapêre*, che significa "rapire". Dopo aver catturato prede come topi, uccelli o rane, il rapace le porta solitamente al nido per ripulirle dalla pelliccia e dalle piume. Getta via anche gli ossi: per questo, il terreno nei pressi del nido di un rapace è spesso cosparso di resti di animali.

628 Gli uccelli sono privi di denti. Al loro posto hanno il becco. Avere a disposizione solo il becco per strappare grossi brandelli di carne non rende il lavoro agevole: devono aiutarsi trattenendo o lacerando la preda con gli artigli ricurvi, oppure inghiottirla intera.

▶ Come molti rapaci, l'aquila reale ha un becco ricurvo e affilato come un rasoio, che usa per fare a brandelli le sue prede.

629 Quando un rapace notturno piomba su un topolino, tutto quello che si sente è un lieve battito d'ali. I rapaci notturni cacciano di notte. Dotati di grandi occhi e di una vista eccellente, vedono tutto ciò che si muove al suolo. Quando cacciano nel buio più completo, si affidano al loro udito straordinario.

QUIZ

I nomi di questi rapaci sono stati messi in disordine. Riesci a sistemarli?

1. qualia
2. obbini
3. aclfo egirellpon
4. fgou laere
5. lfaco repsaceto
6. reivpasre

Risposte: 1. Aquila. 2. Nibbio. 3. Falco pellegrino. 4. Gufo reale. 5. Falco pescatore. 6. Sparviere.

630 **Il falco pellegrino è il predatore più veloce del mondo: quando piomba su altri uccelli, può raggiungere una velocità di 230 km all'ora.** I falchi pellegrini cacciano letteralmente "al volo", catturando le prede per aria. Le inseguono fino a farle stancare, e poi le attaccano con i loro artigli affilati.

▼ L'aquila di mare testa bianca si nutre di pesci che pesca dall'acqua con i suoi artigli.

631 **Per inseguire la preda, il falco pescatore si tuffa in acqua da grandi altezze con le zampe protese in avanti.** I pesci sono scivolosi, ma i falchi pescatori hanno delle squame spinose sotto le zampe che favoriscono la presa. Una volta afferrato il pesce, volano via alla ricerca di un posto tranquillo dove mangiare.

Una forza mostruosa

632 Non tutte le creature pericolose uccidono per sfamarsi. Molte di loro attaccano solo quando sono spaventate. Alcuni erbivori lottano per proteggere i loro piccoli o per difendere sé stessi.

633 Gli ippopotami sembrano animali tranquilli quando sguazzano in acqua, ma in Africa uccidono più persone loro di qualsiasi altro grande animale. Queste creature enormi proteggono ferocemente la loro pozza d'acqua, e le femmine sono estremamente aggressive quando hanno i piccoli e si sentono minacciate.

634 I bufali neri africani possono diventare molto aggressivi con altri animali e con gli esseri umani. Se spaventati, scattano veloci per caricare con le loro enormi corna. I piccoli o gli esemplari malati vengono circondati e protetti dal branco, in modo da scoraggiare gli attacchi dei predatori.

635 **Se un elefante inizia a sventolare le orecchie e a emettere barriti, significa che è meglio stargli lontano.** Quando piega le orecchie all'indietro, arriccia la proboscide all'ingiù e inizia a correre, allora sono guai seri. Gli elefanti attaccano per tenere i piccoli al sicuro da altri animali o dagli esseri umani, e i maschi si sfidano per conquistare una compagna.

636 **Tozzi, enormi e con corni massicci, i rinoceronti fanno davvero paura.** In realtà sono imparentati con i cavalli e si nutrono di foglie, erba e frutti. Ad ogni modo, possono diventare aggressivi se si sentono minacciati. Non hanno una vista molto buona: forse è proprio per questo che si spaventano facilmente e attaccano senza preavviso.

◄ Gli ippopotami maschi si sfidano usando come armi i denti enormi. Possono infliggere ferite profonde che possono essere mortali.

DA NON CREDERE!

Gli elefanti maschi possono trasformarsi in veri killer. Essere colpiti da una zanna d'elefante può provocare una ferita mortale. Inoltre, un solo elefante può avere una forza tale da ribaltare un'automobile!

Armi avvelenate

▶ Il rospo delle canne è il rospo più grande esistente. Quando si sente minacciato, il veleno si riversa dalle ghiandole sulla pelle, uccidendo un animale di piccole dimensioni in pochi minuti.

637 **Alcuni animali uccidono le prede con i denti e gli artigli, mentre altri usano un'arma ancora più letale, il veleno.** Il veleno è una sostanza prodotta dal corpo di alcuni animali, e ce ne sono di diversi tipi. Mentre alcuni provocano solo una puntura dolorosa, altri possono causare la morte.

638 **Il rospo delle canne produce veleno in organi speciali, le ghiandole che ha dietro agli occhi.** Il veleno non gli serve solo per uccidere le prede, ma anche per evitare di essere mangiato da altri animali: se ingerito, è estremamente nocivo!

▼ Lo scorpione giallo è uno degli scorpioni più pericolosi del mondo. Vive in Nord Africa e in Medio Oriente. Negli esseri umani, una sua puntura può provocare uno stato di paralisi che impedisce i movimenti e insufficienza cardiaca.

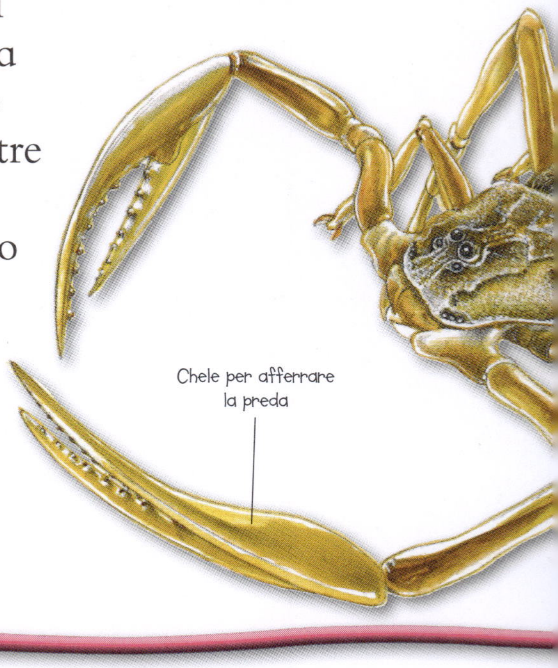

639 Molti serpenti hanno ghiandole velenifere in bocca. Usano le loro zanne per inoculare il veleno direttamente nel corpo della vittima. Il veleno è un misto di saliva e sostanze tossiche. I cobra sputatori sputano dalla bocca un veleno che negli esseri umani può causare cecità.

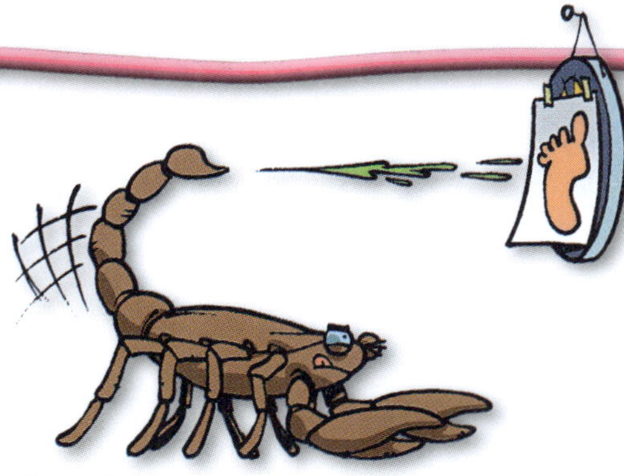

640 Gli scorpioni appartengono alla classe degli aracnidi, come i ragni. Non producono veleno nelle zanne, ma in un pungiglione sulla coda. Usano il veleno per uccidere prede come lucertole e topi, oppure a scopo difensivo. Sono pochi gli scorpioni davvero pericolosi per gli esseri umani. Alcuni però, come lo scorpione giallo, sono letali.

641 Anche gli insetti più piccoli possono essere pericolosi. Calabroni, vespe e api hanno la coda dotata di pungiglioni collegati a sacche velenifere. Una puntura può causare gonfiore e dolore, e può risultare fatale per chi è allergico al veleno.

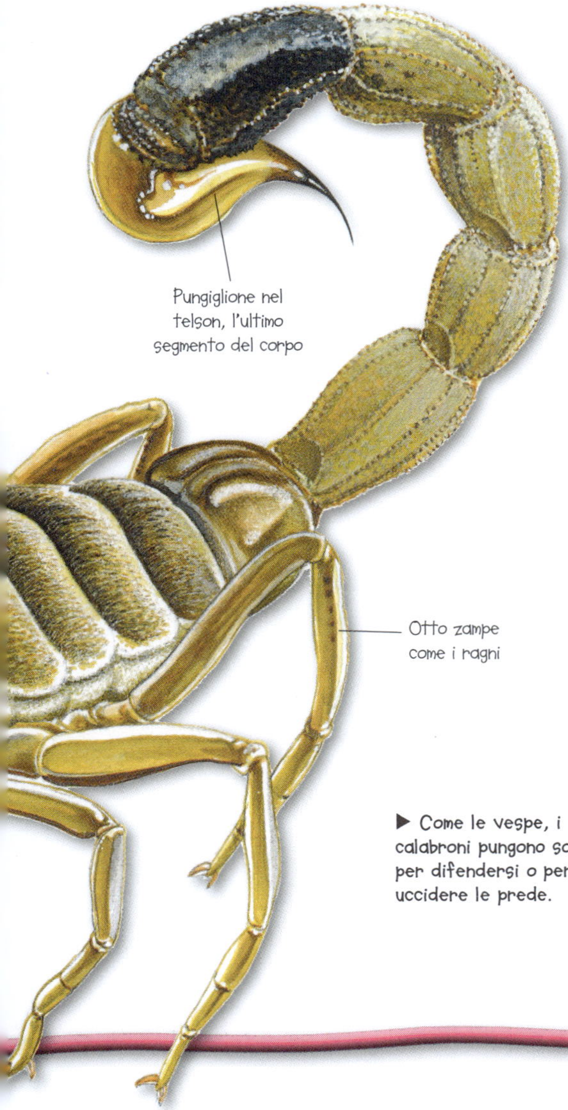

▶ Come le vespe, i calabroni pungono solo per difendersi o per uccidere le prede.

Il morso del serpente

▶ Serpenti velenosi come il serpente a sonagli iniettano veleno usando le lunghe zanne. Il veleno immobilizza la preda o la uccide.

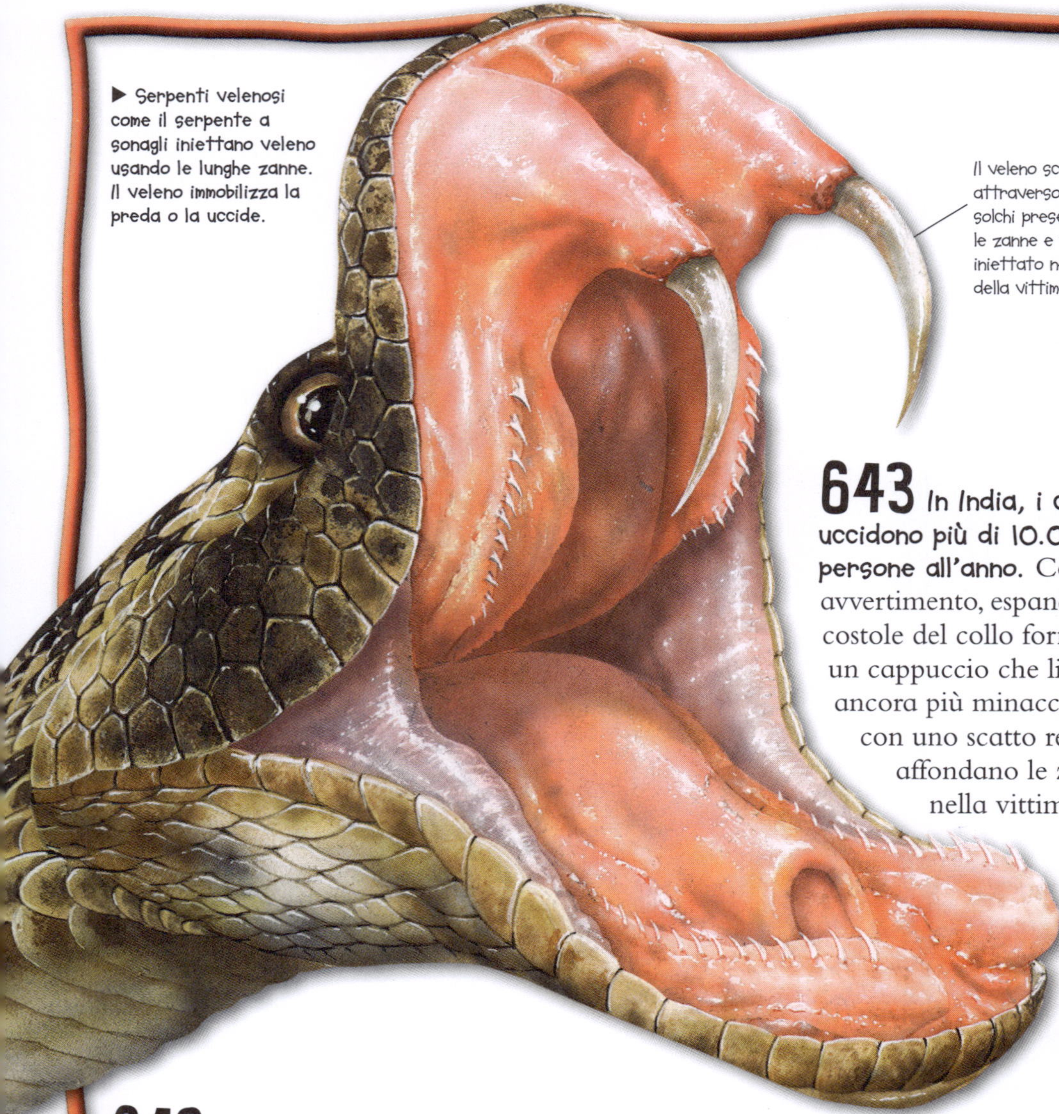

Il veleno scorre attraverso sottili solchi presenti lungo le zanne e viene iniettato nel corpo della vittima.

643 **In India, i cobra uccidono più di 10.000 persone all'anno.** Come avvertimento, espandono le costole del collo formando un cappuccio che li rende ancora più minacciosi. Poi, con uno scatto repentino, affondano le zanne nella vittima.

642 **Occhi sbarrati, zanne acuminate e lingua biforcuta conferiscono ai serpenti un aspetto sinistro.** Nonostante la pessima reputazione, i serpenti attaccano le persone solo se si sentono minacciati.

644 **Il taipan è uno dei serpenti australiani più velenosi.** Quando attacca, inietta una dose di veleno tale da uccidere una persona in meno di un'ora.

645 **La vipera delle piramidi è un piccolo serpente che vive in molte zone dell'Africa e dell'Asia.** È responsabile di centinaia, forse migliaia, di decessi umani ogni anno. Il veleno di questo serpente colpisce il sistema nervoso e il sangue, provocando emorragie mortali.

DA NON CREDERE!

I serpenti possono dilatare le fauci fino a ingoiare prede intere. Serpenti grandi come i boa constrictor riescono addirittura a trangugiare un'antilope o un maiale!

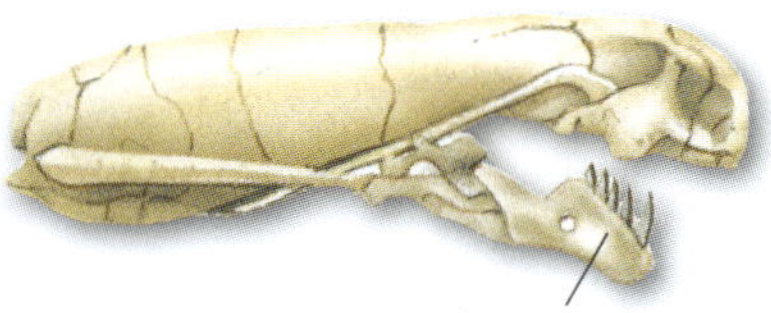

◄ I serpenti primitivi hanno un cranio spesso e una mandibola corta, con pochi denti.

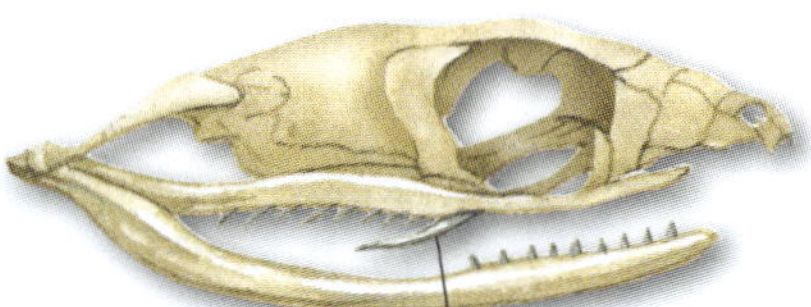

◄ I serpenti con zanne posteriori hanno le zanne collocate nel palato.

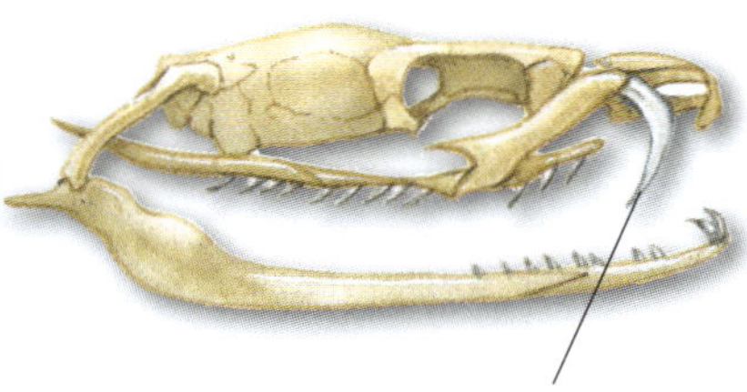

◄ Alcuni serpenti hanno le zanne nella parte anteriore della bocca.

646 **La vipera del Gabon è il serpente con le zanne più lunghe: ben 5 centimetri!** Produce grandi quantità di veleno che inietta in profondità nella carne con denti che sembrano pugnali. Lenta e calma di natura, la vipera del Gabon è in grado di sferrare rapidi attacchi e può uccidere un essere umano in meno di due ore.

► I serpenti uccidono le prede con un morso letale. Poi le ingoiano intere, come nel caso di questo roditore.

Draghi e mostri

▼ I draghi di Komodo sbranano le loro vittime con le potenti mascelle e poi mangiano ogni cosa, anche ossi e pelliccia.

647 **I draghi di Komodo non sono dei veri draghi, ma delle lucertole.** Possono essere lunghi anche 3 metri e pesare fino a 100 chili: sono le lucertole più grandi del mondo. Sono dotati di un olfatto molto sensibile, che li aiuta nella caccia.

648 **Una volta catturata la preda, il drago di Komodo affonda i denti aguzzi nella sua carne.** Ha la bocca piena di batteri velenosi: anche se un animale gli sfugge, un solo morso è sufficiente per procurargli un'infezione letale.

QUIZ

1. Di che colore è il mostro di Gila?
2. Perché la salamandra pezzata ha una colorazione vistosa?
3. Che cosa aiuta il drago di Komodo nella caccia?

Risposte: 1. Nero, rosa e giallo. 2. Per avvertire i predatori che è velenosa. 3. L'olfatto molto sensibile.

649 Esistono solo due lucertole davvero velenose: il mostro di Gila e l'eloderma orrido del Messico. I mostri di Gila vivono in Nord America. Le striature nere, rosa e gialle che hanno sulla pelle squamata servono a dissuadere i predatori.

▲ I mostri di Gila sfruttano l'olfatto per andare a caccia di piccoli animali e uova di rettili. Possono uccidere la preda con un solo morso.

▼ Le salamandre pezzate sono anfibi, come le rane. Vanno a caccia di insetti e lombrichi, soprattutto di notte.

650 La salamandra pezzata sembra un incrocio tra una lucertola e una rana. Ha una colorazione vistosa per avvertire i predatori che è velenosa. Il veleno, o tossina, si trova sulla pelle e ha un gusto repellente: viene spruzzato addosso ai predatori, causando irritazioni o addirittura la morte.

Rane velenose

651 A prima vista, poche rane sembrano pericolose. Rane e rospi sono privi di denti e artigli, ma nella loro pelle umida producono una sostanza letale. Questa sostanza può avere un gusto repellente o essere addirittura velenosa. Le rane più velenose vivono nelle foreste di Centro e Sud America: si chiamano rane freccia.

652 Una delle rane più letali è la rana dorata. Vive nelle foreste pluviali della Colombia occidentale. La sua pelle produce un veleno molto potente, una delle sostanze più letali che si conoscano: il solo contatto può provocare una morte quasi istantanea.

▼ Tra le varietà di dendrobate pigmeo c'è anche la rana "blue jeans", chiamata così per le zampe blu.

653 Molte rane freccia stanno diventando rare in natura. Questo a causa del disboscamento che interessa le foreste pluviali in cui vivono. Alcune rane freccia possono essere tenute in cattività, dove diventano progressivamente meno velenose. Se invece nascono in cattività, non sono affatto velenose.

◀ Il maschio del dendrobate dorato trasporta i girini sul dorso. Li depositerà in una pozza d'acqua, al sicuro, dove diventeranno adulti.

DA NON CREDERE!

Le rane freccia hanno la pelle maculata e dai colori vivaci. Il loro aspetto luccicante funge da deterrente per i predatori: queste rane possono così cacciare insetti di giorno senza temere di essere predate.

655 Le popolazioni delle foreste pluviali di Centro e Sud America usano il veleno delle rane per procurarsi il cibo. I cacciatori strofinano la punta della freccia sul dorso di una rana velenosa. Poi, con cautela, mettono la freccia letale nella cerbottana e la usano per colpire scimmie o uccelli.

▼ Le punte delle frecce vengono strofinate sul dorso di una rana dorata. Una sola rana produce veleno per oltre 50 frecce.

654 È il maschio del dendrobate dorato a prendersi cura delle uova. La femmina depone le uova al suolo, tra il fogliame. Il maschio le sorveglia finché non si schiudono e nascono i girini. Sarà lui a portarli in acqua, dove cresceranno e diventeranno rane.

Predatori a otto zampe

▲ Dopo aver intrappolato un insetto nella sua tela, il ragno lo uccide con un morso velenoso. Poi mangerà la preda quasi per intero.

656 Spesso si crede che il ragno più velenoso sia la tarantola. Anche se molte persone lo trovano raccapricciante, questo ragno peloso non è un killer spietato. Raramente le tarantole mordono gli esseri umani, e non tutte le tarantole sono velenose.

657 Le tarantole non tessono la tela, ma cacciano prede come insetti, rane e lucertole. Iniettano il veleno nella vittima con le grandi zanne e la schiacciano. Successivamente, le versano addosso i succhi gastrici per trasformarla in un liquido e risucchiarla.

658 La vedova nera è uno dei ragni più pericolosi al mondo, ma attacca solo se disturbata. Se il morso di un esemplare maschio non è preoccupante, quello di una femmina può essere letale.

◀ La femmina della vedova nera usa il veleno non solo catturare le prede, ma an per uccidere il partner d l'accoppiamento.

659 **I ragni appartengono alla classe degli aracnidi, come gli scorpioni e le zecche.** Alcune zecche possono uccidere senza l'aiuto del veleno. Si attaccano al corpo di esseri umani e animali per succhiarne il sangue. In questo modo, possono diffondere terribili malattie.

QUIZ

1. Come uccidono un animale le zecche?
2. È più pericoloso il maschio o la femmina della vedova nera?
3. Quale ragno si solleva sulle zampe posteriori quando si sente minacciato?

Risposte: 1. diffondendo malattie. 2. La femmina. 3. Il ragno dei cunicoli.

660 **Ci sono numerose specie di ragni dei cunicoli, alcune delle quali molto velenose.** Quando questi ragni si sentono minacciati, si sollevano sulle zampe posteriori e mettono in mostra le zanne enormi. Possono mordere la preda più volte, iniettando veleno.

▲ Le zanne del ragno dei cunicoli sono talmente forti da perforare la pelle e le unghie di un essere umano. Il suo morso può causare la morte in soli 15 minuti.

Strategie di difesa

661 Per sopravvivere in un mondo pieno di insidie, gli animali devono essere in grado di nascondersi, di lottare o di sembrare pericolosi. Quando viene minacciato, il pesce istrice inghiotte molta acqua, gonfiandosi e drizzando le spine.

662 Le spine servono anche a iniettare veleno nel corpo della vittima, oppure come arma di difesa. Il porcospino sudafricano ha lunghe spine appuntite, o aculei, che vengono infilzate nel corpo dell'aggressore, provocando ferite dolorose.

▼▶ Il pesce istrice si irrigidisce e si gonfia, trasformandosi da un normale pesciolino in una palla spinosa.

◀ Il guscio robusto delle tartarughe le protegge dai predatori. Neanche gli artigli affilati e i denti dei leoncini riescono a romperlo.

663 **Alcuni animali si nascondono dai predatori mimetizzandosi.** Questo significa che il colore e i disegni della loro pelle si confondono con l'ambiente. Lucertole come i camaleonti sono veri maestri di mimetismo: possono cambiare il colore della pelle da marrone a verde, in modo da sparire tra ciò che li circonda. Lo fanno per comunicare tra loro.

664 **I colori e le striature vivaci sulla pelle del serpente corallo avvertono i predatori della sua tossicità.** Il serpente del latte è quasi identico al serpente corallo, ma non è velenoso. I predatori però pensano che lo sia, e questo lo aiuta a difendersi.

DA NON CREDERE!

Le anguille elettriche si difendono in modo singolare: stordiscono prede e predatori con l'elettricità! Possono generare scariche elettriche di ben 600 volt, letali per un essere umano!

▶ L'innocuo serpente del latte imita la livrea del velenoso serpente corallo per tenere alla larga i predatori. Questo trucco si chiama mimetismo batesiano.

Pericolo in mare

665 Nelle profondità dell'oceano si nascondono alcune delle creature più pericolose. Qui si annidano killer dalla vista acuta, animali velenosi e predatori dai denti aguzzi, che di rado vengono a contatto con le persone per attaccarle.

► La cubomedusa australiana è anche nota come "vespa di mare". Può avere tentacoli lunghi oltre 3 metri, e un esemplare può produrre abbastanza veleno da uccidere 60 persone.

666 I barracuda sono pesci lunghi e robusti. Si lanciano sulle prede con i loro denti aguzzi simili a tanti pugnali. Si nutrono di altri pesci, ma a volte confondono i bagnanti per cibo e partono all'attacco.

667 La cubomedusa è una delle creature più pericolose al mondo. Il tocco di un solo tentacolo può uccidere un essere umano. Il corpo galleggiante è innocuo: sono i tentacoli sottostanti a essere pericolosi. Ogni tentacolo è ricoperto di minuscoli pungiglioni con cui inocula il veleno nella vittima.

◄ I barracuda sono pesci feroci con mascelle robuste e denti aguzzi.

QUIZ

Indovina i nomi di queste pericolosissime creature marine.

1. Sono una vespa con i tentacoli.
2. Il mio corpo è cosparso di anelli blu.
3. Non sono un animale solo, ma tante minuscole creature.

Risposte: 1. Cubomedusa australiana. 2. Polpo dagli anelli blu. 3. Caravella portoghese.

▲ Le pastinache hanno la coda dotata di un pungiglione simile a una freccia, che usano come arma di difesa quando si sentono minacciate.

668 **La caravella portoghese sembra essere un solo animale, ma in realtà è composta da più creature o polipi.** La sacca colma di gas galleggia sulla superficie dell'acqua. Alla sacca sono attaccati i tentacoli, lunghi più di 20 metri ciascuno e dotati di pungiglioni velenosi con cui si procura il cibo per la colonia di polipi.

669 **Il polpo più pericoloso del mondo è lungo dai 10 ai 20 centimetri.** Il polpo dagli anelli blu afferra le prede con i suoi tentacoli e poi le punge iniettando il veleno in profondità. Il suo veleno può uccidere un essere umano in soli quattro minuti.

▶ Il piccolo polpo dagli anelli blu ha abbastanza veleno da uccidere una decina di persone.

Squali nell'ombra

670 Pochi animali fanno rabbrividire come lo squalo bianco. È un predatore micidiale. Il suo corpo enorme a forma di siluro può fendere l'acqua a una velocità impressionante, spinto da muscoli possenti e dalla coda a mezzaluna.

673 Lo squalo leuca rappresenta una minaccia per l'uomo. Vive infatti in prossimità di aree popolate. Si spinge spesso nei fiumi dell'entroterra, dove la gente fa il bagno e si rifornisce d'acqua, e può essere aggressivo.

671 Gli squali sono pesci della stessa famiglia delle razze. Solitamente si tratta di predatori che si nutrono di pesci, calamari, foche e altre creature marine. Alcuni squali inseguono le prede con slanci improvvisi, mentre altri si appostano per tendere un agguato alla vittima.

672 Uno degli squali più pericolosi si trova nei mari e negli oceani di tutto il mondo. Lo squalo azzurro caccia spesso in branco e circonda le prede prima di attaccare. Sebbene si nutra principalmente di pesci e calamari, attacca anche le persone.

▲ Gli squali bianchi sono predatori terribili. Sono dotati di file di affilatissimi denti triangolari, perfetti per strappare grossi brandelli di carne da foche, leoni marini e delfini.

674 **Lo squalo grigio del reef è un predatore agile e veloce che vive negli oceani Indiano e Pacifico.** A differenza di altri squali, fornisce tutta una serie di avvertimenti prima di attaccare. Se si sente minacciato, abbassa le pinne, alza il muso e inizia a serpeggiare e a rigirarsi nervosamente nell'acqua.

Coste insidiose

▼ Quando si toccano gli aculei del pesce pietra, le ghiandole alla loro base rilasciano del veleno che può causare difficoltà respiratorie e insufficienza cardiaca.

▲ Il pesce pietra si mimetizza tra le rocce e aspetta le sue prede, tra cui piccoli pesci.

675 La costa può sembrare una zona tranquilla, ma il pericolo è in agguato tra le onde che la lambiscono. Mentre alcuni predatori cacciano attivamente, altre creature si appostano in attesa delle prede.

676 Il pesce pietra sembra una roccia incrostata di coralli, un astuto camuffamento che nasconde una pericolosa sorpresa. Gli aculei che ha sul dorso secernono un potente veleno, e il contatto con uno solo di essi può essere letale.

USA LA FANTASIA!

Ora che hai scoperto animali pericolosissimi e gli strumenti micidiali che usano per uccidere le prede, è arrivato il momento di disegnare la tua creatura pericolosa! Avrà artigli, zanne, spine, veleno, o corna? Come la chiamerai? Forse “pesce artiglio” o “scimmia drago”?

677 **Il pesce scorpione ha un aspetto elegante, ma le lunghe spine che ha sulle pinne iniettano veleno come aghi.** Anche una sola ferita ha un effetto immediato ed è molto dolorosa, ma difficilmente può risultare fatale per un essere umano.

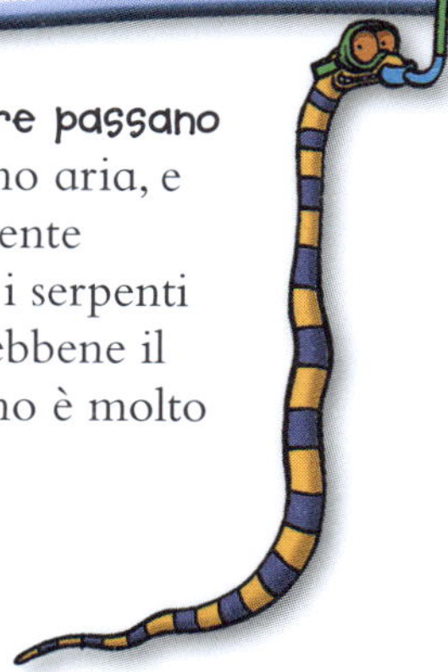

678 **I serpenti di mare passano la vita in acqua.** Respirano aria, e quindi devono continuamente tornare in superficie. Tutti i serpenti di mare sono velenosi, e sebbene il morso sia indolore, il veleno è molto potente e può uccidere.

679 **Le conchiglie non sono sempre inoffensive come sembrano.** Anziché inseguire le prede, le conchiglie cono attaccano usando un veleno che immobilizza la vittima, in modo che questa non possa fuggire. Il veleno può paralizzare un pesce nel giro di qualche secondo e può essere mortale per gli esseri umani. Gli scienziati lo stanno usando per sviluppare farmaci che riducono il dolore.

▼ Le conchiglie cono usano la loro proboscide per sparare dardi avvelenati nel corpo della preda. Il veleno è molto potente e provoca uno stato di paralisi quasi immediato.

Piccoli e terribili

◀ Le mosche comuni non hanno pungiglioni, ma sono pericolose per le malattie che possono diffondere se si posano sul cibo.

680 Gli animali non hanno bisogno di essere grandi per essere bestiali. Ci sono molti piccoli killer, soprattutto tra gli insetti. Alcuni, come le formiche, sono predatori a caccia di cibo. Altri, come le locuste, provocano danni anche agli esseri umani.

681 Le formiche vivono un po' ovunque, fuorché in acqua. Di solito sono innocue per gli esseri umani, ma formiche legionarie e formiche safari trasformano foreste tropicali e boschi in campi di battaglia. Il pungiglione delle legionarie contiene sostanze che dissolvono la carne, convertendola in un liquido che le formiche bevono.

▼ Una colonia di formiche legionarie è formata da milioni di esemplari che cacciano in gruppo, ispezionando il suolo e attaccando qualsiasi cosa trovino sul loro cammino.

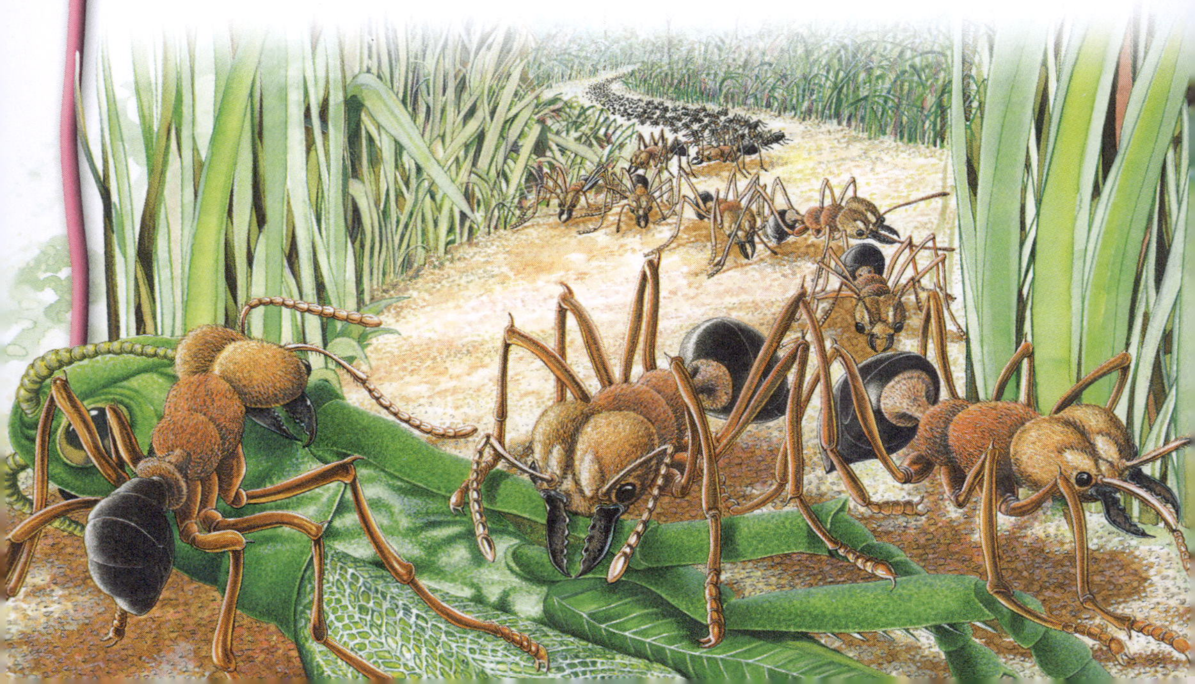

▲ Le api assassine proteggono l'alveare accanitamente, attaccando qualsiasi cosa si avvicini al loro nido.

682 **Le formiche safari hanno mascelle robuste con cui sminuzzano facilmente il cibo.** Cacciano in gruppi numerosi e brulicano nella foresta in cerca di prede. Il loro morso potente può uccidere grossi animali come le mucche. Sono in grado di spolpare un pollo in meno di un giorno, riducendolo a uno scheletro.

683 **Terribili invasioni di locuste furono descritte già migliaia di anni fa.** Questi insetti si spostano in sciami di milioni di esemplari alla ricerca di cibo e divorano tutte le piante che trovano, distruggendo i raccolti.

684 **Le api assassine sono una nuova specie creata da uno scienziato.** Il suo obiettivo era allevare api da miele molto produttive, ma ha ottenuto api estremamente aggressive. Queste api si spostano in sciami enormi, e quando una di loro punge, viene imitata dalle altre. Se una puntura non è letale, più punture possono uccidere. Sembra che questi piccoli mostri abbiano ucciso un migliaio di persone.

Nemici invisibili

685 Molte creature pericolose sono troppo piccole per essere viste. Sono i parassiti che vivono dentro esseri umani o animali o sul loro corpo, causando infezioni, malattie e persino la morte. L'animale che porta il parassita è un ospite.

▼ Trasmessa dai topi circa 700 anni fa, la morte nera o peste bubbonica sterminò un terzo della popolazione europea (25 milioni di persone).

686 È risaputo che i ratti trasmettono malattie. Trasportano batteri sulle zampe e in bocca, insieme ad altri tipi di parassiti, le pulci. A loro volta, le pulci possono avere dei parassiti all'interno del corpo, i batteri della peste.

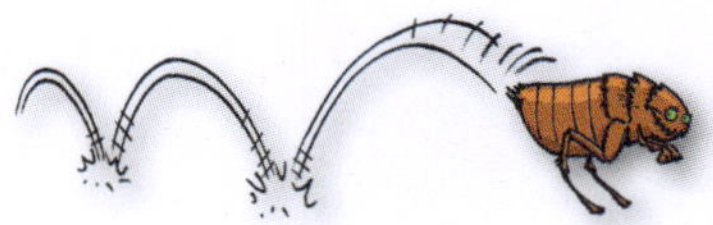

687 La peste ha tormentato gli esseri umani per migliaia di anni. Questa malattia si diffonde quando le pulci dei ratti mordono le persone, trasmettendo i batteri della peste. Se le condizioni igieniche sono scarse, ratti e pulci si moltiplicano e la malattia può diffondersi rapidamente, decimando la popolazione.

▼ La mosca tse-tse si nutre di sangue e trasmette parassiti che provocano la malattia del sonno. Questa malattia è diffusa nei paesi in via di sviluppo e può essere letale se non viene curata.

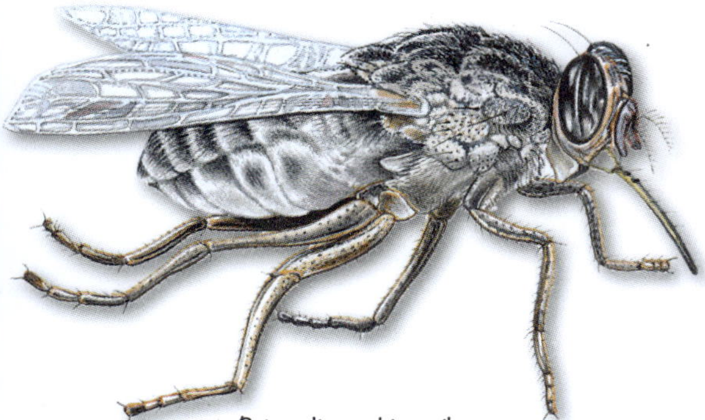

Prima di succhiare il sangue

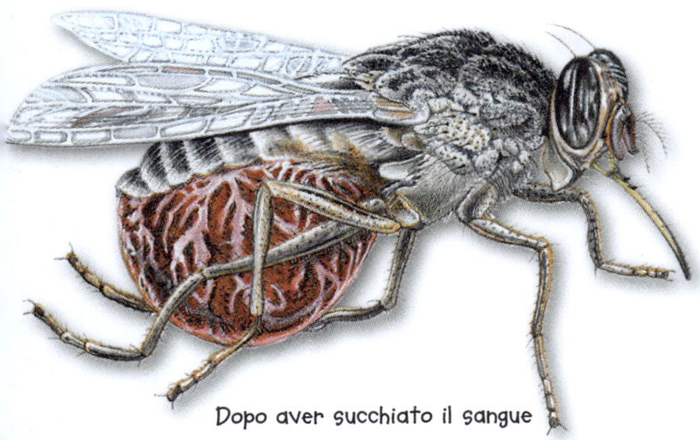

Dopo aver succhiato il sangue

QUIZ

1. Come si chiama la peste che sterminò un terzo della popolazione europea?
2. Come fanno le zanzare a trasmettere la malaria e altre malattie?
3. Che parassiti trasportano i ratti?

Risposte: 1. La morte nera. 2. Succhiando il sangue delle vittime. 3. Le pulci.

689 La zanzara e i suoi minuscoli parassiti sono tra le creature più pericolose al mondo. Quando la zanzara succhia il sangue da esseri umani e animali, trasmette i suoi parassiti. Tra gli altri, i parassiti che provocano la malaria, una malattia che colpisce soprattutto i paesi in via di sviluppo dal clima caldo. In Africa, causa circa un milione di morti all'anno.

688 I vermi sono tra i parassiti più comuni. Minuscoli vermi cilindrici chiamati nematodi vivono all'interno del corpo di molti animali, compresi alcuni esseri umani, e possono trasmettere malattie. I cestodi appartengono invece alla famiglia dei vermi piatti, e assorbono cibo dall'intestino del loro ospite.

► Le zanzare perforano la pelle della vittima per succhiare il sangue, trasmettendo malattie pericolose come la malaria.

I RAPACI

690 I rapaci sono i magnifici predatori dei cieli. Veleggiano nell'aria grazie alle loro grandi ali che li tengono sospesi, ispezionando il terreno alla ricerca di cibo. Alcuni, come le aquile, sono predatori e uccidono per sfamarsi. Altri, come gli avvoltoi, si cibano di carogne (animali morti). Il termine rapace deriva dal latino *rapêre*, che significa "rapire" o "ghermire", perché i rapaci portano via le prede con le zampe.

▼ Una poiana codabianca porta del cibo ai suoi piccoli. Questi rapaci nidificano sulle sporgenze delle pareti rocciose e si nutrono di piccoli mammiferi, rettili e grossi insetti.

Una vista da aquila

691 Come tutti i predatori, i rapaci sono dotati di una strumentazione particolare. Hanno sensi acuti, corpi muscolosi, becchi forti e zampe con artigli affilati dalla presa decisa. Localizzano le prede da lontano e sferrano attacchi letali con estrema precisione, a velocità impressionanti.

▼ L'aquila reale è un uccello enorme: misura circa 2 metri da una punta all'altra delle ali.

692 I rapaci volano molto in alto. Il cielo non offre solo un'ottima visuale sulle prede, ma è anche un luogo sicuro. Anche i rapaci adulti hanno nemici naturali, ma viste le loro dimensioni, persino a terra si rivelano generalmente all'altezza di gran parte degli altri predatori.

693 Per i rapaci, è essenziale avere una buona vista. Devono essere in grado di individuare le prede nell'erba o nei loro nascondigli, spesso da molto lontano. I rapaci hanno occhi pieni di cellule fotosensibili. Gli occhi sono collocati in prossimità della zona frontale: vedono quindi bene di fronte, ai lati, e in parte dietro, ruotando la testa.

QUIZ

Quali animali sono predatori e quali prede?

- Leopardo
- Facocero
- Aquila
- Coccodrillo
- Tartaruga
- Gnu

Risposte: I predatori sono leopardo, aquila, coccodrillo. Le prede sono facocero, tartaruga, gnu.

▼ I rapaci hanno grandi occhi puntati in avanti, e quindi un'ottima vista.

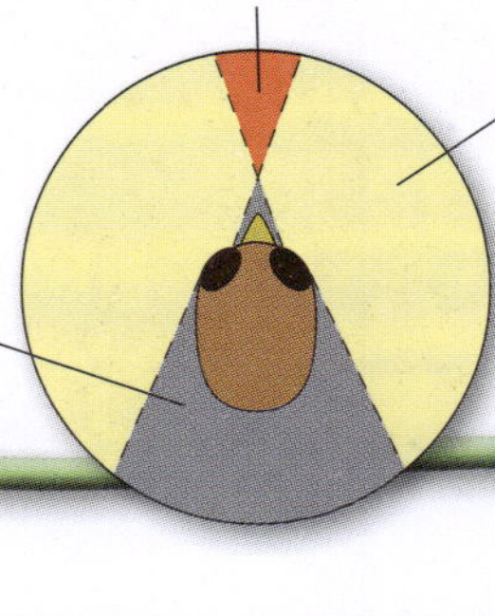

694 **I rapaci hanno corpi enormi e possenti.** Questo li aiuta a catturare e uccidere le prede, ma richiede più energia durante il volo. La carne è un cibo molto energetico, ideale per rafforzare i muscoli. I rapaci più piccoli sono molto agili, ma anche i più grandi possono scendere in picchiata e rialzarsi veleggiando.

▶ Aquile e avvoltoi hanno becchi grandi e forti, mentre i falconi li hanno più piccoli e affilati. Becco e artigli sono formati da cheratina, la stessa sostanza dura di cui sono fatte le nostre unghie.

695 **Gli scienziati credevano che tutti i rapaci avessero un olfatto poco sviluppato.** L'avvoltoio dal collo rosso è l'unico tra i rapaci ad avere un olfatto sensibile, e probabilmente l'unico in grado di fiutare le prede. Mentre è in volo, riesce a individuare una carogna al suolo.

Dove vivono?

▲ L'aquila di mare di Steller si nutre principalmente di pesce, e vive vicino ai fiumi, ai laghi e alle coste. È diffusa solo nelle zone più orientali della Russia.

696 Le calde regioni tropicali ospitano molte specie di rapaci. Vivono nelle praterie o nelle foreste pluviali, ricche di cibo. Lontano da queste zone, i rapaci sono meno diffusi. I loro habitat sono le foreste, le zone umide e le zone costiere.

▼ Il falco pellegrino è il più diffuso tra i rapaci e si trova in tutti i continenti, a eccezione dell'Antartide.

697 I rapaci vivono un po' in tutto il mondo, tranne in Antartide. Non ci sono rapaci in grado di sopravvivere al gelo del polo sud, dove il cibo scarseggia. Alcuni riescono invece a sfamarsi e a sopportare il freddo del polo nord. Gufi delle nevi, falchi pellegrini e aquile di mare sono resistenti al freddo, anche se si spostano verso luoghi più caldi quando si fa troppo pungente.

▶ Gli avvoltoi e uno sciacallo si contendono la carcassa di una zebra nella prateria africana.

698 Alcuni rapaci vivono in habitat diversi e in diverse parti del mondo. Falchi pescatori e falchi pellegrini sono diffusi in America, Africa, Asia, Europa e Australia. I falchi pescatori vivono vicino all'acqua, mentre i pellegrini preferiscono zone collinari, pareti rocciose e persino città.

▶ Questa famiglia di poiane di Harris ha nidificato su un cactus. Del resto, nel deserto gli alberi sono rari.

699 I barbagianni vivono in molte parti del mondo, facendo il nido spesso e volentieri all'interno di vecchi edifici. Di solito prediligono fienili o campanili, dove difficilmente vengono infastiditi e dove sanno di trovare una buona scorta di piccoli roditori da mangiare.

700 La poiana di Harris caccia nei deserti e in altre zone aride. Gli animalini che vivono in queste zone rimangono spesso nascosti e al riparo dalla luce del sole, in modo da non farsi vedere. Le astute poiane di Harris aggirano il problema andando a caccia in gruppo: così è più facile trovare e uccidere le velocissime prede.

Grandi e piccoli

701 I rapaci più grandi sono i condor delle Ande. La loro apertura alare, misurata dalla punta di un'ala all'altra, nei maschi può raggiungere i 3 metri. I condor sono gli uccelli con le ali più grandi, in grado di sfruttare il vento per veleggiare sopra le vette a cinque chilometri e mezzo di altezza.

Condor delle Ande
Lunghezza del corpo: 120 centimetri
Apertura alare media: 3 metri

▶ Queste ali sono riprodotte in scala. Grandi uccelli con grandi ali veleggiano e percorrono grandi distanze. Uccelli con ali più piccole sono più agili e cacciano a una velocità maggiore.

Falco nano della Malesia

702 In Europa, i rapaci più grandi sono le aquile di mare. Si possono trovare dalla Groenlandia alla Turchia, ma ne rimangono solo 10.000 esemplari in natura. Dopo essere state cacciate e avvelenate per anni, rischiando l'estinzione, oggi sono protette in molti paesi. In Australia, i rapaci più grandi sono le aquile cuneate: possono essere lunghe un metro e avere un'apertura alare di 2,3 metri.

◀ Il corpo minuto del falco nano della Malesia gli permette di lanciarsi all'inseguimento delle prede nella foresta.

703 I rapaci più piccoli sono i falchetti del Sudest asiatico. Delle cinque specie esistenti, le più piccole sono il falco nano del Borneo settentrionale e il falco nano della Malesia. Dal becco alla punta della coda, sono lunghi solo 14-18 centimetri. Si nutrono di insetti, ma il falchetto screziato, che è il più grande, cattura anche piccoli animali.

MISURE A CONFRONTO

Utilizzando un metro a nastro, scopri quanto sono grandi o piccoli questi uccelli. Se ti trovassi vicino a un gufo reale, ti arriverebbe alla vita? Se le tue braccia fossero ali, quanto misurerebbe la tua apertura alare?

Gufo reale
Lunghezza del corpo: 70 centimetri
Apertura alare media: 2 metri

704 Alcuni rapaci notturni sono molto grandi. Il gufo reale è alto circa 70 centimetri e talmente grande da cacciare cerbiatti, sebbene mangi anche coleotteri, ratti e arvicole. Predilige gli spazi aperti, ma è in grado di cacciare nelle foreste.

Poiana comune
Lunghezza del corpo: 48 centimetri
Apertura alare media: 125 centimetri

705 Il più grande rapace mai esistito è stato probabilmente l'aquila di Haast. Viveva in Nuova Zelanda fino a circa 500 anni fa. Sei milioni di anni fa, nei cieli dell'attuale Argentina volava un uccello gigante, l'Argentavis. Era simile a un condor, ma con un'apertura alare di un piccolo aeroplano!

Falco nano della Malesia
Lunghezza del corpo: 15 centimetri
Apertura alare media: 30 centimetri

Sospesi nell'aria

706 I rapaci hanno un vantaggio sugli altri predatori: possono volare. Questo permette loro di sfuggire ad altri predatori. Possono ispezionare facilmente nuove aree in cerca di cibo, partner, o siti di riproduzione.

707 Il corpo degli uccelli è perfettamente adatto al volo. È dotato di ossa leggere, quasi completamente cave, ma robuste. A ogni respiro, un grande cuore e grandi polmoni raccolgono abbondanti dosi di ossigeno, il gas che serve agli animali per trasformare il cibo in energia.

▶ **Rimanere sospesi in aria e volare richiede molta energia: per questo il gheppio ha un corpo leggero, con muscoli e ali potenti. Lo scheletro è leggero e flessibile, ma allo stesso tempo robusto e rigido.**

DA NON CREDERE!

Il lodolaio è uno dei volatili più agili e veloci. È capace di compiere le più straordinarie acrobazie aeree e si fionda al suolo in picchiata a velocità incredibili, aprendo le ali solo quando si trova a pochi metri da terra.

708 Il gheppio rimane sospeso in aria, muovendosi appena. Vola controvento, rimanendo fisso nello stesso punto sopra il terreno. Riesce a mantenere la posizione spiegando la coda e incurvando verso l'alto le penne alle estremità delle ali. Abbassando la testa, ha una buona visuale sul terreno e può localizzare le prede prima di sferrare un attacco.

709 Ali lunghe e larghe permettono ai rapaci di veleggiare nell'aria. Hanno anche una grande coda a ventaglio che, con le ali, cattura l'aria come un paracadute. Uccelli veleggiatori come aquile e avvoltoi spesso aspettano che l'aria sia calda per volare. Quando l'aria viene scaldata dal sole, va verso l'alto. I rapaci usano queste correnti ascendenti di aria calda per spiccare il volo e raggiungere grandi quote.

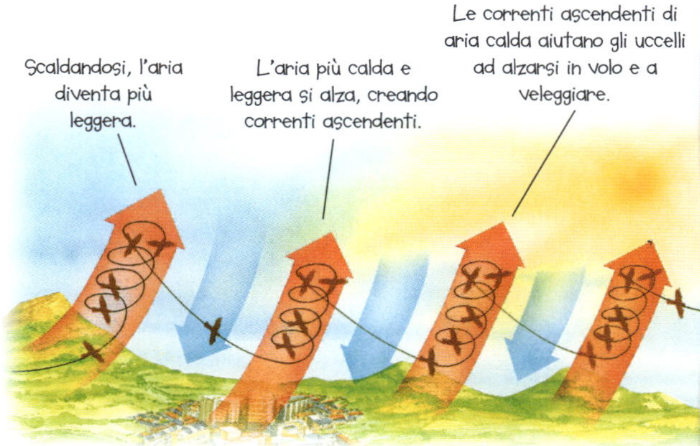

▲ Le correnti ascendenti di aria calda vanno verso l'alto. I rapaci le sfruttano per raggiungere grandi altezze.

710 Nella stagione degli amori, i maschi eseguono voli di corteggiamento. L'obiettivo è richiamare le femmine o marcare il territorio. I voli di corteggiamento possono essere di vario tipo: volteggi in tondo, lanci in picchiata, discese e salite repentine.

▶ Durante la stagione degli amori, un'aquila reale si lancia verso il partner, che si volta per fare la lotta con le zampe.

Nidi, uova e piccoli

711 Come tutti gli uccelli, i rapaci depongono le uova nel nido. Le femmine fanno il nido sugli alberi o su pareti rocciose. Alcune usano lo stesso nido anno dopo anno, aggiungendo ramoscelli finché non diventa enorme. I nidi d'aquila reale possono essere profondi 6 metri e larghi 2!

▶ Il falco pescatore usa spesso lo stesso nido anno dopo anno. Per questo il nido diventa enorme.

712 I grandi rapaci hanno pochi predatori naturali, e quindi depongono solo uno o due uova all'anno. Ai piccoli serve molto cibo, e occuparsi di loro è impegnativo. Se avessero più piccoli, potrebbero non essere in grado di trovare abbastanza cibo per sfamarli, e alcuni di loro morirebbero. Generalmente, i rapaci più piccoli si accoppiano prima e depongono più uova.

713 Le femmine depongono un uovo alla volta e si siedono sopra per tenerlo al caldo. Possono passare molti giorni prima che depongano tutte le uova. Mentre la femmina protegge uova e piccoli, i maschi portano cibo al nido. Quando le uova si schiudono, i piccoli sono ricoperti di soffici piume, dette piumino.

QUIZ

Gli uccelli depongono uova e allevano i piccoli nei nidi. Abbina gli animali alla loro casa:

- Tana
- Alveare
- Cunicolo
- Tela

- Ragno
- Coniglio
- Ape
- Orso

Risposte: tana/orso, alveare/ape, cunicolo/coniglio, tela/ragno.

▼ Il piccolo di un falco pellegrino esce dall'uovo.

▶ Dopo due giorni, il piccolo è coperto di piumino e pigola perché ha fame.

714 **Se c'è poco cibo, i piccoli più deboli non vengono sfamati e muoiono.** Nei nidi d'aquila, i piccoli più grossi e affamati possono arrivare a spingere gli altri fuori dal nido o addirittura a mangiarli. Alla prole dello smeriglio, un rapace di minori dimensioni, bastano poche settimane per sviluppare le penne per il volo. Per i piccoli degli avvoltoi invece potrebbero volerci anche quattro mesi.

715 **I giovani rapaci possono rimanere con i genitori per molti mesi.** Prima di diventare autonomi, devono imparare a cacciare. Nel frattempo, dipendono dal cibo che procurano gli adulti, anche per un anno intero. Una volta raggiunta l'età matura, troveranno un partner con cui rimarranno per il resto della vita.

▼ A 28 giorni d'età, il piccolo inizia a sviluppare il piumaggio, che sostituirà gradualmente il piumino.

▶ I giovani falchi pellegrini hanno un piumaggio marrone e striature sul muso meno vistose rispetto agli adulti.

Chi resta e chi va

716 **I rapaci possono percorrere grandi distanze migrando in cerca di cibo o siti di riproduzione.** I rapaci che vivono vicino all'equatore di solito non migrano, perché ai tropici trovano abbastanza cibo e fa caldo tutto l'anno.

▼ I rapaci migratori seguono rotte precise anno dopo anno. Qui sono rappresentate le principali rotte migratorie.

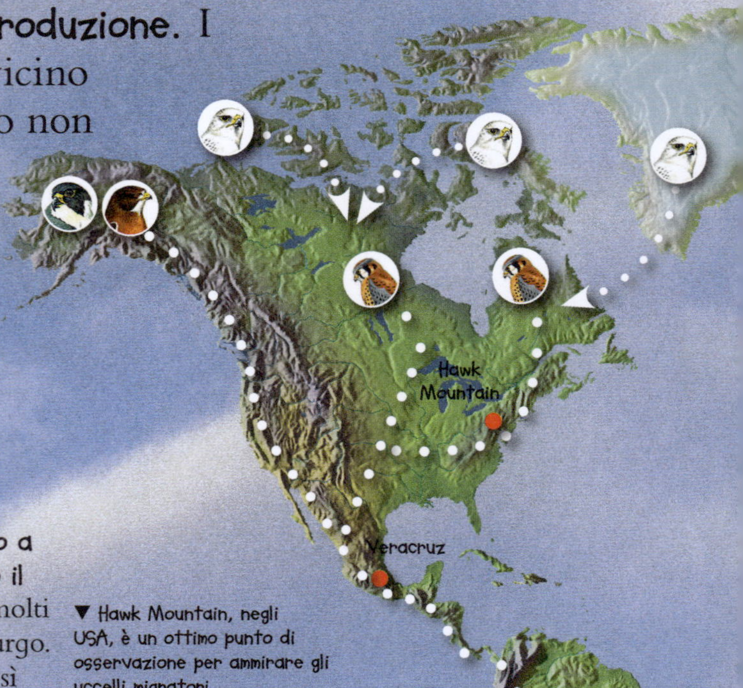

717 **Gli animali che vivono a nord devono lottare contro il freddo.** Durante l'inverno, molti piccoli animali vanno in letargo. Alcuni rapaci rimangono così senza prede, e si spostano a sud verso le zone più calde. Aquile reali, girfalchi e astori non si muovono dai loro freddi habitat, a meno che vivano all'estremo nord.

▼ Hawk Mountain, negli USA, è un ottimo punto di osservazione per ammirare gli uccelli migratori.

718 **Generalmente, gli uccelli migratori sorvolano la terra, non l'acqua.** Le correnti d'aria calda che sfruttano per veleggiare a lungo non si sviluppano sull'acqua, ma sui continenti: per questo le loro rotte evitano mari e oceani. Grandi stormi di uccelli sorvolano però strisce di terra e stretti come Gibilterra, dove si incontrano Europa e Africa, o le coste del Mar Nero.

Poiana di Swainson — Gheppio comune — Girfalco

▲ Le rotte seguite da questi uccelli migratori sono segnate in bianco sulla mappa.

DA NON CREDERE!

L'aquila anatraia minore può volare per 290 chilometri al giorno durante la migrazione dall'Europa all'Africa meridionale. Vola solo di giorno, partendo la mattina tardi, non prima delle 10.

720 Non si sa con certezza come gli uccelli migratori riescano a orientarsi. Forse seguono il sole, ma è più probabile che sfruttino il campo magnetico terrestre e dei punti di riferimento ormai noti, dopo aver percorso le stesse rotte per anni.

719 Le più spettacolari migrazioni di rapaci si possono osservare a Veracruz, in Messico. In autunno, sorvolano la zona oltre cinque milioni di uccelli, tra cui 2,7 milioni di avvoltoi dal collo rosso e 2,4 milioni di poiane dalle ali larghe.

◀ Le poiane dalle ali larghe migrano in grandi stormi sorvolando Veracruz, in Messico.

Cacciatori esperti

721 **Ai predatori servono sensi ben sviluppati per trovare le prede, velocità per cacciarle, e armi per ucciderle.** I rapaci sono dotati di un corpo ideale per localizzare e uccidere, ma per imparare a cacciare ci vogliono tempo, pazienza e pratica.

DA NON CREDERE!

L'aquila reale è un grande uccello con un grande appetito. Può catturare conigli, tartarughe, volpi, altri uccelli, rettili, e persino cerbiatti!

◀ Il piumaggio soffice dell'allocco attutisce i rumori, permettendogli di spiccare il volo in silenzio.

722 **Le armi più importanti sono le zampe e la bocca.** Di solito, il becco dei rapaci è ricurvo, con la punta a uncino. I falconi e i rapaci notturni, che cacciano altri uccelli, hanno becchi corti e ricurvi. I rapaci che predano animali più grandi hanno becchi lunghi e forti.

▼ Gli artigli dell'aquila reale possono trafiggere facilmente la carne come dei pugnali.

723 **Le zampe dei rapaci sono munite di artigli, e sono perfette per cacciare.** Ogni piede ha tre forti dita squamate rivolte in avanti e una all'indietro. Quando le dita si piegano, funzionano come una mano, e sono ideali per trattenere una preda che si divincola.

Uncini affilati permettono al falco pescatore di afferrare pesci scivolosi.

Quando il barbagianni ghermisce la preda, le zampe si allargano per consentirgli una buona presa.

L'urubù non ha bisogno di artigli molto affilati perché si nutre di carogne.

▲ La forma degli artigli di un uccello dipende da come caccia e dal tipo di preda.

725 **Si può capire come caccia un rapace dalle sue zampe.** Se ha zampe e piedi corti, di solito uccide la preda a terra. Se li ha lunghi e slanciati con artigli affilati, cattura e uccide le prede in aria. Se il dito rivolto all'indietro è molto grande, significa che può afferrare grossi animali come conigli o cerbiatti.

▶ I rapaci notturni cambiano facilmente direzione con rapidi battiti d'ali.

724 **Gli allocchi cacciano prevalentemente di notte.** Dal loro posatoio, cercano di percepire i movimenti e i rumori dei piccoli animali nei dintorni. A volte battono le ali per spaventare altri uccelli appollaiati, costringendoli a combattere. Mentre questi volano, gli allocchi li inseguono, preparandosi all'attacco. Riescono addirittura a catturare uccelli o pipistrelli a riposo o nei loro nidi.

▶ Mentre si prepara ad afferrare la preda, l'allocco dispiega le ali per coprirla e la uccide all'istante con il becco e le zampe.

Rapaci spazzini

◄ Avvoltoi e marabù africani banchettano sulla carcassa di un animale morto.

726 Non tutti i rapaci inseguono le prede. I necrofagi, o animali spazzini, mangiano qualsiasi tipo di carne trovano. Ci sono rapaci che cercano carogne solo quando sono a corto di prede vive, mentre altri mangiano esclusivamente avanzi.

727 Gli avvoltoi sono rapaci che vanno in cerca di animali morti. Spesso hanno testa e collo privi di piume, per non sporcarsi quando si nutrono delle carogne. Cercano di avvistare iene o leoni attorno a un pasto e, quando arriva il loro turno, scendono in picchiata a finire quello che rimane.

▶ I grifoni adulti hanno piume bianche sul collo, il becco giallo e bianco e gli occhi gialli e marroni. I giovani hanno un piumaggio più scuro, becco e occhi marroni.

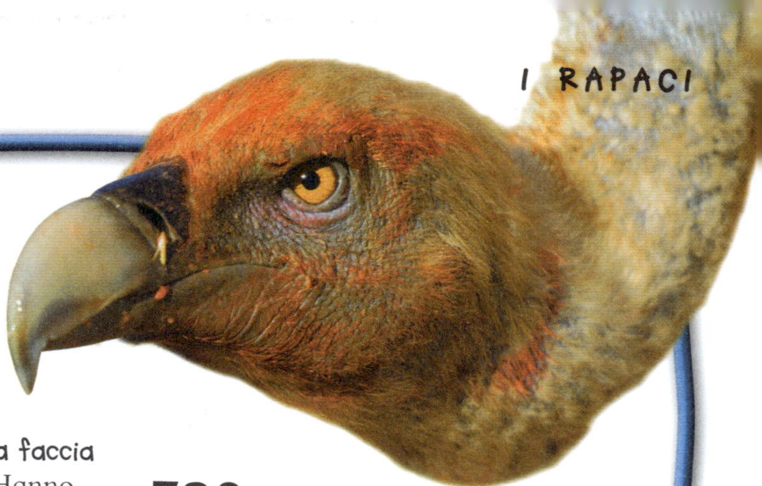

728 **Ai grifoni piace lavarsi la faccia con l'acqua dopo aver mangiato.** Hanno testa e collo privi di piume, per potersi immergere nelle carcasse. Questi uccelli volteggiano con le loro enormi ali sopra spazi aperti, alla ricerca di carogne. Volano in gruppo, anche per 40 ore di seguito, spaventando altri predatori per rubare loro il cibo.

730 **Gli avvoltoi africani fanno a turno per sfamarsi.** L'avvoltoio dai bargigli ha un grande becco, perfetto per farsi strada tra la pelle e la pelliccia, quindi spesso mangia prima degli altri. L'avvoltoio dal cappuccio aspetta per avere la carne più morbida e i gipeti si accontentano degli avanzi.

◀ Di solito gli avvoltoi hanno un collo lungo e sottile per poter immergere la testa in profondità nella carcassa. Il becco è particolarmente lungo e forte, perché le carogne sono dure da mangiare.

729 **Gli avvoltoi e altri uccelli necrofagi fanno di tutto per accaparrarsi un pasto.** L'avvoltoio dal collo rosso vola o sosta spesso in prossimità delle strade, pronto a intervenire quando gli animali vengono accidentalmente investiti dai veicoli. Per il capovaccaio è difficile aprire le uova con il becco, quindi usa una pietra per frantumarle.

◀ Pochi animali sono così intelligenti da servirsi di utensili, ma il capovaccaio rompe le uova con le pietre.

Una dieta speciale

731 Alcuni rapaci seguono una dieta speciale. L'aquila anatraia minore vive nelle zone umide, nutrendosi di rane. Il nibbio chiocciolieere estrae le lumache dal guscio con il becco ricurvo e uncinato. L'avvoltoio delle palme mangia i frutti delle palme.

▲ Quando il falco pescatore si tuffa, chiude le narici per evitare che l'acqua entri nel naso. Una volta catturata la preda, la porta al nido per mangiarsela in pace o per sfamare i piccoli.

732 Tirare un pesce fuori dall'acqua richiede grande abilità. Eppure alcuni rapaci ci riescono. Veleggiano sopra l'acqua, attenti ai movimenti vicino alla superficie. Quando avvistano un pesce, si lanciano in picchiata e immergono le zampe per afferrarlo. Questo richiede una vista acuta, riflessi pronti e un corpo agile.

► Il nibbio chiocciolieere vive nelle zone umide del Sud America, dove si nutre di chiocciole, tartarughe e granchi. Preda anche roditori come ratti e topi.

733 Il falco pescatore si nutre di pesce. Nidifica vicino a laghi, fiumi, o tranquille zone costiere. Si alza in volo anche a 30 metri di altezza, finché non avvista un pesce. A quel punto si lancia in picchiata con le ali mezze chiuse, allungando le zampe poco prima di toccare l'acqua.

734 **Le aquile di mare catturano sia pesci che anatre.** Appostate tra gli alberi, piombano sulle prede. Sono in grado di afferrare le prede più scivolose grazie alle escrescenze appuntite che hanno sulle zampe e di lacerare la carne con il grande becco.

735 **La dieta dei gipeti si basa su ossi e avanzi lasciati da altri predatori.** Raccolgono grandi ossi con le zampe e li portano a un'altezza di 80 metri prima di lasciarli cadere al suolo per spaccarli. Fanno lo stesso con le tartarughe, in modo da mangiare la carne morbida protetta dal guscio.

PESCE, CHE BONTÀ!

I pinguini sono uccelli che non volano e si nutrono di pesce. Scopri dove vivono e come catturano i pesci. Che differenze noti tra il loro corpo e quello dei rapaci?

▶ Se un osso viene lasciato cadere dall'alto, si spacca: il gipeto può così mangiare il tenero midollo all'interno.

Serpenti sotto i piedi

736 Gli uccelli serpentari sono diversi dagli altri rapaci. Sono alti, eleganti e dalle zampe lunghe. Avanzano a grandi passi tra l'erba alta delle pianure africane, in cerca di insetti e altri animali. Quando trovano una preda, la calpestano e la colpiscono a morte con il becco.

737 I serpentari mangiano serpenti, anche velenosi, come cobra e vipere. Quando avvista un serpente nella vegetazione, il serpentario gli corre incontro e lo calpesta, oppure lo colpisce in testa con un calcio. Poi lo finisce con un colpo di becco sul collo. Se la preda è troppo difficile da uccidere in questo modo, la prende con il becco, si alza in volo e la lascia cadere dall'alto.

▶ Un serpentario maschio può essere alto fino a 1,4 metri. Viene anche chiamato segretario per la caratteristica cresta sul capo formata da piume nere che ricordano le penne a inchiostro di una volta.

738 **I serpenti non hanno alcuna chance contro i serpentari.** Questi predatori si lanciano in inseguimenti veloci, e hanno zampe rivestite di spesse squame che proteggono dai morsi. Se il serpente reagisce, il serpentario apre le ali per formare uno scudo. Il battito d'ali spaventa il serpente che, anche se morde una piuma, non può nuocere. I serpentari cacciano spesso in coppia e percorrono oltre 25 chilometri al giorno alla ricerca di cibo.

QUIZ

1. Quanto può essere alto un serpentario maschio?
2. Di cosa sono rivestite le zampe dei serpentari?
3. Quanti serpenti al giorno servono a una famiglia di bianconi per sfamarsi?

Risposte: 1. Circa 1,4 metri. 2. Spesse squame. 3. Almeno cinque.

739 **Quando i serpentari sono arrabbiati, agitati o spaventati, rizzano le piume sul capo.** Il loro piumaggio è bianco e grigio. La parte superiore delle lunghe zampe è coperta di piume nere: sembra quasi che indossino dei pantaloncini! Maschi e femmine sono simili, ma le femmine sono più piccole.

▶ I bianconi rifocillano i loro piccoli affamati con serpenti morti.

740 **Non sono molti i rapaci a nutrirsi di serpenti, ma i bianconi raramente mangiano altro.** Attaccano serpenti lunghi quasi 2 metri, e mangiano anche quelli velenosi. Una famiglia di bianconi ha bisogno di almeno cinque serpenti al giorno per sfamarsi, e gli adulti passano molto tempo a cacciare queste viscide prede.

Le aquile

741 Le aquile sono uccelli grandi e maestosi con zampe robuste, becco e piedi grandi, e ali lunghe. Sono solitamente più piccole degli avvoltoi, ma più grandi di tutti gli altri rapaci. Le circa 60 specie comprendono aquile pescatrici, aquile dei serpenti, aquile arpie e aquilastori o spizaeti.

742 Le aquile vivono praticamente in tutto il mondo, tranne in Antartide. L'aquila reale è una tra le specie più diffuse. Ce ne sono circa un milione di esemplari sparsi tra Nord America, Europa e Asia. Vive in zone montuose, nelle foreste e sulle pareti rocciose. L'aquila dei serpenti di Nicobar è una specie rara: ne sopravvivono meno di 1000 esemplari su una piccola isola vicino all'India.

▼ Grandi rapaci come le aquile sfruttano le correnti ascendenti di aria calda per volare alto nel cielo.

743 Le aquile sono meno agili di altri rapaci. Cacciano veleggiando e planando rapidamente invece di rimanere sospese e scendere a picco. Spesso rimangono appollaiate alla ricerca di prede, su cui piombano senza pietà.

744 **Le foreste dei bassopiani del Sud America ospitano le maestose aquile arpie.** Questi rapaci sono enormi e possono superare il metro di lunghezza, con un'apertura alare di 2 metri. Hanno una grande cresta a due punte sul capo e i piedi delle dimensioni della zampa di un orso grizzly. Le aquile arpie predano animali che vivono sugli alberi come scimmie e bradipi, inseguendoli abilmente tra i rami.

▲ I maschi di aquila arpia hanno un piumaggio grigio sulla testa e nero su ventre e dorso. Le femmine sono più chiare.

DA NON CREDERE!

Il nome delle aquile arpie potrebbe derivare dalle creature alate della mitologia greca. Spiriti alati che rubavano il cibo, le arpie avevano il viso di donna e il corpo d'uccello.

745 **L'aquila di mare testa bianca è il simbolo degli USA.** È facilmente riconoscibile per la testa e la coda bianche e il becco giallo. Gli esemplari più giovani hanno un piumaggio marrone e non sviluppano il colore bianco fino ai quattro o cinque anni d'età. Queste aquile mangiano praticamente di tutto, dalle carogne ai pesci, che a volte rubano ad altri uccelli.

▶ I maschi e le femmine di aquila di mare dalla testa bianca sono quasi identici, anche se generalmente le femmine sono un po' più grandi dei maschi.

Nibbi e poiane

746 I nibbi sono piccoli rapaci dal becco corto, con ali e coda lunghe e appuntite. Sono uccelli eleganti dal battito d'ali lento. Si nutrono di piccole prede, come insetti e roditori. Vivono un po' in tutto il mondo, soprattutto nelle zone calde.

◀ Il nibbio coda di rondine americano raramente batte le ali mentre vola, ma ruota la coda per cambiare rapidamente direzione.

747 I nibbi bruni sono onnivori: mangiano praticamente di tutto. Non disdegnano neanche la spazzatura. Vivono in Africa, Australia, Europa e in alcune zone dell'Asia, soprattutto nei boschi, vicino alle aree coltivate e all'acqua, o nei pressi dei villaggi. I nibbi reali sono più rari: vivono solo in alcune parti dell'Europa. Mangiano altri uccelli, ma anche quello che capita.

748 Il nibbio coda di rondine americano vive nelle foreste pluviali tropicali del Sud America. Ha ali lunghe ed eleganti con code forcute, simili a quelle delle rondini. Può veleggiare e scendere a picco, cambiando continuamente direzione. Nidifica sulle cime di alti alberi.

▶ I nibbi reali cacciano sorvolando praterie, laghi e discariche. Vanno anche alla ricerca di carcasse di animali investiti.

749 Le poiane sono grossi uccelli dalle ampie ali e coda larga e arrotondata. Mentre volano, battono le ali lentamente e con eleganza. Si nutrono di piccoli mammiferi e insetti. Il pecchiaiolo mangia vespe e api: apre gli alveari con gli artigli e il becco per rifocillarsi di larve, crisalidi e insetti adulti. Ha narici simili a fessure e tra gli occhi il piumaggio è sostituito da setole, per proteggersi da eventuali punture.

750 Le poiane di Swainson sono diffuse nel continente americano. Trascorrono l'estate negli USA e si spostano in Sud America in inverno. Quando allevano i piccoli, mangiano topi, scoiattoli e rettili, mentre per il resto dell'anno si nutrono quasi esclusivamente di insetti come cavallette e coleotteri. Spesso passeggiano a terra in cerca di cibo, e a volte cacciano in gruppo.

◀ Una poiana comune si sfama nel periodo invernale. Ci sono circa 30 specie di poiane. Appartengono tutte al genere di rapaci chiamato Buteo.

QUIZ

1. Quali nibbi sembrano rondini?
2. Quali rapaci mangiano vespe e api?
3. Quali poiane a volte cacciano in gruppo?

Risposte: 1. I nibbi coda di rondine americani. 2. I pecchiaioli. 3. Le poiane di Swainson.

Falconi veloci

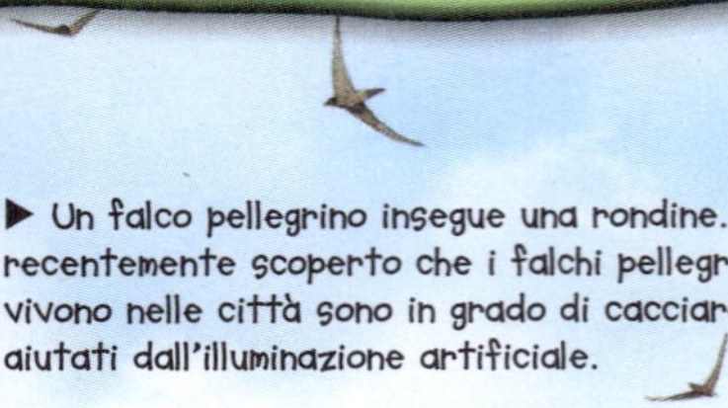

▶ Un falco pellegrino insegue una rondine. È stato recentemente scoperto che i falchi pellegrini che vivono nelle città sono in grado di cacciare di notte, aiutati dall'illuminazione artificiale.

751 Il falco pellegrino è l'animale più veloce della Terra. Quando si lancia all'inseguimento di una preda, può raggiungere una velocità di 100 km all'ora. In picchiata sulla preda, può superare i 300!

752 I falchi pellegrini viaggiano molto, lungo una delle rotte migratorie più lunghe tra i rapaci. Sembra che i falchi pellegrini americani percorrano 25.000 chilometri in un solo anno. Sono i rapaci più diffusi al mondo e vivono in tutti i continenti, tranne in Antartide. Nonostante questo, sono una specie rara.

▼ I falchi sacri hanno striature vistose, mentre alcuni falchi della regina hanno il petto rossiccio.

Falco sacro

Falco della regina

753 Ci sono circa 35 specie di falconi, molte delle quali velocissime. Sono rapaci di medie dimensioni dal corpo muscoloso, ali appuntite e code corte. Generalmente nidificano sulle pareti rocciose e depongono molte uova alla volta. I falconi predano uccelli e altri piccoli animali.

DA NON CREDERE!

Nel periodo riproduttivo, le femmine di girfalco fanno scorta di cibo vicino al nido. Con il loro becco possono spezzettare anche cibo congelato.

▶ Il girfalco è un uccello massiccio con più grasso corporeo per resistere al freddo.

754 **Il girfalco resiste al freddo e vive nelle zone più a nord del pianeta.** Alcuni girfalchi sono marroni o grigi. Più vivono a nord, più il loro piumaggio diventa chiaro per permettere loro di mimetizzarsi tra la neve. Con un'apertura alare che può raggiungere 1,3 metri, il girfalco è il falcone più grande. Va a caccia di grosse prede come pernici, gabbiani e oche.

▼ Il falco grillaio trascorre l'inverno in Africa, e si sposta in Europa in estate. Si nutre soprattutto di insetti, ma in primavera preda anche rettili e piccoli mammiferi.

755 **I gheppi sono piccoli falconi che stazionano quasi immobili in cielo prima di attaccare la preda.** Hanno la testa arrotondata e grandi occhi. Tra i rapaci, di solito maschi e femmine hanno un piumaggio simile; i gheppi maschi invece sono più colorati delle femmine.

Altri rapaci diurni

▼ Gli astori vivono nelle foreste europee. Cacciano soprattutto uccelli deboli o malati, che diventano facili prede.

756 Sparvieri e astori sono rapaci accipitridi. Sono uccelli di media taglia che vivono in boschi e foreste. Le ali corte arrotondate e la coda lunga permettono loro di procedere tra i rami degli alberi con guizzi veloci, all'inseguimento di piccoli mammiferi e uccelli.

757 Molti rapaci predano roditori, come i ratti. Aiutano in questo modo a proteggere i raccolti. Gli astori invece mangiano anche selvaggina e pollame. Uccelli selvatici come i fagiani vengono allevati per la caccia sportiva, mentre il pollame è una fonte di cibo importante per gli esseri umani. Molti astori sono stati eliminati per evitare che predassero questi animali.

DA NON CREDERE!

Lo sparviere bruno americano porta la preda su un posatoio speciale, una specie di ceppo da macellaio. Qui il rapace spenna la sua preda in modo da non dover sporcare il nido!

758 Alcuni sparvieri hanno una presa mortale. Molti rapaci usano le zampe per trattenere le prede e il becco per ucciderle. Quando cattura la preda, lo sparviere di Cooper la tiene in volo tra gli artigli affilati finché questa non muore. Oppure la tiene sott'acqua per annegarla.

759 Gli sparvieri eurasiatici sono tra i rapaci più diffusi al mondo. Vivono nelle foreste, nelle tenute agricole, nei boschi e nei parchi di Europa e Asia in primavera ed estate, mentre si spostano a sud in inverno. Sebbene siano così diffusi, sono talmente riservati da essere avvistati raramente. Ad ogni modo, quando il cibo scarseggia si avvicinano ai giardini alla ricerca di passerotti da mangiare.

760 Le albanelle sono rapaci simili agli sparvieri, con zampe e code lunghe. Volano spesso a bassa quota su campi e prati, perlustrando il terreno alla ricerca di serpenti, rane, insetti, uccellini o mammiferi. L'albanella reale vive in Europa, Asia e Nord America, ma le specie che popolano l'una e l'altra sponda dell'Atlantico differiscono leggermente tra loro. La specie nordamericana viene chiamata albanella americana.

Poiana nera minore: vive vicino all'acqua in Centro America

▶ Sparvieri e poiane hanno la testa arrotondata e il becco corto. Il corpo compatto li aiuta a volare e a cambiare direzione velocemente.

Poiana dalla coda rossa del Nord America: vive nei boschi, nei deserti e tra le montagne

Sparviere eurasiatico: nidifica nelle zone boschive

I predatori della notte

761 Gran parte dei rapaci notturni caccia di notte. Oltre ad avere artigli e becchi affilati, hanno grandi occhi frontali che percepiscono profondità e movimento. Gli occhi sono dotati di cellule per vedere i colori e la luce. Alcuni rapaci notturni hanno solo queste ultime per vedere al buio, e quindi non distinguono i colori.

DA NON CREDERE!

Il gufo reale uccide grossi animali, come aironi e caprioli. Può aggredire anche persone che, portando a spasso il cane, si avvicinano troppo al suo nido.

762 Nei rapaci notturni le piume servono sia ad affinare l'udito che a essere più silenziosi. Le piume sulle orecchie dirigono i suoni verso il canale uditivo, mentre la soffice peluria su corpo e zampe permette di attutire i movimenti. Inoltre, le penne sulle ali sono disposte in modo da smorzare il rumore dei battiti, consentendo una discesa silenziosa sulla preda.

▲ Come altri rapaci notturni, questo gufo della Virginia è attivo prevalentemente di notte. Inizia a cacciare al crepuscolo e si rimette a dormire quando sorge il sole.

◀ I rapaci notturni hanno tre palpebre: la terza è una membrana speciale che cala sopra l'occhio per mantenerlo pulito.

▶ Le borre possono essere aperte per studiarne il contenuto e scoprire che cosa mangiano i rapaci.

765 **I rapaci notturni hanno una dieta varia basata su insetti, uccelli, pipistrelli e pesci, che spesso deglutiscono interi.** Come altri rapaci, non sono in grado di digerire le parti dure del corpo delle prede, come ossi, pelliccia o piume. Quindi rigurgitano i residui in una specie di bolo chiamato borra. Ci vogliono circa sette ore prima che si formi una borra.

763 **Il gufo reale ha un'apertura alare di quasi 2 metri.** È il rapace notturno più grande, e lotta con altri uccelli per il territorio. L'elfo dei cactus è invece il più piccolo: con un'apertura alare di soli 15 centimetri, cattura le prede in volo.

764 **A differenza di molti altri rapaci, i rapaci notturni non si costruiscono il nido.** Utilizzano spesso vecchi nidi di altri uccelli, oppure depongono le uova nelle cavità degli alberi, in un buco nel terreno o all'interno di un edificio abbandonato. Di solito i rapaci notturni depongono fino a sette uova alla volta.

▶ Gli allocchi nidificano nelle cavità degli alberi. Depongono 2–6 uova e i piccoli lasciano il nido non prima di 35 giorni.

Rapaci al lavoro

766 I rapaci possono essere addestrati per lavorare con le persone. La falconeria è una pratica antica le cui origini risalgono a circa 2500 anni fa. I primi rapaci addestrati venivano probabilmente usati per procurarsi uccelli da mangiare. In alcuni paesi è illegale catturare rapaci selvatici a questo scopo, quindi si usano rapaci appositamente allevati.

Laccio a cui può essere legato il rapace

Cappuccio tradizionale realizzato a mano, sagomando e cucendo insieme 1–3 pezzi di cuo

Campanelli da applicare alle zampe o alla coda del rapace

Il logoro, un legnetto con un mazzetto di penne di un altro uccello, usato nell'addestramento

Nodo da slacciare per togliere il cappuccio

Laccetti da tirare gentilmente per far aderire il cappuccio alla testa del rapace

▼ ▶ I falconieri usano un'attrezzatura speciale per addestrare e far volare rapaci come questo falco pellegrino.

767 Solitamente si addestrano poiane di Harris, falchi pellegrini, sparvieri e astori, perché sono molto intelligenti. L'addestramento richiede tempo e pazienza. Per prima cosa, il rapace deve abituarsi alle persone. In seguito, imparerà a posarsi sul pugno del falconiere protetto da un guanto, e poi a volare via e a ritornare. All'inizio sarà assicurato a un cordino, da cui viene liberato quando imparerà a tornare. Se segue le istruzioni del falconiere, verrà ricompensato con del cibo.

768 **Rapaci addestrati sono stati impiegati per liberare i luoghi pubblici dai piccioni.** Gli escrementi dei piccioni possono danneggiare gli edifici e trasmettere malattie: falconieri e rapaci intervengono per evitare che questi uccelli nidifichino nei dintorni. La presenza dei rapaci spaventa i piccioni e li allontana.

OSSERVALI IN VOLO!

Trova un luogo dove puoi osservare i rapaci in volo: può essere una riserva naturale, un parco faunistico o un posto dove vengono addestrati e vengono organizzate dimostrazioni di volo.

769 **I rapaci possono essere utili contro gli animali nocivi.** Alcuni tipi di coltivazioni attirano stormi di uccelli come gli storni, che possono velocemente lasciare alberi e arbusti senza frutti e agricoltori senza raccolto. Anziché utilizzare costosi sistemi di reti o pesticidi, gli uccelli possono essere allontanati grazie all'intervento di falconieri e rapaci.

770 **I falconi possono pattugliare gli aeroporti per tenere lontani gli stormi di uccelli.** Se i volatili finiscono nei motori degli aeroplani, possono causare danni ingenti e situazioni pericolose. A volte, per spaventarli, vengono usati richiami di rapaci registrati.

▼ La presenza dei falconi in luoghi pubblici come questo stadio è un deterrente per gabbiani e piccioni, che possono diventare un problema.

Miti e leggende

771 Fin dall'antichità, gli uomini sono stati testimoni della maestosità dei rapaci e hanno raccontato storie su di loro. Le leggende dei nativi americani parlano di Uccelli del Tuono, uccelli enormi che originavano tempeste sbattendo le ali. Parlano anche di Eagleman (Uomo-aquila), una creatura malvagia con la testa d'uomo e il corpo e le ali d'aquila.

▲ Questa antica moneta greca riproduce l'immagine di una civetta.

▲ Le sculture di legno dei nativi americani spesso raffigurano gli Uccelli di Tuono dal becco e dagli occhi enormi.

772 Lo sfortunato Prometeo è una figura della mitologia greca. Rubò il fuoco a Zeus, il padre degli dei, per darlo agli uomini. Infuriato, Zeus decise di punire Prometeo incatenandolo a una rupe e inviando un'aquila che si cibasse ogni giorno del suo fegato. Durante la notte, il fegato di Prometeo ricresceva, condannandolo così a soffrire per l'eternità.

773 Nell'antico Egitto, Horus era un dio-falco, venerato come dio del cielo. Secondo gli Egizi, l'occhio destro di Horus era il sole e quello sinistro la luna: mentre Horus volava nel cielo, sole e luna si spostavano con lui. Il grandioso Tempio di Edfu è un luogo di culto a lui dedicato che fu costruito più di 2000 anni fa e che si erge ancora oggi lungo le rive del fiume Nilo, in Egitto.

◄ Il dio-falco Horus è spesso raffigurato sui muri degli antichi templi egizi.

DA NON CREDERE!

Un antico poeta greco sarebbe morto per colpa di un'aquila che gli fece cadere una tartaruga in testa. Nel tentativo di rompere il guscio dell'animale, il rapace avrebbe scambiato la sua testa calva per una pietra.

774 **Una leggenda finlandese racconta di un'aquila che creò la terra e il cielo.** Una donna di nome Luonnotar viveva in un oceano enorme. Un giorno, un'aquila le si posò sul ginocchio, fece il nido e depose le uova. Ma il nido cadde e le uova si ruppero. I gusci formarono la volta del cielo e la terraferma, i tuorli formarono il sole e l'albume la luna.

▶ Il grifone era ritenuto una creatura divina che poteva difendere tesori e proteggere dal male.

775 **I grifoni popolano miti e leggende dall'Asia all'Europa.** Queste creature immaginarie sono state spesso rappresentate come leoni dalla testa di rapaci, soprattutto aquile.

Osservazioni e monitoraggio

776 I birdwatcher osservano gli uccelli per hobby, mentre gli ornitologi studiano gli uccelli da un punto di vista scientifico. Per osservare i rapaci senza disturbarli ci si nasconde nei cosiddetti capanni, strutture mimetiche ricoperte di rami o di erba.

▲ Un uccello viene catturato usando una rete ornitologica. I dati raccolti saranno usati per seguire i suoi spostamenti e il suo sviluppo.

777 Osservare i rapaci può essere appassionante, ma è anche un'attività scientifica importante. Permette di raccogliere informazioni sulle loro abitudini, sulle migrazioni e sul numero di coppie che si riproducono. Questo consente di seguire l'aumento o la riduzione delle popolazioni di rapaci in diverse zone.

778 Alcuni rapaci vengono studiati usando la tecnica dell'inanellamento, oppure monitorando i loro spostamenti. Possono essere catturati senza far loro alcun male usando reti ornitologiche. Prima di marcare gli esemplari applicando un anello attorno a una zampa o una targhetta sull'ala, vengono raccolte informazioni su età, sesso e dimensioni.

▼ Uccelli come questi nibbi reali possono essere studiati da un capanno. I birdwatcher usano binocoli e telescopi per osservarli da vicino senza disturbarli.

ORDINE FALCONIFORMI

Famiglia	Numero di specie	Esempi
Accipitridi	236	Nibbi, astori, poiane, albanelle, aquile, avvoltoi del Vecchio Mondo, sparvieri
Falconidi	64	Falconi, falchetti, smerigli, caracara, gheppi
Catartidi	7	Avvoltoi del Nuovo Mondo
Pandionidi	1	Falco pescatore
Sagittaridi	1	Serpentario

ORDINE STRIGIFORMI

Famiglia	Numero di specie	Esempi
Titonidi	21	Barbagianni comune, barbagianni baio e barbagianni delle erbe
Strigidi	159	Civetta delle tane, gufo reale, gufo pescatore, gufo della Virginia, gufo comune, gufo delle nevi, ulula

▲ I rapaci notturni fanno parte dell'ordine Strigiformi. Tutti gli altri rapaci fanno parte dell'ordine Falconiformi.

779 Identificare i rapaci può essere difficile. I birdwatcher cercano indizi che li aiutino a capire quale specie di rapace stanno osservando: la forma delle ali, della coda e della testa, ad esempio. I colori e le barrature del piumaggio sono utili per stabilire il sesso e se si tratta di un esemplare giovane o adulto. Un ulteriore indizio è fornito dal tipo di volo.

PRENDI NOTA!

Quando vedi un uccello che non riconosci, prendi nota delle dimensioni, della forma delle ali e della coda, del suo comportamento e del tipo di habitat dove l'hai avvistato. Usa queste informazioni per identificarlo consultando un manuale o un sito web di birdwatching.

Rapaci in pericolo

780 I rapaci non sono soggetti a molte minacce naturali, tranne quelle create dagli uomini e dal loro stile di vita. Circa la metà di tutte le specie di rapaci migratori esistenti è a rischio di estinzione. Molti rapaci muoiono per mano dei cacciatori o perché i loro habitat sono inquinati o distrutti.

781 I rapaci vengono eliminati da chi li considera animali nocivi. A volte vengono uccisi con bocconi di cibo avvelenati, oppure con armi da fuoco. Altre volte, uccelli e uova vengono trafugati in natura da collezionisti o da chi li vuole addestrare per la falconeria.

▼ Quando è buio, i rapaci notturni possono essere confusi dalle luci dei veicoli e finire sulla loro traiettoria. Possono così essere investiti da camion o automobili che sfrecciano veloci.

Uovo sano

Uovo avvelenato

▲ Se le femmine dei rapaci mangiano cibo avvelenato, il veleno entra nel loro corpo e può raggiungere le uova che producono.

DA NON CREDERE!

Essere un rapace comporta dei rischi. Mentre si sfreccia tra alberi e arbusti all'inseguimento di prede, ci si può rompere le ossa! Una ricerca ha dimostrato che un quarto dei rapaci studiati riportava fratture.

782 Gli habitat vengono danneggiati dalle sostanze chimiche usate in agricoltura o dai prodotti di scarto delle industrie. Nutrendosi di prede che hanno ingerito queste sostanze, gli uccelli possono subire dei danni permanenti. A volte, ad esempio, il guscio delle uova non si sviluppa bene e quindi i piccoli avranno problemi.

784 I falchi giocolieri vivono nelle campagne africane, ma stanno scomparendo in fretta. Sono minacciati dallo sfruttamento agricolo del loro habitat naturale. Alcune grosse organizzazioni di produttori li stanno avvelenando di proposito.

▶ I nidi dei falchi giocolieri sono disturbati dalla vicinanza degli insediamenti umani. Molti rapaci vengono anche catturati per essere venduti all'estero.

▶ Gli avvoltoi indiani, come questo giovane esemplare, sono una specie a rischio.

783 Quando il numero di rapaci diminuisce, l'ambiente ne soffre. In Asia, ci sono tre specie di avvoltoi che, nutrendosi di carogne, sono utili per evitare la diffusione di malattie tra uomini e animali. In soli dieci anni però ne sono scomparsi milioni a causa di un farmaco usato negli allevamenti, letale per i rapaci che mangiano le carcasse degli animali.

La tutela dei rapaci

785 L'aquila delle Filippine è uno dei rapaci più rari, e si sta facendo il possibile per salvarla. Con meno di 250 coppie in natura, gli scienziati stanno allevando la specie in cattività. Agricoltura e miniere hanno privato quest'aquila, la più grande di tutte, del suo habitat. Ora è una specie protetta, e il suo territorio, così come i nidi e le uova, sono soggetti a tutela.

▲ Anche se la popolazione di aquile delle Filippine adesso è stabile, sarà improbabile che la specie recuperi il suo posto in natura.

▶ I condor della California morivano dopo aver mangiato animali uccisi con proiettili al piombo. Il piombo è un veleno ancora presente nell'ambiente naturale.

786 Esistono organizzazioni impegnate nella protezione degli uccelli. *BirdLife International* opera in oltre 100 paesi, sostenendo i centri di conservazione locali nella protezione degli habitat e nella sensibilizzazione della popolazione verso il rispetto dell'ambiente.

787 I condor della California sono avvoltoi con un'apertura alare di quasi 3 metri. Non si riproducono fino ai nove anni di età e hanno un piccolo ogni due anni. In passato erano diffusi ovunque negli USA, ma già negli anni '80 ne rimanevano pochi. I 22 esemplari rimanenti furono catturati per essere allevati in cattività. Da allora, sono stati cresciuti in luoghi protetti e alcuni sono stati reintrodotti in natura.

788 In molti paesi, i rapaci a rischio sono specie protette. La loro caccia, cattura o avvelenamento sono illegali. Nel periodo riproduttivo, si mantiene il segreto sui siti di nidificazione, sorvegliati da volontari per evitare che le uova vengano trafugate. A volte, anche gli habitat sono protetti, per evitare che boschi e foreste vengano convertiti in campi o abitazioni.

▲ Allevare rapaci in cattività è estremamente difficile. Nutrire i piccoli sarà più facile se pensano che sia un rapace adulto ad accudirli.

789 Sull'isola del Madagascar vivono 24 specie di rapaci, metà delle quali non esiste altrove. Ci si è battuti per la creazione di aree protette, ad esempio nelle zone umide di Manambolomaty, che ospitano le aquile pescatrici del Madagascar. Progetti simili per la sopravvivenza delle specie sono stati avviati in Madagascar come in altri luoghi.

▼ I volatili cresciuti in cattività o curati per ferite o malattie vengono reintrodotti in natura appena possibile. Il rilascio di questa aquila di mare dalla testa bianca è un momento di festa per chiunque ami questi animali.

I SERPENTI

790 **I serpenti popolano la Terra da più di 120 milioni di anni. Oggi ce ne sono quasi 3000 specie differenti.** Queste straordinarie creature si sono adattate perfettamente all'assenza degli arti: il termine serpente significa infatti "strisciare". Sono animali timidi e riservati che evitano il contatto con gli esseri umani e generalmente non attaccano finché non sentono la necessità di difendersi.

▶ I primi serpenti a essersi evoluti sono stati i costrittori come questo enorme anaconda, che stritola a morte le prede nelle sue potenti spire.

Che cos'è un serpente?

791 I serpenti appartengono alla classe animale dei rettili. Sono imparentati con lucertole, tartarughe, testuggini, coccodrilli e alligatori. I serpenti si sono probabilmente evoluti da lucertole d'acqua o sotterranee vissute milioni di anni fa: sono quindi lontani parenti dei dinosauri!

792 I serpenti hanno un corpo allungato e sottile, senza arti, palpebre e orecchie esterne. Non avendo palpebre, hanno sempre gli occhi spalancati. Anche alcune lucertole sono prive di arti, ma hanno palpebre e orecchie esterne.

▼ Più dei tre quarti delle specie di serpenti, come questo pitone, non sono velenose.

LA CLASSE DEI RETTILI

Più della metà dei rettili sono **lucertole**: ce ne sono quasi 5000 specie.

Le **anfisbene**, o lucertole-verme, sono rettili che scavano e vivono sottoterra.

I serpenti formano il secondo gruppo più numeroso di rettili, dopo le lucertole. Centinaia di specie sono velenose.

I tuatara sono rettili insoliti, rari e molto antichi.

Coccodrilli, alligatori, gaviali e **caimani** sono predatori dal muso stretto e allungato e dai denti aguzzi.

Tartarughe e **testuggini** sono dotate di un guscio resistente che le protegge dai predatori.

793 Come tutti i rettili, i serpenti sono ricoperti di squame impermeabili. Le squame crescono sugli strati più superficiali della pelle. Proteggono il corpo mentre striscia e permettono alla pelle di tendersi quando il serpente si muove o mangia.

VERO O FALSO?

1. I serpenti non hanno le palpebre.
2. La lingua dei serpenti è a forma di cucchiaio.
3. I serpenti devono mangiare cinque o sei volte al giorno.

Risposte: 1. Vero. 2. Falso: è biforcuta. 3. Falso: i serpenti fanno solo cinque o sei pasti all'anno.

▲ I serpenti sono strettamente imparentati con le lucertole, come il drago di Komodo, la lucertola più grande del mondo, lunga anche 3 metri.

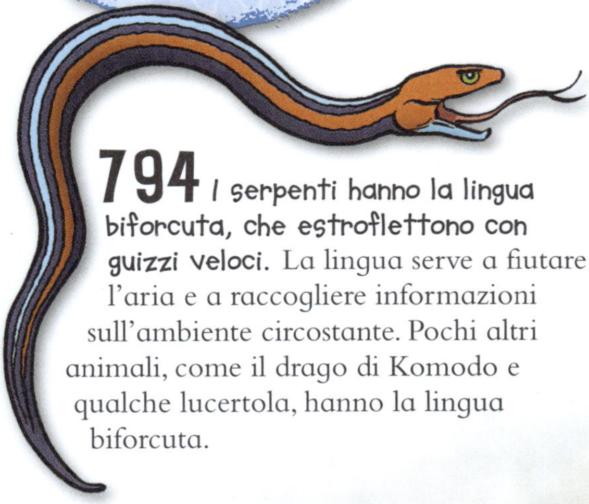

794 **I serpenti hanno la lingua biforcuta, che estroflettono con guizzi veloci.** La lingua serve a fiutare l'aria e a raccogliere informazioni sull'ambiente circostante. Pochi altri animali, come il drago di Komodo e qualche lucertola, hanno la lingua biforcuta.

795 **Tutti i serpenti sono carnivori e ingoiano le prede intere.** Il loro corpo funziona lentamente, e ci mettono molto a digerire: per questo possono stare anche mesi senza mangiare. In natura, un grosso serpente può anche fare solo cinque o sei pasti all'anno.

▼ Un pitone di Seba spalanca le fauci per inghiottire un impala delle dimensioni di un piccolo cervo.

Dove vivono i serpenti?

796 I serpenti vivono in tutto il mondo, quasi in ogni continente. Solo in Antartide non ci sono: qui fa troppo freddo perché possano sopravvivere. Questi animali assorbono calore dall'ambiente, perciò sono più diffusi nelle zone calde, come deserti e foreste pluviali.

▶ Questo pitone vive nelle foreste pluviali dell'Australia nord-orientale. La pelle impermeabile evita che il corpo si disidrati per il caldo.

797 Sono le foreste tropicali a ospitare la più grande varietà di serpenti. Questi luoghi caldi forniscono cibo in abbondanza e molti angoli sicuri dove riposare. Le foreste pluviali sono sempre calde: i serpenti possono mantenere elevata la temperatura del corpo e rimanere attivi tutto l'anno.

798 I serpenti più diffusi al mondo sono i marassi. Questi serpenti vivono in Europa e Asia in una grande varietà di habitat, anche in luoghi freddi. La colorazione scura permette loro di scaldarsi rapidamente quando si crogiolano al sole. Durante i mesi invernali vanno invece in letargo.

◀ I marassi vivono di solito lontano dai centri abitati, nei boschi o nelle brughiere, tra le dune sabbiose o in montagna.

▶ Il pitone woma, del colore della sabbia, si mimetizza bene negli aridi habitat desertici.

799 **In Australia, i serpenti velenosi sono più numerosi di quelli non velenosi.** Qui vivono i taipan, con uno dei veleni più potenti di ogni altro serpente terrestre. Sono creature molto riservate, diffuse in zone desertiche poco abitate: per questo non mietono molte vittime tra gli esseri umani.

Taipan

800 **I serpenti di mare vivono nelle calde acque tropicali degli oceani Indiano e Pacifico.** Molti di loro assorbono ossigeno dall'acqua attraverso la pelle, ma devono comunque riaffiorare in superficie regolarmente per respirare aria. Quando sono sott'acqua, sigillano le narici grazie a valvole speciali.

LA MAPPA DEI SERPENTI

Cosa ti serve?
• carta e penna • foto di serpenti • colla • un atlante

Prendi carta e penna e, con l'aiuto di un atlante, disegna una mappa del mondo. Disegnaci montagne, foreste e deserti, e poi disegna o incolla foto di serpenti prese da riviste dedicate alla natura o da Internet.

▶ Sotto la lingua, i serpenti di mare hanno ghiandole che raccolgono sale dal sangue. Quando il serpente estroflette la lingua, il sale torna in acqua.

Di tutte le misure

801 I sei serpenti più grandi sono tutti boa e pitoni. Sono il boa constrictor, l'anaconda, il pitone reticolato, il pitone moluro, il pitone di Seba e il pitone ametista. Tutti questi serpenti hanno bisogno di tempo per scaldarsi e devono mangiare molto per mantenere il loro corpo massiccio.

802 Il serpente più lungo al mondo è il pitone reticolato. In media, un adulto può crescere fino a 6 metri, ma ne esistono esemplari ancora più lunghi. La pelle squamata di questo serpente ha una colorazione mimetica molto efficace. Può quindi rimanere appostato in attesa delle sue prede senza essere visto.

803 Il serpente più pesante è l'anaconda. Questo serpente enorme può essere grosso quanto un essere umano adulto e pesare come cinque bambini! Vive nei fiumi della Foresta Amazzonica, in Sud America, dove l'acqua lo aiuta a sostenere la sua stazza enorme. L'anaconda può raggiungere anche 7 o 8 metri di lunghezza.

DA NON CREDERE!

Il serpente più grosso mai esistito era lungo quanto un autobus! Conosciuto con il nome di Titanoboa, viveva nelle foreste pluviali del Sud America circa 60 milioni di anni fa.

▼ Ci sono volute nove persone per sollevare questo anaconda lungo 5 metri, in Sud America.

Pitone reticolato

804 **I cosiddetti serpenti ciechi sono i serpenti più piccoli al mondo.** Scavano nel terreno per nutrirsi di insetti e altre minuscole creature. Solitamente non superano i 20 centimetri di lunghezza. Anche le specie più grandi non superano il metro.

▶ La testa di un pitone reticolato è lunga dai 20 ai 25 centimetri.

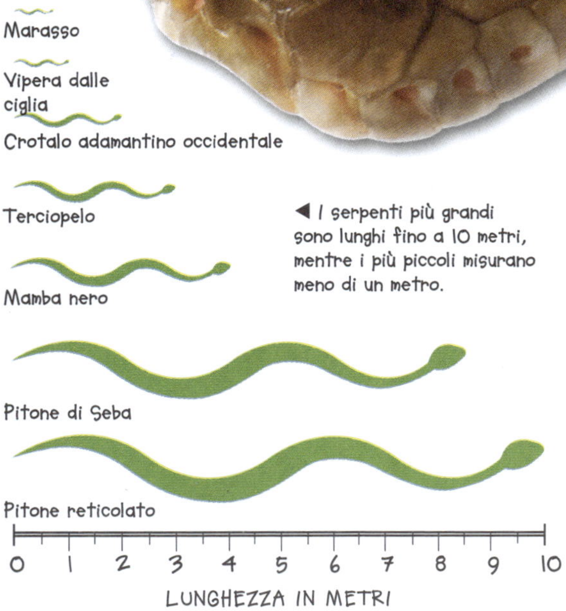

◀ I serpenti più grandi sono lunghi fino a 10 metri, mentre i più piccoli misurano meno di un metro.

▶ Il minuscolo serpente delle Barbados *Leptotyphlops carlae* assomiglia di più a un piccolo verme!

Leptotyphlops carlae

805 **Il serpente più piccolo al mondo è il *Leptotyphlops carlae*, lungo solo 10 centimetri.** Vive sotto le rocce sull'isola di Barbados nei Caraibi e si nutre di termiti. Le femmine depongono solo un uovo e alla nascita i piccoli sono lunghi la metà degli adulti.

Come sono fatti?

SERPENTI OMBRA

Cosa ti serve?
• vecchi calzini • bastoncini
• una torcia • un lenzuolo bianco

Infila dei calzini lunghi su mani e braccia: avrai così delle sagome di serpente. Con una torcia, illumina un lenzuolo bianco da dietro. Ora muovi i tuoi serpenti ombra mentre racconti una storia da brivido!

806 I serpenti hanno forme e dimensioni variabili, a seconda di dove e come vivono. Possono essere corti, tozzi e leggermente appiattiti come i serpenti a sonagli che vivono per terra, oppure lunghi, snelli e leggeri come i serpenti arboricoli. I serpenti che scavano nel terreno hanno corpi cilindrici per scivolare meglio sottoterra.

▲ Queste sezioni trasversali mostrano cinque diverse forme del corpo, con colonna vertebrale e un paio di costole.

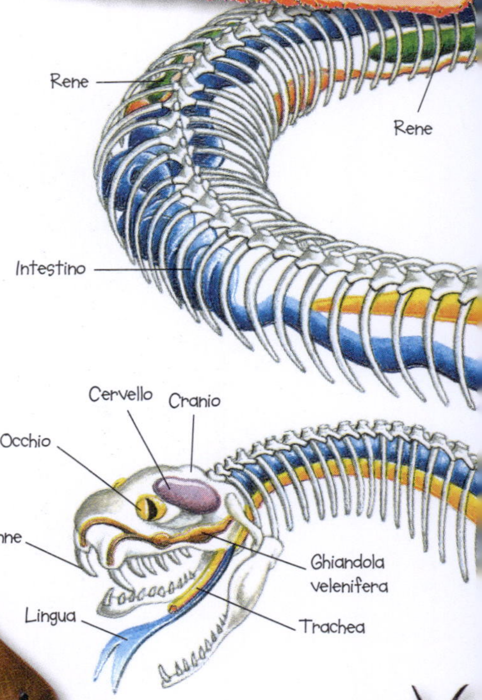

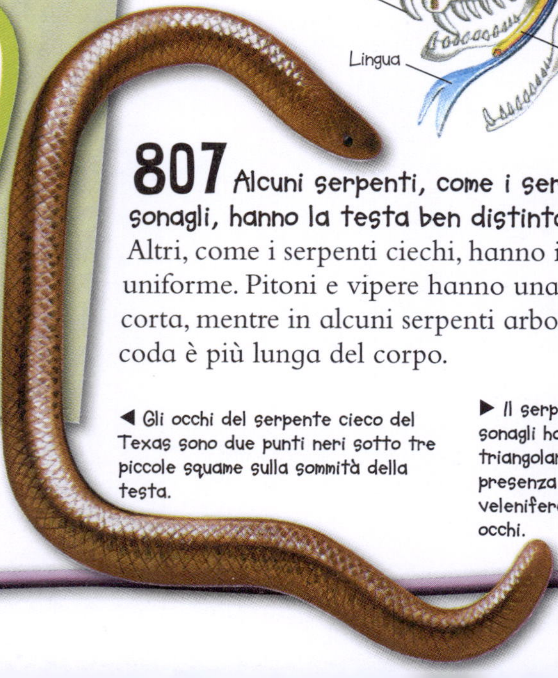

807 Alcuni serpenti, come i serpenti a sonagli, hanno la testa ben distinta dal collo. Altri, come i serpenti ciechi, hanno il corpo uniforme. Pitoni e vipere hanno una coda corta, mentre in alcuni serpenti arboricoli la coda è più lunga del corpo.

◀ Gli occhi del serpente cieco del Texas sono due punti neri sotto tre piccole squame sulla sommità della testa.

▶ Il serpente a sonagli ha la testa triangolare per la presenza di sacche velenifere dietro agli occhi.

808 Dentro il corpo di un serpente non c'è molto spazio, quindi gli organi sono lunghi e sottili. Molti serpenti hanno solo il polmone destro funzionante, che lavora per due. Lo scheletro è costituito principalmente dal cranio e da una colonna vertebrale lunga e flessibile che può avere fino a 400 vertebre.

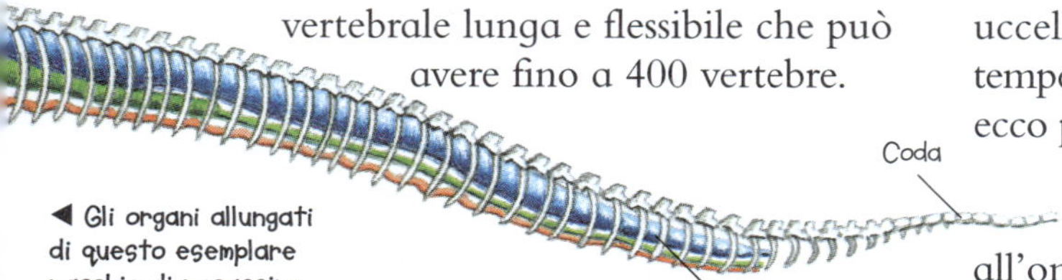

◀ Gli organi allungati di questo esemplare maschio di mocassino acquatico si adattano al corpo lungo e snello.

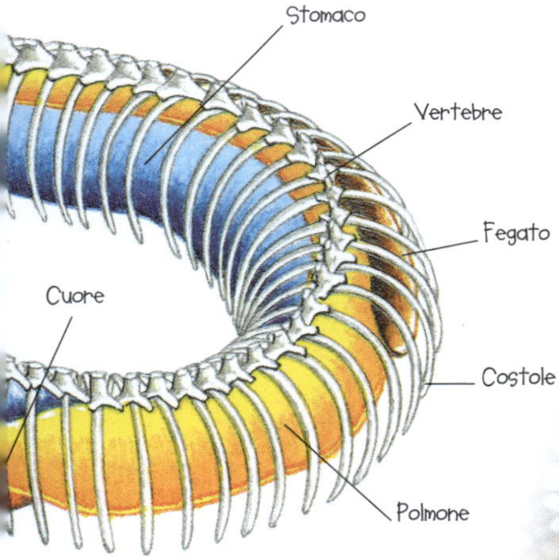

809 Come tutti i rettili, i serpenti sono a sangue freddo. Non mantengono il corpo a una temperatura costante come fanno mammiferi e uccelli a sangue caldo. La loro temperatura dipende dall'ambiente: ecco perché si crogiolano al sole o su superfici calde per scaldarsi, mentre si spostano all'ombra, sottoterra o in acqua per rinfrescarsi.

▼ Nelle zone più fredde del Nord America, in primavera migliaia di serpenti giarrettiera escono insieme dalle tane dopo il letargo.

810 Nei luoghi più freddi, durante il lungo inverno i serpenti dormono, per poi svegliarsi in primavera quando fa più caldo. Questo stato di inattività si chiama ibernazione o letargo. Spesso cadono in letargo in grotte, cavità di alberi, fessure sotto le rocce o tane abbandonate, dove sono protetti dal freddo.

Una pelle squamata

811 La pelle dei serpenti è protetta da uno strato di squame cornee asciutte che riveste il corpo come un'armatura. Le squame sono di cheratina, una sostanza dura di cui sono fatti capelli, piume, unghie e artigli. Sono collegate tra loro da sottili cerniere di cheratina e solitamente sono rivolte all'indietro e si sovrappongono.

▲ Alcuni serpenti hanno squame "carenate": presentano cioè una piccola cresta in rilievo nella parte centrale.

▶ Numero, forma, colore e disposizione delle squame di un serpente ne facilita l'identificazione.

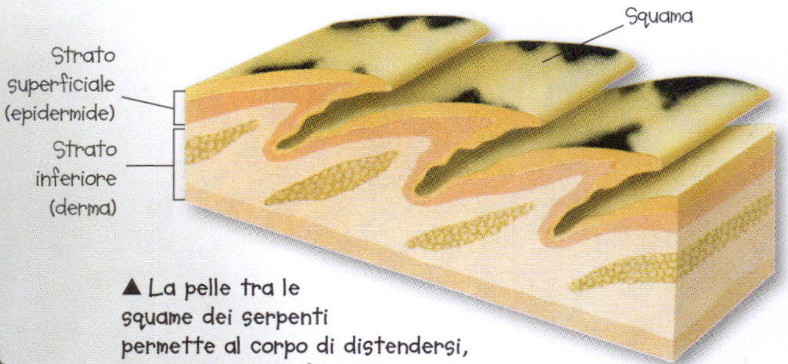

▲ La pelle tra le squame dei serpenti permette al corpo di distendersi, rendendolo molto flessibile.

812 Sulla parte inferiore del corpo, molti serpenti hanno una serie di squame più ampie, chiamate scudi. Gli scudi coprono tutto il ventre, e si interrompono all'inizio della coda. Servono ad avere una presa migliore sul terreno. I sauri privi di arti, come l'orbettino, non hanno questi scudi: è uno dei modi per distinguerli dai serpenti.

DA NON CREDERE!

Alcuni serpenti si puliscono le squame con un liquido che secernono dalle narici: le rendono impermeabili e, allo stesso tempo, lasciano una scia odorosa dietro di loro.

814 Mentre il serpente si muove e cresce, la sua pelle si danneggia. I serpenti adulti cambiano, o meglio mutano, lo strato di pelle superficiale anche sei volte l'anno. Gli esemplari giovani, crescendo in fretta, cambiano pelle più di frequente.

▲ Tra le vecchie e le nuove squame oculari si accumula del liquido.

813 La struttura delle squame aiuta i serpenti a muoversi e a catturare le prede. Le squame dei serpenti corallo e dei serpenti che scavano nel terreno sono lisce, per scivolare in spazi ristretti. I serpenti lima sono invece ricoperti di squame ruvide per afferrare meglio i pesci scivolosi.

815 Gli occhi dei serpenti sono protetti da squame trasparenti. Prima che il serpente cambi pelle, queste specie di occhiali o squame oculari si appannano. Poco prima della muta, i serpenti diventano apatici e intrattabili: forse dipende dal fatto che non ci vedono bene e che la pelle gli provoca prurito.

▲ Lo strato di pelle superficiale inizia a staccarsi dalla testa, rivelando il nuovo strato di pelle che è cresciuto sotto.

◀ La pelle della muta è distesa, e appare quindi più lunga rispetto al serpente che copriva.

Colorazione e disegni

816 I colori accesi di alcuni serpenti avvertono i predatori della loro velenosità. Ci sono oltre 90 specie di serpenti corallo, ciascuna con un disegno caratteristico ad anelli rossi, neri e gialli o bianchi. Gli uccelli sanno che i serpenti di questi colori vanno evitati.

▼ La coda dal colore vivace del colubro punteggiato distrae l'attenzione dei predatori dalla sua testa indifesa.

817 Alcuni serpenti hanno squame iridescenti. I serpenti arcobaleno devono il loro nome alla pelle dalle grandi squame lisce e lucide che creano un effetto arcobaleno su tutto il corpo. Mentre si muovono, la luce colpisce il sottile e trasparente strato superficiale delle squame, che sembrano così cambiare colore.

◀ Le squame del boa arcobaleno sono iridescenti.

BRACCIALETTO A SERPENTE

Cosa ti serve?

• cartoncino sottile • forbici • pastelli • una perforatrice per carta • lana • perline

Ritaglia una striscia di cartoncino di 20 cm di lunghezza e 3 cm di larghezza. Con i pastelli, disegna la sagoma di un serpente. Usa la perforatrice per fare un buco a ciascuna estremità e uniscile con i fili di lana. Dopo aver abbellito i fili con le perline, chiudili con dei nodi. Il tuo braccialetto è pronto!

◀ Lo straordinario naso del serpente dal naso a foglia gli permette di mimetizzarsi quando caccia.

818 Alcuni serpenti usano colori vivaci per spaventare o minacciare i predatori. I colubri punteggiati hanno il dorso dai colori spenti e il ventre dai colori vivaci. Se minacciati, avvolgono la coda come un cavatappi, creando bagliori improvvisi e distraendo l'attenzione dei predatori dalla testa delicata.

819 Sfruttando una colorazione e disegni particolari, molti serpenti si mimetizzano nell'ambiente circostante. Evitano così i predatori e cacciano più facilmente le prede. I disegni sulle squame spezzano la sagoma del corpo. Grazie alla sua livrea, la vipera del Gabon si confonde con il tappeto di foglie morte sul suolo della foresta pluviale africana.

▼ In attesa della sua preda, la vipera del Gabon si mimetizza bene tra le foglie.

Come si muovono

820 Il modo in cui si muovono i serpenti dipende dalla specie, dalla velocità, e dalla superficie su cui si trovano. Possono strisciare con una traiettoria a esse (movimento serpeggiante), trascinare metà corpo alla volta (movimento a fisarmonica) oppure trascinare il corpo formando una linea dritta (movimento rettilineo).

◀ I serpenti arboricoli si spostano da un ramo all'altro con un movimento a fisarmonica.

821 Su superfici lisce o sabbiose, i serpenti serpeggiano di lato. Tenendo testa e coda ancorate alla superficie, fanno ondeggiare il resto del corpo da un lato all'altro. Si spostano quindi in diagonale, appoggiandosi pochissimo. Questa tecnica si chiama *sidewinding*.

822 I serpenti arboricoli hanno code forti e prensili che si avvolgono a spirale attorno ai rami. Tenendosi saldamente con la coda, stendono il corpo verso il ramo su cui si vogliono spostare, e poi riaccostano la coda, con un movimento a fisarmonica.

▲ I serpenti più grandi e pesanti usano gli scudi del ventre per fare presa sul terreno e spingersi in avanti.

▲ Gran parte dei serpenti si sposta con una traiettoria a esse, facendo leva sulle parti curve del corpo che toccano il terreno.

▼ Usando la tecnica del sidewinding, serpenti come questa vipera si spostano in avanti formando angoli di 45°.

▶ Con un movimento a fisarmonica, il serpente prima accartoccia il corpo (1), poi allunga in avanti la metà anteriore (2), e infine riaccosta la metà posteriore (3).

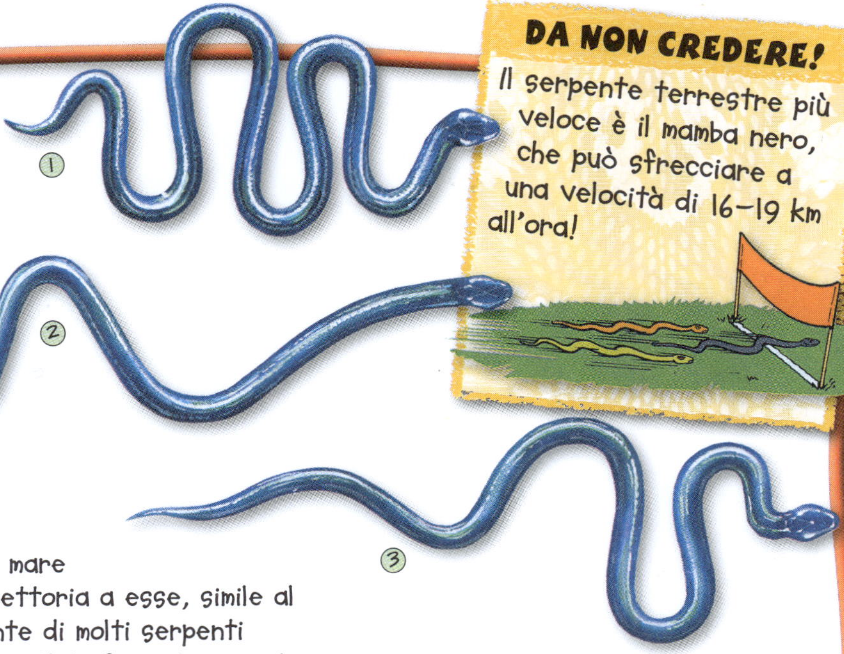

DA NON CREDERE!

Il serpente terrestre più veloce è il mamba nero, che può sfrecciare a una velocità di 16–19 km all'ora!

823 **I serpenti di mare nuotano con una traiettoria a esse, simile al movimento serpeggiante di molti serpenti terrestri.** Per nuotare più in fretta, i serpenti di mare hanno una coda ampia e appiattita che spinge sull'acqua e fa da propulsore.

▼ Questa foto ad alta velocità mostra un serpente volante del paradiso che si getta planando da un ramo, coprendo una distanza fino a 100 metri.

824 **Alcuni serpenti arboricoli asiatici planano tra gli alberi distendendo le lunghe costole per formare una specie di paracadute.** In questo modo, quando si lanciano da un albero all'altro evitano di precipitare, rallentando la caduta.

Supersensi

825 I serpenti si affidano di più a sensi come olfatto, gusto e tatto, e meno a sensi come vista e udito. Usano la lingua per raccogliere le particelle di odore dall'aria e avere così una percezione dei dintorni. Nel palato è collocato l'organo di Jacobson, un organo sensoriale che analizza le particelle di odore raccolte dalla lingua.

▲ Un serpente può estroflettere la lingua attraverso una minuscola apertura anche quando la bocca è chiusa. Lo fa velocemente, ogni pochi secondi, soprattutto quando è a caccia o si sente minacciato.

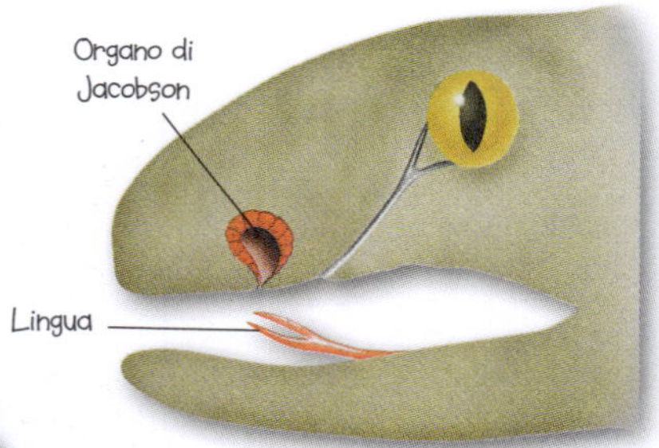

◀ La lingua dei serpenti raccoglie particelle di odore e sostanze chimiche dall'aria per passarle alle due sacche dell'organo di Jacobson che ha sul palato.

QUIZ

1. Come si chiama l'organo sensoriale sul palato dei serpenti?
2. Che forma hanno le pupille dei serpenti che cacciano di notte?
3. Perché ai boa e ai pitoni serve percepire il calore?

Risposte: 1. Organo di Jacobson. 2. Fessure verticali. 3. Per localizzare il corpo caldo delle prede.

826 Molti serpenti hanno occhi ben sviluppati e alcuni hanno una buona vista. Alcuni serpenti arboricoli hanno un solco lungo il muso davanti a ciascun occhio, che fornisce una buona visione frontale e la percezione di profondità e distanza. I cosiddetti serpenti frusta americani sono tra i pochi che cacciano a vista, sollevando la parte anteriore del corpo dal terreno.

827 **I serpenti che cacciano di giorno hanno pupille rotonde, mentre quelli che cacciano di notte hanno pupille verticali, simili a una fessura.** Le pupille verticali si chiudono più ermeticamente, proteggendo gli occhi del serpente dalla luce quando esce a crogiolarsi al sole di giorno.

▶ Il serpente frusta orientale caccia di giorno. Ha la pupilla a forma di buco della serratura.

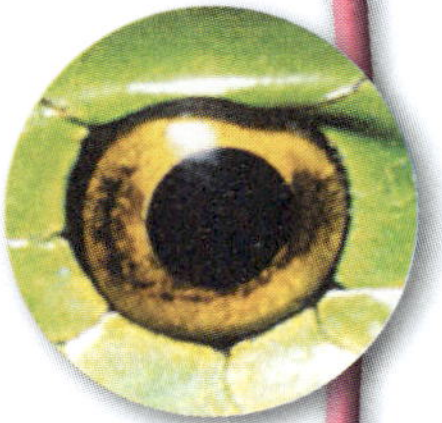

▶ La pupilla rotonda del serpente verde del Natal è circondata da una bellissima iride dorata.

▶ La vipera dalle ciglia ha la caratteristica pupilla a fessura di un cacciatore notturno.

▼ Grazie ai solchi presenti sul muso appuntito, il serpente liana mette a fuoco con entrambi gli occhi e ha una visione in 3D.

828 **I serpenti non hanno né orecchie esterne né timpani, quindi non sentono come noi.** L'osso interno che collega l'orecchio alla mascella permette loro di percepire le vibrazioni del terreno. Attraverso la pelle, riescono anche a percepire le vibrazioni nell'aria.

829 **Serpenti come boa, pitoni e alcune vipere sono in grado di percepire il calore emanato dalla preda.** Sono gli unici animali a poterlo fare: questo loro senso straordinario li aiuta a localizzare al buio prede a sangue caldo come i ratti.

◀ Dietro alle narici, alcune vipere hanno fossette dotate di cellule termosensibili. I boa e i pitoni hanno fossette simili lungo le labbra.

Che cosa mangiano?

830 La dieta dei serpenti varia a seconda delle loro dimensioni, della stagione, e della disponibilità di prede. Tuttavia, alcuni hanno una dieta molto particolare. Ci sono serpenti che mangiano solo lumache e chiocciole, oppure solo gamberi, e serpenti così veloci da catturare pipistrelli.

▶ Il serpente reale mangia anche serpenti velenosi: può infatti digerire il veleno senza alcun problema.

◀ Le mascelle di un serpente che mangia uova si spalancano fino a inghiottire un uovo grande tre volte la sua testa.

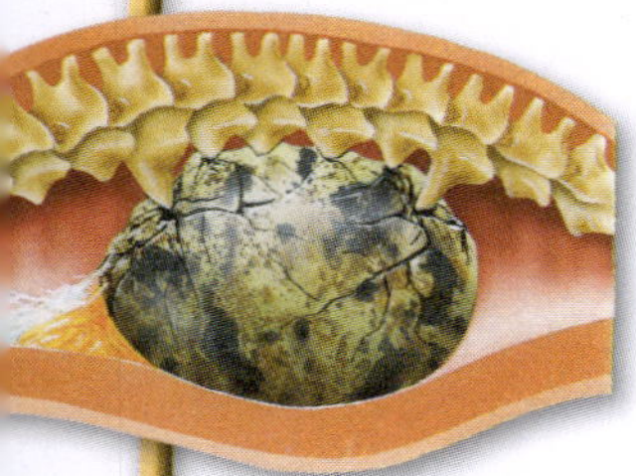

◀ Dopo aver inghiottito l'uovo, il serpente inarca il collo per infilzare e rompere il guscio con le ossa appuntite che ha in gola.

◀ Poi inghiotte le sostanze nutritive dell'uovo e rigurgita i resti del guscio.

831 Un serpente che mangia uova le ingoia intere, usando le estremità appuntite delle ossa che sporgono all'interno della gola per spaccare il guscio. Le uova sono un cibo ideale: sono ricche di proteine per rafforzare i muscoli e sono facili da trovare.

DA NON CREDERE!

Alcuni serpenti possono ingoiare prede che sono un quarto della loro lunghezza. Riescono a mangiare leopardi, gazzelle, e persino piccoli coccodrilli!

832 **Molti serpenti si appostano in attesa delle prede perché non sono così veloci da poterle inseguire.** Serpenti come vipere, boa e pitoni hanno un corpo che può contenere pasti voluminosi. Sono privi di sterno, e possono quindi spostare le costole ai lati in modo da allargarsi ancora di più.

833 **Serpenti come il cobra reale si nutrono persino di altri serpenti!** Il corpo di un serpente è più facile da inghiottire rispetto a prede come mammiferi e uccelli, perché è liscio e sottile. I serpenti che mangiano serpenti velenosi sono immuni al loro veleno.

834 **Alcuni serpenti tendono una trappola alle prede.** Le vipere della morte hanno la punta della coda dai colori accesi, che la fanno sembrare un vermiciattolo. Agitando la coda, attirano lucertole, uccelli e altri animali che finiscono tra le loro fauci.

▼ I giovani ancistrodonti del Messico hanno la punta della coda di un verde o giallo acceso. La usano per attirare prede come rane, lucertole o roditori.

Denti e fauci

835 Molti serpenti hanno denti corti, aguzzi e ricurvi per afferrare le prede. Non sono però adatti a masticare o lacerare il cibo: ecco perché i serpenti ingoiano le prede intere. Mentre si nutrono, spesso i denti si rompono, e denti nuovi crescono per sostituirli.

ATTENTI, MORDE!

I serpenti vogliono essere lasciati in pace. Se ne vedi uno, niente panico: cerca di muoverti il meno possibile e lascialo andare per la sua strada.

Se fai un'escursione in zone dove ci sono serpenti, fai attenzione a dove metti i piedi, indossa scarponcini da trekking, e non toccare cumuli di detriti o buchi nel terreno.

Non provare mai a raccogliere un serpente: se infastidito, può mordere o sputare veleno.

Informati sui contatti da chiamare in caso di emergenza e, se possibile, porta con te un kit medico antiveleno.

836 I serpenti più piccoli ingoiano le prede vive, mentre i più grandi le uccidono prima di mangiarle. Circa 700 specie di serpenti usano il veleno per immobilizzare o uccidere le prede. Il veleno viene iniettato con denti grandi e appuntiti, le zanne, che sono collegate alle ghiandole velenifere collocate nella testa del serpente.

837 Le zanne possono essere nella parte anteriore o posteriore della bocca del serpente. In vipere e cobra sono nella parte anteriore, mentre in serpenti come il boomslang africano sono nella parte posteriore. Le zanne posteriori possono essere semplici denti posteriori più grandi oppure avere i solchi per il veleno.

▶ I serpenti con le zanne posteriori devono iniettare il veleno nella preda anche per più di 15 minuti prima che faccia effetto.

▼ Le zanne posteriori aiutano il serpente a uccidere la preda mentre viene inghiottita.

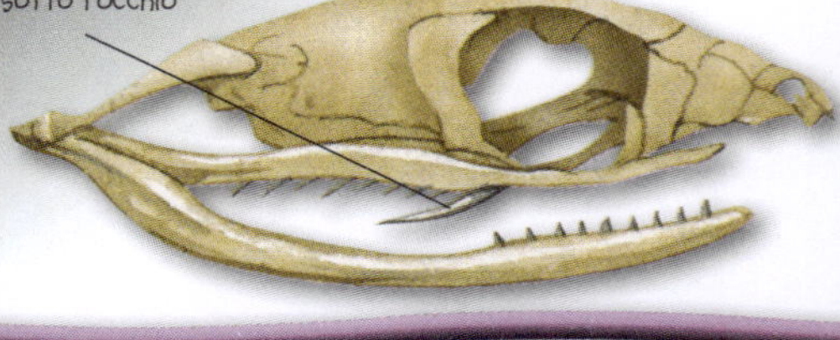

◀ Le grandi zanne della vipera dalle ciglia si drizzano in avanti per iniettare veleno.

VERO O FALSO?

1. I denti rotti di un serpente vengono sostituiti da denti nuovi.
2. Il veleno dei serpenti è innocuo.
3. Le zanne delle vipere si ripiegano indietro verso il palato quando non le usano.

Risposte: 1. Vero. 2. Falso. 3. Vero.

838 **I serpenti della famiglia delle vipere, come i serpenti a sonagli e le vipere dalle ciglia, hanno zanne mobili.** Quando non vengono usate, si ripiegano indietro verso il palato. Quando il serpente attacca, le zanne si drizzano in avanti per colpire la preda, iniettando il veleno nel suo corpo.

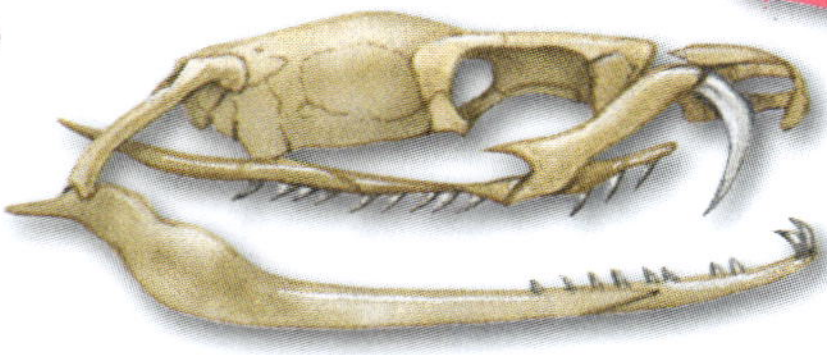

◀ Molti serpenti velenosi hanno zanne cave nella parte anteriore della bocca.

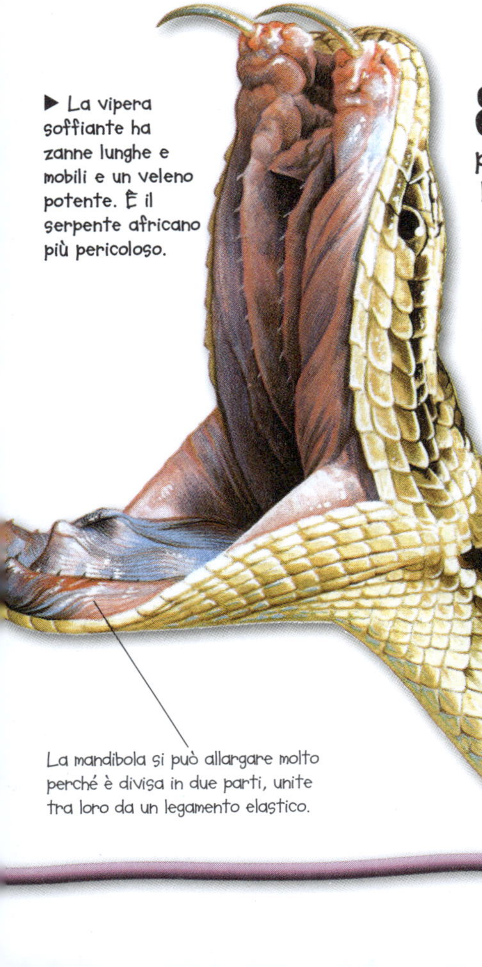

▶ La vipera soffiante ha zanne lunghe e mobili e un veleno potente. È il serpente africano più pericoloso.

839 **I serpenti riescono a spalancare la bocca più di ogni altro animale, grazie alle giunture tra le ossa e al legamento elastico che collega mascella superiore e inferiore.** La mandibola è divisa in due parti (destra e sinistra) che si muovono indipendentemente l'una dall'altra per spingere il cibo in gola e si allontanano tra loro per favorire l'ingestione della preda.

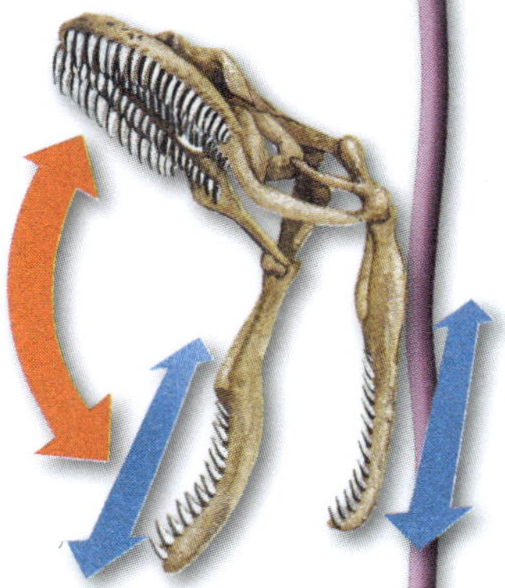

▶ La freccia rossa indica il movimento a cardine tra cranio e mandibola, che può così spalancarsi. Le frecce blu indicano come parte destra e sinistra della mandibola possano muoversi avanti e indietro autonomamente.

La mandibola si può allargare molto perché è divisa in due parti, unite tra loro da un legamento elastico.

Serpenti velenosi

840 Il veleno dei serpenti è una saliva modificata. La saliva è un liquido con funzioni digestive, perciò il veleno contiene enzimi, cioè particelle che scompongono il cibo. Queste iniziano a digerire e ad ammorbidire il pasto prima che venga ingoiato. I serpenti non esauriscono il veleno: le ghiandole ne producono sempre di nuovo.

▶ Le vipere dalle ciglia catturano le prede dondolandosi dai rami. Sugli animali più piccoli il veleno agisce in pochi minuti.

LEGENDA DELL'APPARATO VELENIFERO

1. Ghiandole velenifere ai lati della testa
2. Tubicino che collega le ghiandole alle zanne
3. Zanne cave e munite di un canale velenifero al centro
4. Veleno iniettato nel tessuto muscolare della preda

841 Il veleno dei serpenti è una sostanza complessa che funziona essenzialmente in due modi. Cobra, serpenti corallo e serpenti di mare producono un veleno che attacca il sistema nervoso della vittima, paralizzandola (impedendole cioè di muoversi e respirare). Le vipere invece hanno un veleno che distrugge i tessuti del corpo, attaccando il sistema circolatorio e i muscoli.

▲ Il veleno del krait comune è molto potente: questi serpenti sono addirittura più velenosi dei cobra.

842 Il veleno è utile perché permette ai serpenti di sopraffare velocemente le prede senza essere feriti. Serpenti con un veleno potente come le vipere mordono e si mettono subito al sicuro mentre il veleno fa effetto. Se la vittima si trascina a morire in un altro posto, il serpente la raggiungerà seguendo la sua scia odorosa.

▼ Appena il serpente morde, il veleno scorre lungo le zanne e viene raccolto nel recipiente.

844 Se una persona viene morsa da un serpente velenoso, il morso può essere più o meno grave. Entrano in gioco fattori come dimensioni e salute della vittima, dimensioni del serpente, numero di morsi, quantità di veleno iniettata, tempestività e qualità delle cure mediche. I serpenti più pericolosi sono il mamba nero, la vipera di Russell e il serpente di mare col becco.

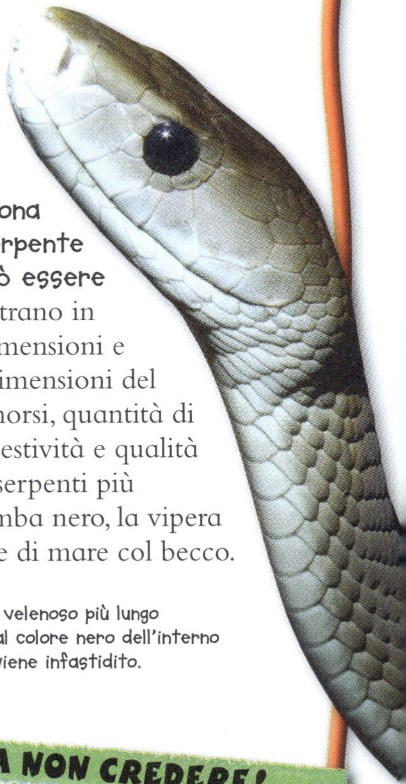

▶ Il mamba nero è il serpente velenoso più lungo dell'Africa. Deve il suo nome al colore nero dell'interno della bocca, che spalanca se viene infastidito.

843 Il veleno si raccoglie facendo mordere al serpente la sommità di un recipiente. Viene usato per preparare un farmaco, il siero antiveleno, un rimedio contro i morsi di serpente. Il veleno si utilizza anche nella preparazione di farmaci per la pressione sanguigna, l'insufficienza cardiaca e le malattie dei reni.

DA NON CREDERE!

Il cobra reale è il serpente velenoso più lungo del mondo: può superare i 5,4 metri di lunghezza e il suo veleno è così potente da uccidere un elefante!

Cobra e vipere

845 I due gruppi principali di serpenti velenosi sono i viperidi e gli elapidi. I cobra africani e asiatici appartengono alla famiglia degli elapidi, così come i serpenti corallo americani e i mamba africani. Gli elapidi hanno zanne corte e fisse nella parte anteriore della bocca, come i loro parenti serpenti di mare.

846 I cobra possono dispiegare la pelle attorno al collo per formare un cappuccio che li fa sembrare più grandi e minacciosi. Il cappuccio è sostenuto dalle lunghe costole mobili del collo. Sul retro del cappuccio, alcuni cobra hanno delle macchie simili a due occhi, probabilmente per spaventare i predatori.

847 Per difendersi, i cobra sputatori spruzzano veleno attraverso delle piccole fessure sulla punta delle zanne. Mirano agli occhi dell'aggressore e possono sputare fino a 1,8 metri di distanza, a altezza d'uomo.

◀ I cobra non sentono la musica, ma seguono solo il movimento del flauto degli incantatori di serpenti.

▼ La vipera delle palme vive su alberi e arbusti, spesso alla base delle fronde di palma. La sua coda prensile funziona da ancora.

QUIZ

1. I cobra hanno zanne mobili?
2. Perché la vipera soffiante si gonfia come un palloncino?
3. Quanto lontano spruzzano il veleno i cobra sputatori?

Risposte: 1. No, i cobra hanno zanne fisse. 2. Per difendersi. 3. Fino a 1,8 metri.

848 **La famiglia dei viperidi comprende serpenti velenosi come i marassi, le vipere, i serpenti a sonagli, i testa di rame e i crotali.** I viperidi hanno zanne lunghe e cave che possono essere ripiegate all'indietro all'interno della bocca. La vipera più grande è il crotalo muto, che vive nelle foreste di Centro e Sud America e può raggiungere i 3,6 metri di lunghezza.

▼ I cobra sputatori spruzzano veleno emettendo con forza aria dai polmoni e, allo stesso tempo, facendo uscire il veleno dalle fessure sulle zanne.

849 **Se minacciata, la vipera soffiante gonfia i polmoni fino a trasformare il corpo in un palloncino, sembrando così più grande.** L'echide carenato invece emette un suono di allarme simile a un sibilo strofinando insieme le squame dai margini seghettati.

Una stretta letale

850 I serpenti che stritolano la preda a morte avvolgendola nelle loro spire si chiamano costrittori. Tutti i boa e i pitoni sono serpenti costrittori, così come i serpenti arcobaleno e alcuni serpenti della famiglia dei colubridi, come i serpenti dei ratti e i serpenti reali.

▲ 2. Quando l'animale è morto, il serpente spalanca le fauci e inizia a inghiottire il pasto.

▼ 1. Il serpente tiene la testa della preda tra i denti e ne stritola il corpo nelle spire.

851 I serpenti costrittori di solito tengono la testa della preda con i denti aguzzi. Poi avvolgono il corpo dell'animale nelle loro spire e stringono forte, in modo che smetta di respirare. Ogni volta che la vittima espira, il serpente stringe un po' più forte, finché questa non muore per soffocamento o trauma.

852 **Il tempo che ci mette una preda per morire dipende dalle sue dimensioni e dalla sua forza.** Quando la preda smette di lottare, il serpente scioglie la presa, rilassa le mascelle e inizia a spingere il pasto giù in gola per inghiottirlo.

IL SERPENTE ROTANTE

Cosa ti serve?
• carta • pastelli • forbici • lana

Disegna una spirale e colorala come un serpente. A un'estremità, disegna gli occhi. Ritaglia con attenzione la spirale e fissa un filo di lana alla testa. Tienila sospesa sopra un termosifone e guarda come gira!

853 **Le prede vengono generalmente inghiottite dalla testa.** In questo modo, le zampe o le ali si ripiegano ai lati del corpo e la pelliccia o le penne rimangono lisce, facilitando la deglutizione al serpente. La saliva viscida che ha in bocca lo aiuta a far scivolare la preda in gola e nello stomaco.

854 **Mentre ingoia un pasto voluminoso, il serpente respira a fatica.** Potrebbe volerci molto tempo per inghiottire un grosso animale. Il serpente sposta l'apertura della trachea nella parte anteriore della bocca, così da poter respirare anche mentre deglutisce.

▼ 3. Durante la digestione, il pasto del serpente forma un rigonfiamento al centro del corpo. Ci vogliono giorni o settimane perché venga assorbito del tutto.

Boa e pitoni

855 Due potenti specie di costrittori sono boa e pitoni. A differenza di molte altre specie, hanno un polmone sinistro funzionante, ossa del bacino e minuscoli resti di arti posteriori. Molti boa e pitoni sono dotati di fossette termosensibili per localizzare le prede.

856 Molti boa e pitoni hanno una livrea che permette loro di mimetizzarsi al meglio. In questo modo possono aspettare le prede senza essere visti. Il boa delle sabbie si confonde perfettamente con le rocce e la sabbia del deserto.

▲ La bocca e le mascelle del boa delle sabbie del Kenya sono fatte in modo che possa scavare nella sabbia.

857 Il pitone palla dell'Africa occidentale, o pitone reale, si raggomitola stretto in una palla appena si sente minacciato. Mette così la testa al sicuro in mezzo alle spire. Può addirittura rotolare per terra in questa posizione.

▶ Un pitone palla in posizione difensiva mostra la sua livrea mimetica. Questi serpenti possono vivere anche 50 anni.

858 **Il boa smeraldino e il pitone verde sono simili.** Questi due serpenti vivono in diverse parti del mondo e non sono strettamente imparentati. Tuttavia, hanno un aspetto e un comportamento simili, perché vivono entrambi nelle foreste pluviali.

Boa smeraldino

▲▼ I boa smeraldini e i pitoni verdi riposano allo stesso modo, avvolti attorno a un ramo. Si tengono stretti grazie alla coda prensile.

Pitone verde

859 **Boa e pitoni vivono in diverse parti del mondo.** Gran parte dei boa vive in Centro e Sud America, mentre i pitoni vivono in Africa, nel Sudest asiatico e in Australia. Un'altra differenza tra questi due gruppi di serpenti è che tutti i boa, tranne una specie, danno alla luce piccoli serpenti, mentre tutti i pitoni depongono uova.

DA NON CREDERE!

Il pitone più piccolo del mondo viene chiamato "pitone formichiere" e può raggiungere una lunghezza massima di 30 centimetri!

Indice analitico

Le voci in **grassetto** si riferiscono ai contributi principali; le voci in *corsivo* si riferiscono alle illustrazioni.

A

Indice analitico

Indice analitico

D

E

F

Indice analitico

G

Indice analitico

Indice analitico

Q

R

Indice analitico

Indice analitico

T

Indice analitico

Ringraziamenti

Gli editori vogliono ringraziare le seguenti fonti per l'uso delle loro fotografie:

(a = alto, b = basso, sx = sinistra, dx = destra, c = centro)

Copertina anteriore Shutterstock (asx) DM7, (adx) Aleksey Stemmer, (bdx) dashingstock (bg) Khoroshunova Olga, (bsx) Hurst Photo; **Dorso** Shutterstock (a) Stephen Rees **Copertina posteriore** Shutterstock (cdx) Alfredo Maiquez, (bsx) Eric Isselee, (asx) Lingbeek

Alamy 92 Photos 12; 145(bdx) John Glover; 146 Mary Evans Picture Library; 169(c) Picture Press; 172(a) Photos 12; 255 Deco; 316–317 A & J Visage; 327 blickwinkel; 339(a) Peter Arnold, Inc.

Ardea.com 343(a) M. Watson; 353 Francois Gohier/Ardea London Ltd; 355(cdx) John Cancalosi; 364 Chris Harvey

Museo di storia naturale Burpee 127 Jane: per gentile concessione del *Burpee Museum of Natural History*

Corbis 102(b); 118 & 119 Bettman; 121 Layne Kennedy; 122 DK Limited; 126 & 128 Louie Psihoyos; 141(a) Jonathan Blair; 143(bdx); 165(a) Alex Hofford, (b) Patricia Fogden; 169(b) Martin Harvey; 182(b) Martin Harvey/Gallo Images; 190 Frans Lanting; 192 Fernando Bengaechea/Beateworks; 194(a) Karen Kasmauski; 195(bdx) George Steinmetz; 196(a) momatiuk-Eastcott; 199 Owen Franken; 201(b) Keren Su; 203(a) Jeffrey L Rofman; 210(b) Theo Allots; 211 Martin Harvey; 216 Natalie Fobes; 217 Theo Allots; 223 Kevin Schafer; 320(bsx) Arthur Morris; 330–331 W. Perry Conway; 335 Sandor H.Szabo/epa; 340 Ralph Clevenger; 366 David A. Northcott

Dreamstime.com 137(adx) South China tiger Trix1428; 160(c) Photoinjection; 167(b) Naluphoto; 355(adx) Picstudio; 361(inserto in alto) Sharkegg

FLPA 144 Gerard Lacz; 172(b) Simon Littlejohn/Minden Pictures; 176 Frans Lanting; 184 Winfried Wisniewski; 193 Panda Photo; 204(b) Tui De Roy/Minden Pictures; 205(a) Linda Lewis; 206 David Hosking; 209 Flip Nicklin/Minden Pictures; 210(a) David Hosking; 212 Katherine Feng/Globio/Minden Pictures; 213(b) John F. Binns, www.IRCF.org; 214 Philip Perry; 215 Yva Momatiuk & John Eastcott/Minden Pictures; 218 Frans Lanting/Frans Lanting PL; 220 Tui de Roy/Minden Pictures; 221(a) S D K Maslowski, (c) Terry Whittaker; 224(b) Frans Lanting; 228 Tui de Roy/Minden Pictures; 234(a) Roger Wilmshurst; 236 Fred Bavendam/Minden Pictures; 244 Jurgen & Christine Sohns; 247 Mitsuaki Iwago/Minden Pictures; 253(b) Michael Quinton/Minden Pictures; 257(a) Malcolm Schuyl, (b) Frans Lanting; 259 Derek Middleton; 287 Mark Moffett/Minden Pictures; 292(a) Panda Photo; 325 Imagebroker, Bernd Zoller, Image; 329 Ramon Navarro/Minden Pictures; 333 Roger Tidman; 341(a) Frans Lanting; 343(b) Mark Newman; 348(adx) Norbert Wu/Minden Pictures; 349(adx) Michael & Patricia Fogden/Minden Pictures; 354(sx) Michael & Patricia Fogden/Minden Pictures

Fotolia.com 137(cdx) tigre di Sumatra: Vladimir Wrangel, (bdx) tigre malese: Kitch Bain, (bdx) tigre indocinese: Judy Whitton; 140(bsx) clearviewstock; 145(c); 164(a) sisu; 167(c) Jefery; 227(a) EcoView; 231 Audrey Eun; 234 Cosi; 265 Carlton Mceachern; 275 Eric Gevaert; 283 Ami Beyer; 288 Reiner Weidemann; 318 javarman; 346(scheda, in senso orario partendo dall'alto a destra) Becky Stares, Vatikaki, Eric Gevaert, reb; 348(b) Paul Murphy

Getty 131(a) Handout; 156(b) National Geographic; 173(a) AFP; 183 Art Wolfe; 202(b) Karen Kasmauski; 213(a) National Geographic; 227(b) Joel Sartore/National Geographic; 368–369 Digital Vision

iStockphoto.com 351(a) Ameng Wu; 354(adx) Mark Kostich; 356(bsx) Seth Ames; 358(asx) lara seregni; 361(b) Mark Kostich; 367(cdx) Mark Kostich; 372(bdx) Eric Isselée

Naturepl.com 158–159 Eric Baccega; 168 Andrew Harrington; 200 Luiz Claudio Marigo; 205(b) Andrew Murray; 254 Martin Dohrn; 273 Bruce Davidson; 302–303 Wild Wonders of Europe/Nill; 306(a) Igor Shpilenok; 307(a) Tony Heald, (bdx) John Cancalosi; 311 Markus Varesvuo; 312 Juan Carlos Munoz; 320-321 Markus Varesvuo; 323 Luis Quinta; 342 John Cancalosi; 350(b) Daniel Gomez; 359(b) Tim MacMillan/John Downer Pr

NHPA 159(b) Bruce Beehler; 167(a) Photoshot; 182(a) Jonathan & Angela Scott; 195(a) Mark Carwardine; 198(b) Jonathan & Angela Scott; 203(b) Martin Harvey; 204(a) Martin Wendler; 225(b) Martin Harvey; 252 Simon Booth; 256 Martin Harvey; 285 Daniel Heuclin; 299 Martin Harvey; 372(asx) Daniel Heuclin

Photolibrary.com 102(a) Robert Clark; 112 Salvatore Vasapolli; 125 Steve Vider; 140(c) Paul Nevin; 141(bdx) Stouffer Productions; 157 Howard Rice; 170–171 Purestock; 202(a) Nick Gordon; 235 Don Brown/Animals Animals/Earth Scenes; 238 Marian Bacon/Animals Animals/Earth Scenes; 250(c) Animals Animals/Earth Scenes; 251 Tim Shepherd; 300; 344–345 Berndt Fischer; 347(b) Werner Bollmann; 349(b) David B Fleetham; 355(b) Zigmund Leszczynski; 356-357 Jack Goldfarb; 362–363 John Cancalosi; 363 Carol Farneti Foster

Photoshot 306(bdx) Andy Rouse; 319 Jordi Bas Casas; 326 Jordi Bas Casas

Reuters 124 Ho Old

Rex Features 130 © 20thC.Fox/Everett; 132 Nils Jorgensen; 147 Icon/Everett

Science Photo Library 123 Volker Steger; 134–135 Richard Bizley; 172(b) Philippe Psaila

Shutterstock.com 1 FloridaStock; 3 John Kasawa; 222 Ryan M. Bolton; 239 Glenn Young

Still Pictures 245(a) BIOS - Auters Watts Dave

Topfoto 131(b) Topham Picture Point; 156(a) Artmedia/HIP; 160(b) The Granger Collection; 161(a) The Granger Collection, (b) Topham Picturepoint

Tutte le altre fotografie sono di:

Corel, digitalSTOCK, digitalvision, John Foxx, PhotoAlto, PhotoDisc, PhotoEssentials, PhotoPro, Stockbyte

È stato fatto ogni sforzo per citare la fonte e il proprietario dei diritti di ciascuna immagine. Miles Kelly Publishing si scusa per eventuali errori od omissioni involontarie.